不用很厲害才開始，
要開始才會很厲害。

不用很厲害才開始，
要開始才會很厲害。

夢的實踐2

MAPS種子教師

教學現場紀實

第二屆 MAPS 種子教師作者群

第二屆「MAPS 教學法推廣計畫」有八十一位種子教師，本書匯集其中十三位種子老師所提供的實證解方：

洪品薇

畢業於臺中教育大學語文教育學系。喜歡美術設計、手作、寫字。因為遇見了MAPS，教學功力得以提升，於是開啟屬於自己的教學心法，願能一直溫柔而堅定地持續實踐，當孩子的寶石探勘者。現任教於高雄市鳳山區過埤國民小學。

李珮琪

取得教師資格後沒有去當老師，反而先成為三個孩子的母親。當了七年的全職家庭主婦，才戰戰兢兢重返教育職場，在各領域加倍努力學習，緊追落後的進度。擔任代理教師六年後，下定決心考教甄，並一鼓作氣考上，期許自己能永保熱忱、莫忘初衷。現任教於國立東華大學附設實驗國民小學。

楊巽堯

將班級形塑成公司的夢想家。喜歡旅行的悸動，喜歡文字的溫暖，喜歡面對人生每一次挑戰。縱然未知的恐懼總把自己帶入黑暗；然而始終堅信的是，只要將視線義無反顧地投向遠方，另一邊更寬廣、更遼闊的地方，永遠等著自己再出發。現任教於臺南市山上區山上國民小學。

吳念周

熱愛閱讀，透過閱讀領略不同的風景，將不同的風景帶進教室與孩子進行對話；熱愛教學，透過教學結合創意的想法，將創意的想法帶進教室刺激孩子思考。自詡身為老師，傳道、授業、解惑，只為讓孩子每天都比昨天更不一樣。現任教於嘉義縣布袋鎮景山國民小學。

李笙帆

以水的姿態，溫柔而堅定的決心，來實踐教育愛的初衷。喜歡沐浴在書香及音樂當中，致力於語文及閱讀教學。盼望學生能感受文學的美好，共享閱讀的樂趣，永保熱愛學習及良善的心。現任教於高雄市三民區十全國民小學。

陳佳慧

未語先笑，有一雙會笑的眼睛。對教學充滿熱情，喜愛設計主題課程，探索教學的多樣貌；樂於分享教學的光與熱，因此擁有很多好夥伴。曾與夥伴獲得二〇一九《親子天下》教育創新一百的榮譽。現任教於桃園市八德區大忠國民小學。

張涵瑜

土生土長農業首都人。在古典與現代文學中悠遊，卻在現實與理想中煎熬。有著豐腴的理想，但常被現實輾壓成碎片，只好撿拾生活的小確幸。努力在理想與現實的鋼索上，取得平衡，勇敢向前。現任教於雲林縣立斗六國民中學。

江筱潔

員林市人，中興大學中文所畢業。認為此生最幸運的就是當上老師，很享受教學過程中的一切喜怒哀樂，最感恩教學路上指導與協助自己的所有人。現任教於八卦山上彰化縣立彰化藝術高級中學國中部。

黃浩勳

總說自己是「問號整骨師」。喜歡將文本上肯定的知識化為「問號？」，然後帶領學生探尋各種答案，過程像是幫問號整骨，最後整成「驚嘆號！」。期待學生在課堂感受學習的驚喜感與讚嘆思考的無限可能。現任教於臺中市立沙鹿國民中學。

蔡明桂

「明星閃爍，桂子飄香」，當年中學國文老師在畢業紀念冊題贈的對句，無意間成為踏上教職的預言——邂逅年輕的生命，見證成長迸射的光芒；灌溉稚嫩的心靈，品味成熟綻放的芬芳。致力將課堂營造成兼具溫度、態度、深度與廣度的「四度空間」。現任教於雲林縣立斗六國民中學。

林治靜

國文與閱讀教師。「靜如處子，動如脫兔」，又野又靜，學生稱之「黑玫瑰」。熱愛學習，更熱愛教學，保有探索莘莘學子的好奇心，夢想與志業是成為好老師。因實踐 MAPS 教學法，上課渾身是勁，樂在其中，不知老之將至云爾！現任教於嘉義市立蘭潭國民中學。

黃鈺心

期許自己永保赤子之心，對人事物用心、盡心、誠心、真心。也希望盡己所能，讓生命產生一些好的改變。總是絞盡腦汁思考如何讓學生在學習上充滿自信，並能應用所學解決生活問題。教學多元不設限，跨域融合成為適才適性教學的養分。現任教於臺南市立後甲國民中學。

黃淑卿

熱愛學習，不是在研習，就是在往研習的路上。因為遇到了政忠老師，認識了 MAPS，開始嘗試改變，在課堂實踐，終於從教學的谷底反彈。愈來愈能樂於教學，曾獲花蓮縣特殊優良教師的肯定。現任教於花蓮縣立花崗國民中學。

（以上依篇目順序排列）

目次

● 【國中領域】

後疫情時代的教與學

COVID-19 疫情突然升高，臺灣進入三級警戒。五月十八日，教育部宣布中小學停課兩週；一週後，再延長停課兩週。這一個月，臺灣中小學的遠距教學終於全面上線。

伴隨著陣陣哀號，大多數臺灣中小學教師在這段停課期間，運用科技進行授課的能力自願（或者被迫）光速成長，比過去幾十年由上而下的所有資訊融入教學研習都來得有效。雖然有些中小學教師仍然選擇閃躲，但疫情顯然方興未艾，遠距線上教學已經是無可避免的事實與挑戰。

從一開始的應急，到開始思考長期常態的教學模式改變，我認為有四件事愈發顯得重要：

一、班經要內化

我任教的學校沒有上課點名的困擾，全校每天到課率幾乎都是百分之一百，最大原因就是導師日常的班經已經內化。與此同時，不少中小學教師反應的難點就是點名不易、個別學生學習狀態無法掌握，甚至缺課情況無法改善。其中當然有學生家庭狀態或軟硬體環境的不可抗拒因素，這不僅存在於偏鄉學校，也不是班經就可以處理的問題。但，排除這些非學習因素，如果班經沒有內化，學生學習狀態的掌握就必須高度仰賴各種線上軟體及點名策略。

二、教學要設計

我從實體課堂轉化為線上課堂幾乎沒有陣痛適應期，除了稍微摸索比較幾個過去不熟悉的教學平臺或軟體，停課時期的備課時間沒有顯著拉長，亦幾乎沒有課程的「想像與實施的落差」，探究原因是：我的日常課堂教學設計原本就是系統思考的產出，也就是 MAPS 三層次提問設計，並非照本宣科的純講述模式，在選擇配搭的線上平臺與應用軟體，自然相對容易與直觀。

三、評量要多元

線上課堂為了確保學生學習質量，必須配搭多元的即時評量；為了防止學生不誠實面對學習成效的檢核，必須配搭多元的總結性評量；為了避免學生及老師長時間面對同步線上課程產生身心疲乏，必須配搭多元的非同步線下評量。凡此總總，如果平常的實體課堂就沒有這樣的多元評量思維與操作經驗，面對線上課程的評量設計，當然手忙腳亂，導致學生學習成效無法自評與受評。

四、科技要跟上

我受師資培育專業課程期間，完全沒有運用科技輔助教學的任何實務經驗，只有一兩門課談及理論，但在國中任教的前十年，課堂上勉強稱得上的科技運用，頂多就是播放影片。我目前年資二十四年，以中小學現場而言，尚屬中生代。更資深的教師愈加沒有運用科技輔助教學的師培歷練，即使與我同年，或者再年輕五年，甚至十年，在實體課堂運用科技的經驗恐怕也不是常態，遇上全面停課需要運用科技輔助或進行教學，難怪哀號不斷。我自二〇一七年開始，嘗試運用大小屏幕（大觸屏與平板）結合多種線上會議或教學軟體（Padlet/Mentimeter/Google Classroom/Whiteboard/Explain Everything 等）進行實體課堂的混成教學設計與實施，亦即 MAPS 2.0 版甚至 MAPS 3.0 版，幾年下來的摸索，略有心得，學生也因此相對熟悉線上線下、同步與非同步的課程學習模式。這讓我與學生在停課期間的教與學，並沒有顯著斷鏈。

上述四點，其中的教學設計與多元評量，就是核心關鍵中的關鍵。

過去，我們多從教學設計途徑來看 MAPS，這一次，我們從評量來看 MAPS。全世界可以作為檢視教學的評量校標很多，影響臺灣最深遠的無疑是 PISA（the Programme for International Student Assessment），此項國際學生能力評量計畫為 OECD（Organisation for Economic Co-operation and Development，經濟合作暨發展組織）自一九九七年起籌劃，並於二〇〇〇年正式施測，三年評量一次，評量的重點在於評估接近完成基礎教育的十五歲學生，對於未來生活可能面對的問題情境所準備的程度，以及其所習得的必備知識和技能。評量的科目為：閱讀、數學與科學。

觀察最近一次 PISA 的閱讀評量題目，亦即二〇一八的閱讀評量，可以明顯看出以下幾個值得關注的特徵：

一、全程以數位形式展示題目與文本，學生亦以滑鼠與鍵盤輸入回答。

二、所有試題與文本皆以橫式文字呈現，分為左右兩欄。較窄的左欄為題目，較寬的右欄為閱讀文本。由此安排可知，進行評量時，希望學生先讀題目，再讀文本——亦即帶著「目的性」進行閱讀。反觀課堂教學，當我們在課堂可以讓學生帶著目的去閱讀，較能有效率的建構閱讀理解策略，離開課堂後，學生才能帶著能力，透過閱讀，學習全世界。對應 MAPS，就不就是我們希望透過三層次提問設計，帶領學生在課堂內學會閱讀的目的嗎？

三、此次試題，可分為三類，分別是：

（一）同主題、不同表述方式的多元文本。

（二）仿社群媒體的非連續性文本。

（三）同主題、不同立場的議論文本。

這樣的多元文本，完全反映學生或者你我面對的真實世界。不同於過去我們習慣的紙本閱讀，數位閱讀的多元文本包含文字、聲音、影像、圖片等等，媒材則展現在電影、音樂、動畫等等。對應 MAPS，不僅是我的課堂，在這本書中的每位種子教師，都在他的課堂實踐紀錄呈現了豐富多元的閱讀文本。

四、填充題

我們會發現 PISA 2018 的閱讀試題中，對於表格題的部分，學生僅需要拖曳、選放、點選答案。這是因為表格的功用在於整理、分析、分類、區別、比較相關訊息，讓訊息的類別或異同更清楚。目的是「理解」，而非「表達」。學生寫代號足以代表選擇，足以呈現理解，抄寫並不是我們的目的。對應 MAPS，自二〇一六年開始，我就改良了三層次提問設計的答題方式，以符號、畫線、拍照、配對等方式，讓學生更專注在處理「理解」，而不需要花費更多時間在「抄寫」，甚或因為「抄寫」干擾妨礙了學生的「理解」。

五、混合題

在一個題目中，交雜著選擇、填空、問答、配對等各種不同回應方式，稱為混合表達題型。此題型將於臺灣一一一學年度的高中學測內容中呈現，因為混合題型可以更完整判斷學生對文本內容的理解與表達。對應 MAPS，混合題型不僅出現在我的課堂，在每一屆的種子教師課堂實踐紀錄裡，都可以看見。

六、「證據為本」的閱讀理解原則

我們在 PISA 2018 閱讀評量的開放題型中可以發現，此類題型不是要檢驗學生既定的立場，而是要看見學生有能力把證據和理由搭配在一起。對應 MAPS，也就是我一直要求種子教師處理挑戰題的原則：檢查邏輯，而不是評價答案。

從教學設計看學科本質是直觀，從評量實施看學科本質是驗證。過去我們經常從教學設計直觀 MAPS 是如何緊扣學科本質，現在我們從評量實施驗證 MAPS 是如何擁抱學科本質。

後疫情時代，科技融入教學，吾人應該關注的不僅是載具的使用，或者線上線下、同步與非同步的各項技術，更應該深刻耕耘與投入教學與評量的系統性與多元性。唯有如此，當學校不復實體存在，當課堂必須網路上線，學習卻依舊有效發生，學校的存在，課堂的存在，或者教師的存在，才有了真實意義。

2021.08.13

【國小領域】

1

洪品薇／品一杯 MAPS 的好茶

高雄市鳳山區過埤國民小學

山中大叔導讀

教學的確是泡一壺茶啊！

茶葉是教材設計，評估學科本質，考量烘焙溫度，反覆揉捏成形，上場時注入適當的教學溫度，拿捏延展時間，才得以端上一盞好茶湯。

你的教學烘焙火候恰當嗎？你的設計揉捏手法純熟嗎？你的評量拿捏溫度得宜嗎？

你能一次又一次端上後韻無窮、引發念想的好茶嗎？

品薇不是茶師，但的確是一個良師，年資雖淺，但一次又一次反覆琢磨，終能沏上一壺餘韻不絕的 MAPS 好茶，與眾分享。

◆初嘗——社會課的「薇型」MAPS

跨出舒適圈，教學變苦澀

教學帶來的快樂，是我成為老師的最大收穫。三年前，我從導師轉行政工作，擔任五年級社會老師，雖然內心慌張，但我就是那種特別不服輸又帶點傲氣的人，即使旁人告誡前路艱澀難行，仍步履堅定。然而，跨出了教學的舒適圈，遠離了教室的一方天地，我迷失了，在日復一日的行政事務和教學準備間找不到平衡點，要一邊處理繁重又瑣碎的行政事務，還要一邊進行教學準備，雙重壓力下，備課思緒簡直亂無章法。

我的社會課是以傳統講述法為主，補充文本的相關資訊和影音資料，帶著學生根據畫記的重點完成每課的筆記。一開始，這樣的模式還算順利，漸漸地會發現時間不夠用，社會課一週只有三節，五年級上半段又是分量頗重的臺灣地理、歷史單元，短短的幾句課文，常隱含許多背景知識和發展脈絡，加上補充影音資料，還要寫習作、考卷，課堂筆記只能退而求其次，愈寫愈簡單，甚至無法每一課都寫筆記，這樣的課堂連自己都不滿意，還期望能帶給學生什麼收穫？原先教學帶給我的快樂，就像茶葉置放在水中久了，只是愈變愈苦澀而已。

教學有方法，苦澀再回甘

在行政與教學浮浮沉沉間，契機出現了。那時學校開始推動教師專業社群，我被要求擔任以「閱讀」為主軸的社群召集人，申請計畫時，便和廖雅惠老師討論以她熟悉且有實務經驗的 MAPS 教學法帶領社群成員一起學習、共備。這並不是我初次接觸 MAPS 教學法，我曾經參加過教科書出版社所舉辦由山中大叔主講 MAPS 教學法的研習，也買了《我的草根翻轉：MAPS 教學法》這本書。不過由於沒有真正操作過 MAPS，其實很難理解那本書的內容，只是在腦中初步描繪 MAPS，並未得其門而入。直到雅惠老師分享課堂實務經驗，甚至是利用午休時間手把手帶著我們一步步備課，才終於初聞 MAPS 這杯茶的香氣，感受從模糊到清晰的醍醐味。

那時正值社會科任，我告訴自己，將來回任導師，一定要在自己的國語課堂上操作 MAPS，但是雅惠鼓勵我社會科也可以做做看！MAPS 不局限在國語，社會、自然等需要運用閱讀理解策略讀懂課文知識的學科，同樣可以使用 MAPS！是了，一定要在什麼位置才可以做什麼事嗎？我很喜歡的行者作家扎西拉姆．多多的書上寫過這樣一句話：「快樂不是一個地方，而是一個方向。」我們想做一件事時，總覺得要滿足許多附加條件才能開始，然而，如果我們真的想要做一件事，只要方向是對的，在什麼位置其實一點也不

五上社會第四單元第 1 課〈權利人人享〉提問單

第一層 第二層 第三層

一、基礎題：★請依以下問題整理為個人心智圖 I see★

Q1：人民基本權利受到憲法保障，制定憲法的目的有哪些？憲法為什麼被稱作根本大法？

Q2：平等權強調什麼？在哪些方面應享有同等的權利和地位？

Q3-1：自由權強調什麼？我們可以享有哪些自由？

Q3-2：自由權是有限制的自由，我們應依據哪些原則？

Q4-1：受益權強調什麼？應該保障我們哪些權利？

Q4-2：當我們權利受到侵害時，我們可以用哪些方式解決？

Q5：參政權強調什麼？人民享有哪些方面的權利？

二、挑戰題：★I think★

Q：憲法保障的權利中，哪一項和你關係最密切？為什麼？請舉例說明。

▲五上期中考後第一張課堂提問單：約定好記號，讀完題後在題幹和課本圈選關鍵詞。

重要，重要的是如何去實踐它。

五年級第一次期中考過後，我著手設計了一課的基礎題：社會科的關鍵詞比國語科更清晰，課名就是心智圖的中心，課文的標題就是架構，根據架構找出主題和訊息，完成備課心智圖後，再依圖產出提問。至於挑戰題，則是將課本上的動動腦和習作的問答題放在心智圖完成之後，請學生課堂上討論，再書寫於習作或心智圖旁邊。

第一堂操作 MAPS 的社會課，我選擇在雅惠的班上進行。課前的休息時間，我還風風火火拿著提問單和課本找雅惠討論了課堂操作的技巧，然後就這麼站上臺了！走進班上，我先對學生說明接下來的社會課會調整上課方式，一聽到有提問單、要畫心智圖取代條列式筆記，有學生馬上哀號：「又要畫心智圖啊！國語課要畫，現在社會課也要畫！」我當時只是笑了笑，回應他們：「這樣更好啊！你們已經比別班先學會怎麼畫了，我們試試看再說！」課後，雅惠馬上過來安慰我不要放在心上，也不需感到氣餒，國語和社會的內容不一樣，一定會漸入佳境。

其實初次操作 MAPS 並沒有讓我受挫，反而讓我開始期待走進課堂，因為我的腦海中已有了清晰的教學脈絡，有信心可以教好社會課。而我也因應三個班級對 MAPS 的起始點不同，調整教學的引導模式，步步結構化我的社會課堂，同

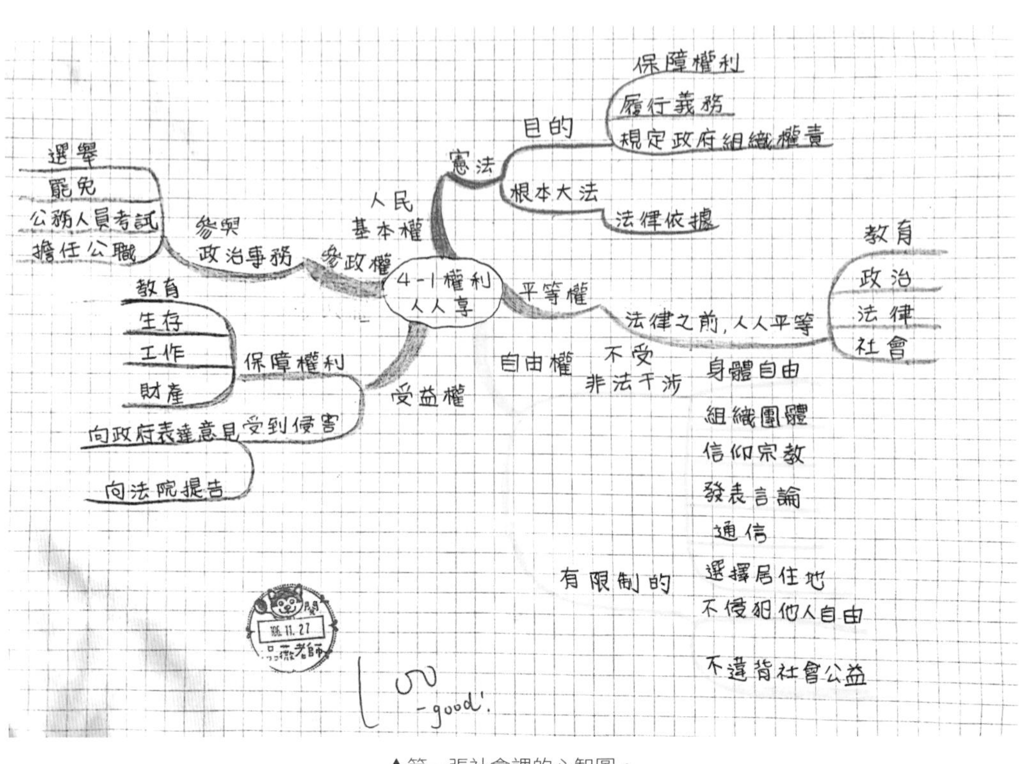

▲第一張社會課的心智圖。

時試著加入夢N國小社會科召集人洪夢華老師在社群分享的多元摘要策略，讓圖像呈現更加多元靈活。一個學期半的社會MAPS雖然是微型的，只做到基礎題轉心智圖、搭配一到兩題的挑戰題討論，但也走出了我的社會課「薇型」MAPS。

在五年級結束前的最後幾堂課，一如往常讀著提問單、產圖，上課的氣氛輕鬆且自在，學生一邊寫筆記，一邊小聲嘟囔著：「其實社會這樣上也挺有趣的。」這一年遍嘗的苦澀，終究慢慢回甘，繁忙的教學與行政工作中，初嘗了屬於我的MAPS這杯茶。

◆煮茗——我的MAPS實踐之道

確定回任中年級導師後，我正式規劃我的中年級MAPS課堂，雖然有社會課的實務經驗、社群的共備實作，陸續又聽了幾場大叔的分享，但我仍感到些許焦慮。於是，我決定參加第二屆MAPS種子教師工作坊，澄清、重構我對MAPS的理解，再繼續實踐。

如果用「茶」來比喻我的MAPS實踐歷程，就像是茶道宗師千利休論茶道的三個境界：守、破、離。

「守，就是守型，初學者從型開始。

破，就是破型，視情況隨機應變。

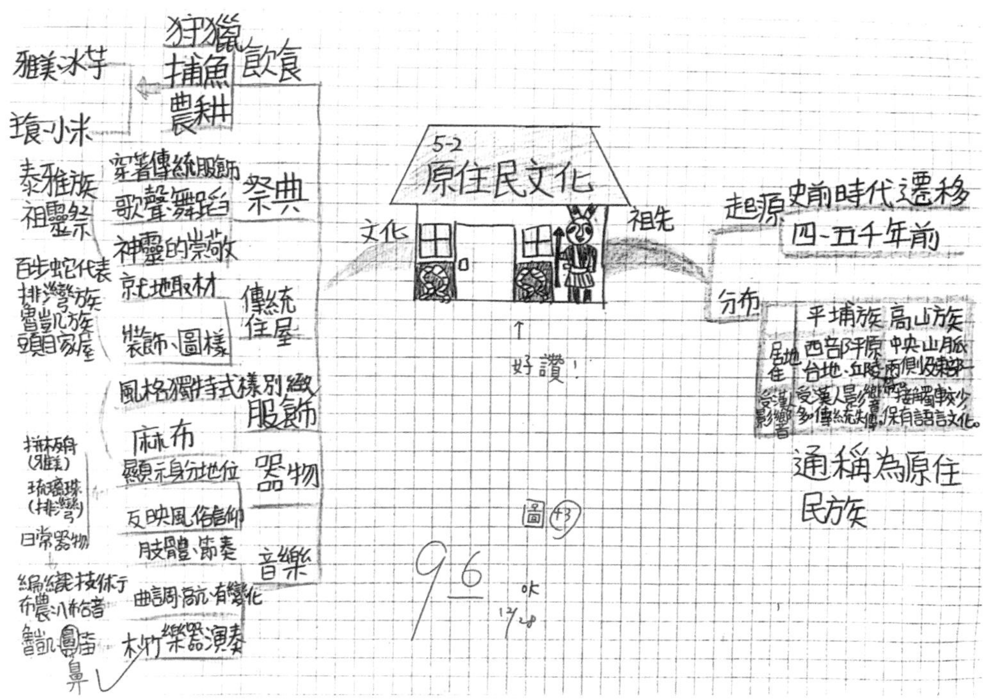

▲引導心智圖的架構和主題，讓學生挑戰補充課本的圖說文字在心智圖的第三層。

離，就是離型，繼往開來展現自我風格。」

當初在日本茶藝師森下典子的書《日日好日：茶道教我的幸福十五味》看到這段話，就覺得很適合拿來形容實踐MAPS的歷程。其實任何事物的學習進程不外乎如此，在實踐MAPS這條路上，我比別人更幸運的是有大叔、廖雅惠老師、寧定威老師、蔡志豪老師、賴建光老師等等夥伴一路扶持和陪伴，讓我能順利走過完整的中年級歷程。我的MAPS實踐之道是沒有終點的修行之路，教的是文學，學的是態度，品的是生活，用心體會每次教與學的碰撞，雖晴雨有時，但日日好日。

守——循先行者的腳步，點滴累積教學細節

我對MAPS的起點來自於身邊實踐MAPS的夥伴，再藉由在種子教師工作坊時，吸收大叔所提點的概念原則而逐漸成型。有了基本的「型」，回到教室，面對新的三年級班級該從哪裡做起呢？三年級上學期的教學目標很單純，我把重心放在基礎題到心智圖的歷程，只設定一個目標是因為二升三的孩子本質上還是低年級，生活常規待訓練，課堂專注力有限，所以我不發提問單，而是採用夥伴的建議，使用教學簡報輔助提問引導，取代提問單，每提問完一題就帶學生找基礎題的答案在哪個段落的哪句話，再進一步擇取適當的關

鍵詞，運用從雅惠那裡學到的做法，用不同顏色的筆做記號，分出主、次關鍵詞（主題和訊息），並且打開電子書的課文畫面圈選一次，讓孩子可以再次核對確認。基礎題本就是從文本出發，目標就是讓學生能夠認識架構、讀懂課文，我認為這個階段可以先達成上述目標，確立了基礎題要教什麼，再往後延伸挑戰題，往前鋪墊暖身題，逐步建構 MAPS 課堂的全貌。

操作了一學期從基礎題到心智圖的歷程，學生已經熟悉從題目找出架構和主題，從答案找出訊息，依據架構、主題、訊息畫出心智圖。課堂上雖然會分組，但我並沒有訂定組內角色，只是讓他們有機會跟不同成員合作，繪製心智圖時採取小組共作，並根據學習的狀況，逐漸區分自學者和共學組。三年級下學期開始發提問單，並且使用筆記本張貼提問單以便書寫——大叔稱為「文青筆記本」，我則是依循雅惠的方式，就叫「課堂筆記」。筆記本的內容分為課次封面、暖身題、基礎題、心智圖加課文大意、挑戰題五個部分。

三上達成了基礎題到心智圖的目標，三下接著就要用暖身題作鋪陳，並且延伸挑戰題，設計一課課完整的三層次提問設計。大叔說過：「設計問題是能力，取捨問題是素養。」理解文本不難，覺察作者文字之外的意圖，思索生活，乃至連結生命經驗卻是困難的，挑戰題的深度與廣度，亦來自於老師自身生命經驗的深度與廣度，老師的高度是孩子的天花板，老師自己也要用心生活，感知生活，而不只是讀懂教材。

對我來說，設計基礎題並不難，難的是暖身題和挑戰題，幸運的是，我有和我同版本、同年段的高雄新光國小寧定威老師可以求救。每當提問設計卡關時，我就打開臉書，參考他每日的教學紀錄文，激盪更多挑戰題的設計靈感，也參考他的板書紀錄，思考為了什麼而問以及操作的方式。不懂就發問，找出教學設計的脈絡，一邊修正、調整自己的提問單，摸索適合自己班級的操作模式，教學的細節就是這麼一點一滴累積來的呀！

三年級的目標除了讀懂基礎題、產出圖像，在口語表達與寫作上，我希望學生要能說出並寫出完整的句子，具備詞彙運用、擴寫句子的能力。三上我要求孩子回答問題時要能複述一次老師的問題再加上自己的答案，例如：我問：「當午餐出現什麼食物時最讓你沒有胃口？你會怎麼面對呢？」他必須要加上題目並回答：「當午餐出現青椒時，最讓我沒有胃口，我會配著一大口白飯吃掉。」三下進一步加入了提問單，我會在暖身題、挑戰題的題幹上畫線、加粗字體做記號，提醒書寫時必須「題目加上答案」才算是完整回答。

另外，則是參考雅惠分享的做法，指導孩子練習用圈詞造句，一開始先練習使用二到三個圈詞造一個句子，要求語

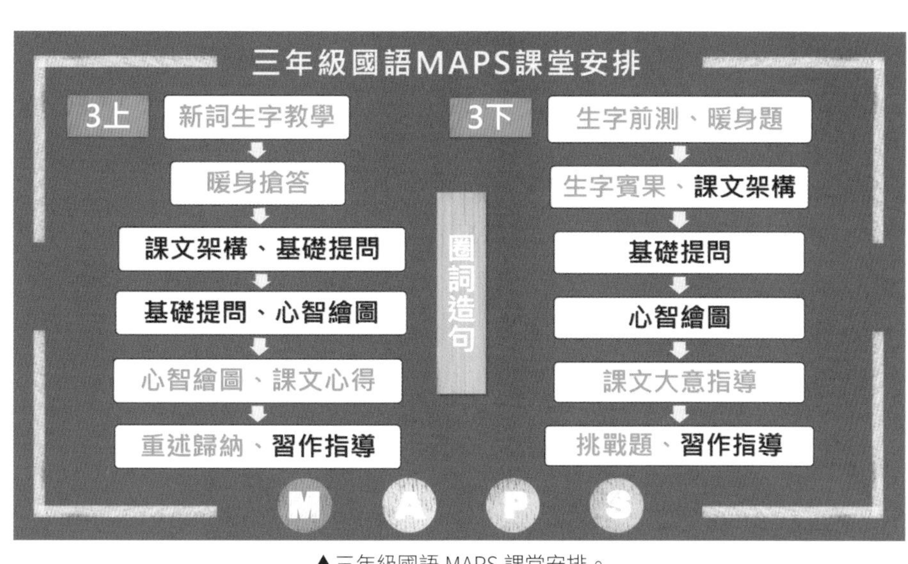

▲三年級國語 MAPS 課堂安排。

境不可以和課本一樣。課堂上以小組為單位，寫在小白板上進行練習，視各組對語詞的掌握度調整，有時是老師指定圈詞造句，有時是學生自己選圈詞造句。後期再加入課文裡的句型一起造句，慢慢增加難度，透過這樣的方式學習語詞的運用、將句子加長並寫成合理通順的句子。透過圈詞造句進行的擴寫練習，同時也是積累關鍵詞擴寫課文大意的能力，完整句的表達與書寫則是開啟之後寫作引導的基本模式。

破——為班級量身定製，隨時進行適時修正

三年級的MAPS教學進程一直是「守型」，遵循著三層次提問的原則，重複練習基本功，學生先熟練這樣的上課模式，再進一步給予更高難度的學習任務。「破型」是因為覺察學生的問題，因應學生的學習狀況，做出適度的調整和改變，這時也可以參考身旁其他夥伴的做法，配合班級的需求加以轉化，再帶入自己的課堂之中。從三下一直到四年級結束前，我陸續做了一些改變：

▲生字前測轉換賓果形式

為了處理生字的問題，我在暖身提問前會進行生字小考，學生要在課本上預習過生字，考前我會複習國字的結構並提點易混淆筆畫。然而，只考九題的小考卻不大理想，沒有自我預習的動機怎麼辦？這時，我看到了「夢N國小

南一版四下國語預習單　第一課 狗不理包子

一、閱讀課文：先讀一遍，第二遍再做記號。

1.本課共有（ 7 ）個自然段。　2.將句末符號用色筆圈起來。

二、生字練習：將本課的生字寫一遍，並加上注音。

貴	伶	俐	竟	麵
餡	膩	噴	存	蒸
彼	臂	省	概	號

三、語詞練習：讀一讀課文，利用上下文推論，填入和解釋對應的語詞或生字。

1. 伶俐：聰明機靈、反應敏捷。
2. 有模有樣：煞有其事，架勢十足的樣子。
3. 高朋滿座：形容賓客眾多。
4. 捧場：指到場替他人助陣。
5. 此起彼落：這裡起來，那裡落下。形容連續不斷。
6. 「省」錢：累積、聚集。
7. 「膩」嘴：厭煩。
8. 一手包辦：全由一人獨力處理。
9. 三頭六臂：比喻人神通廣大，本領出眾。
10. 出色：出眾、傑出。
11. 內餡：包在餃子、包子或糕餅裡面的作料。
12. 省事：減省辦事的手續。
13. 一概：完全、一律。
14. 店號：商店的名字。
15. 夥計：受人僱用，替人做事的人。
16. 靈巧：靈活輕巧不呆板。

四、多音字練習：填入正確的注音。

1.反「省」：（ ㄒㄧㄥˇ ）　3.哀「號」：（ ㄏㄠˊ ）
2.節「省」：（ ㄕㄥˇ ）　4.記「號」：（ ㄏㄠˋ ）

五、生字延伸成語：填入正確的生字。

1.難能可（ 貴 ）：指做到了不容易做到的事，所以特別可貴。
2.（ 蒸 ）（ 蒸 ）日上：形容事物不斷的進步發展。

▲課前預習單主要處理形、音、義。

課前暖身—生字賓果

請將下列引號中的答案，隨機填入九宮格中，請仔細並正確的填寫！

1.「ㄌㄨㄢˊ」樹　6.枝「ㄧㄚ」
2.「ㄐㄧˋ」上　7.覷「ㄔㄚˊ」
3.「ㄙㄨˋ」淨　8.一「ㄘㄨˋ」
4.收「ㄏㄨㄛˋ」　9.嫵「ㄇㄟˋ」
5.「ㄇㄛˋ」綠

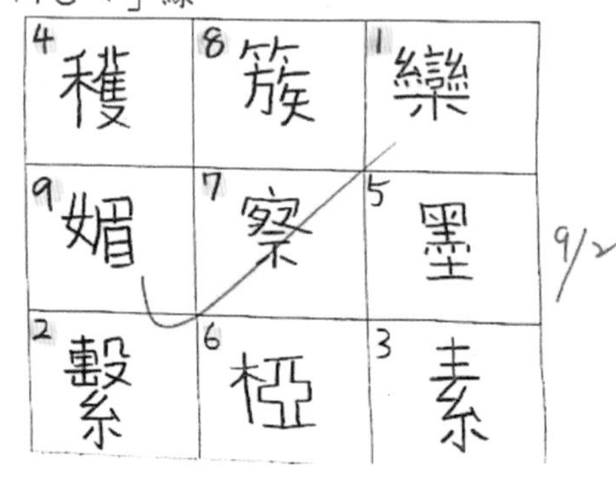

▲暖身題前的生字小考，我稱之為「生字賓果」。

MAPS共備」社團，新北五華國小郭富華老師的貼文裡提到了「圈詞賓果」，便立即留言詢問，於是我綜合富華和雅惠兩位夥伴的意見再加以調整，從四乘四改成三乘三的格子，在小考單上出了九題圈詞，生字部分改成注音，學生在九宮格隨機填入題號，再寫出相應的答案，答對的格子才可以進行賓果連線。為了連線可以蓋獎勵章，學生真的會很努力讓自己全答對！

▲課本預習改預習單檢核

國語課本的預習任務改成事先出完十四課的提問單，原先的任務是要能概覽課文、標示自然段與句末符號，自己在課本練習寫一次生字，當作課前的基本功。之所以會想改變是因為我發現學生在定期評量時，形音、解釋、成語出錯的比例還是偏高，心想或許是平日的基礎功夫不足。後來看到雲林鎮東國小蔡志豪老師在社團分享的預習單，和我的想法不謀而合，正好解決我的難題，於是我參考了他的格式，調整成我需要的內容，如此一來，可以增加練習的機會，也省去抱著一疊厚厚課本逐一檢查、批改的工夫。

▲提問設計的轉化運用

MAPS的三層次提問——暖身、基礎、挑戰題，每一層次的提問都有預期達到的目標。暖身題的設定目標可以分為

「形式架構」和「內容主旨」兩部分，我偏好以課文的內容主旨進行生活連結、猜測想像為主的提問，而以課文的形式架構進行新舊經驗連結的提問較少，原因是我認為學生到中年級才開始接觸寫作，還沒有足夠的經驗能覺察、反思這些寫作形式和手法。所以我把重心放在基礎題和挑戰題的讀寫連結：暖身題從自身生活連結思索寫作材料，從基礎題認識寫作架構、手法到挑戰題應用寫作架構、手法。於是，在挑戰題的教學目標中，觀點探究、讀寫合一、跨域延展的比重隨著三、四年級的教學進程一直不斷調整。三年級的挑戰題題數較少，以觀點探究為主，加入跨域延展的題目，我希望他們在這個階段能盡量表達自己的想法，並且多動手實作減少對寫字的抗拒，因此我喜歡結合班級經營的活動、文創作品進行挑戰題。

四年級的挑戰題則是會加入更多讀寫合一的題目。這一年，我和定威老師一起合作了數篇引導寫作提問單，一開始是定威老師先分享他的寫作構想與設計，我再加入想法和意見，將原本的題幹字體加粗並畫線，提醒完整回答須是題目加上答案，並加上短語或句型以加長句子、充實段落，增加引導的細節，修改成更理想的形式，並上傳實踐家的群組一起討論。四上第一課〈窗口邊的臺灣欒樹〉課文仿寫的寫作提問單——「教室旁的〇〇樹」就這麼產出了。

這份寫作提問單對我來說意義特別不同，在此之前，我一直運用在大學學到的方法教寫作，過去在寫作教學上所做的努力和經驗依然是重要的，然而透過引導寫作提問單，讓我更進一步去思考、發現該如何讓讀寫有更好的連結與整合，讓從課文出發的寫作，更能貼近學生的閱讀經驗和生活。

離——加入自己的心意，煮一杯 MAPS 好茶

四年級的寫作都是根據提問引導的方式帶學生進行課文仿寫、短文練習、心得書寫等，透過老師所設計的方向和細節，步步完成一篇完整的文章。中年級最後一個學期，我對寫作有了更多想法和嘗試，孩子也接下各種挑戰，回顧一起完成的寫作成果，篇篇精彩動人，是給彼此最棒的禮物。

對於四下的寫作，我嘗試整合每課的寫作重點，以單元相關的主題進行長篇寫作，像是第一單元「美味時光」，我以其他出版社的選文〈最好的味覺禮物〉為題目，這篇出自張曼娟的文章，情意較深，中年級的孩子雖未必能完全理解，但文章中關於飲食經驗的描寫和寫作技巧卻很值得學習——四下第一課〈狗不理包子〉著重運用感官摹寫描述食物，第二課〈奶奶的排骨粥〉記敘料理步驟以及和料理有關的回憶，第三課〈熱荔枝〉針對難得一嘗的美食寫出期待的心情與品嘗食物的過程——〈最好的味覺禮物〉的寫作的內容與形式

▲挑戰題（跨域延展）：讀臺灣欒樹四季變化之美，依照課文敘述畫出一棵「四季樹」。

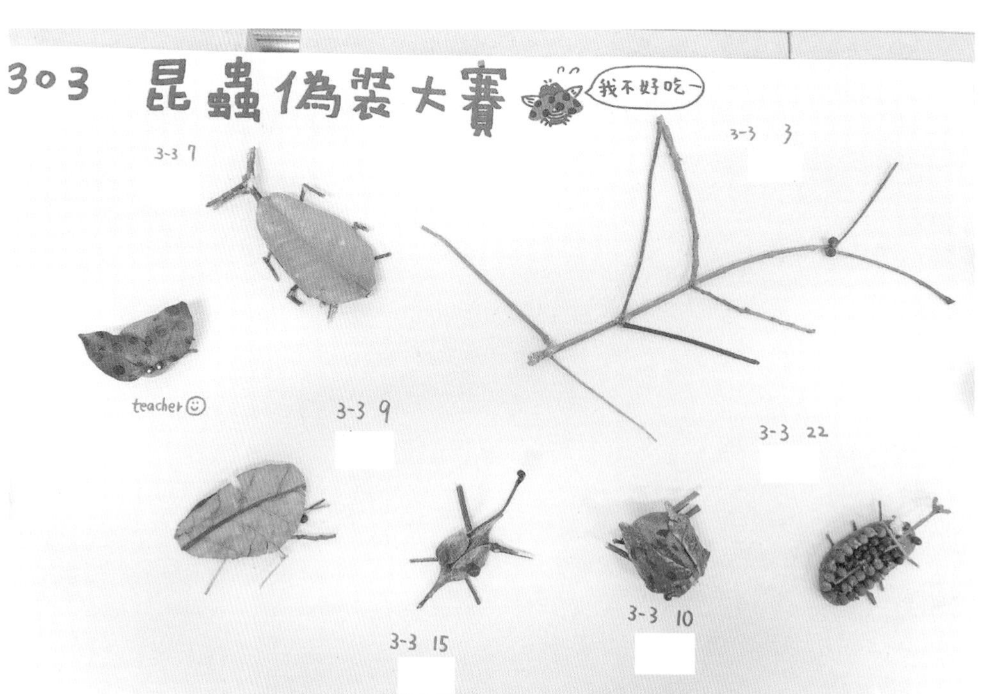

▲挑戰題（跨域延展）：讀課文認識「昆蟲的保命妙招」，用校園的自然素材進行「昆蟲偽裝大賽」，展示全班作品並進行人氣投票。

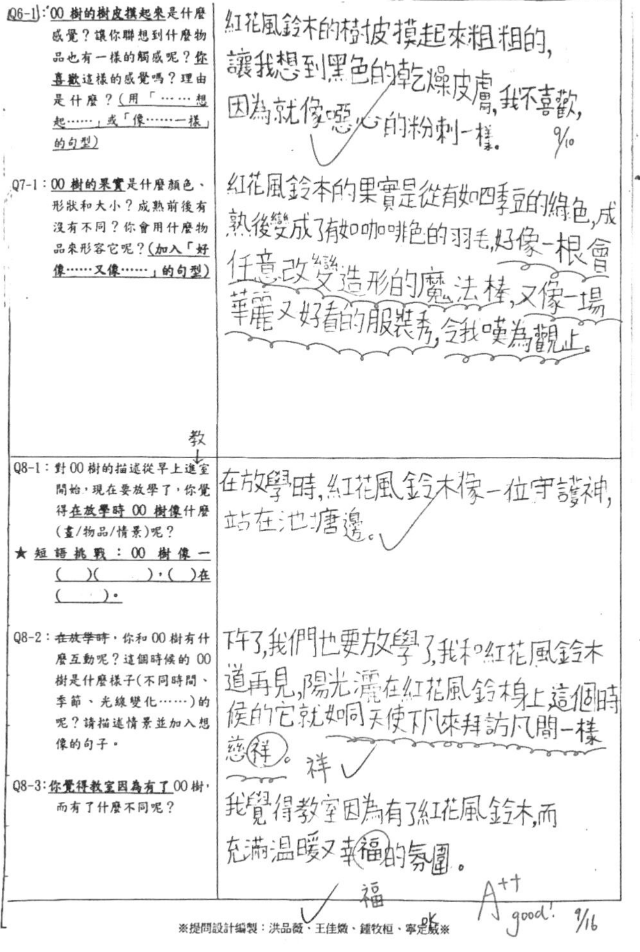

Q6-1：00 樹的樹皮摸起來是什麼感覺？讓你聯想到什麼物品也有一樣的觸感呢？你喜歡這樣的感覺嗎？理由是什麼？(用「……想起……」或「像……一樣」的句型)	紅花風鈴木的樹皮摸起來粗粗的，讓我想到黑色的乾燥皮膚，我不喜歡，因為就像噁心的粉刺一樣。 9/10
Q7-1：00 樹的果實是什麼顏色、形狀和大小？成熟前後有沒有不同？你會用什麼物品來形容它呢？(加入「好像……又像……」的句型)	紅花風鈴本的果實是從有如四季豆的綠色，成熟後變成了有如咖啡色的羽毛，好像一根會任意改變造形的魔法棒，又像一場華麗又好看的服裝秀，令我嘆為觀止。
Q8-1：對 00 樹的描述從早上進教室開始，現在要放學了，你覺得在放學時 00 樹像什麼(畫/物品/情景)呢？ ★短語挑戰：00 樹像一(　)(　　)，(　)在(　　)。	在放學時，紅花風鈴木像一位守護神，站在池塘邊。
Q8-2：~~在放學時~~，你和 00 樹有什麼互動呢？這個時候的 00 樹是什麼樣子(不同時間、季節、光線變化……)的呢？請描述情景並加入想像的句子。	下午了，我們也要放學了，我和紅花風鈴木道再見，陽光灑在紅花風鈴木身上這個時候的它就如同天使下凡來拜訪凡間一樣慈祥。 祥
Q8-3：你覺得教室因為有了 00 樹，而有了什麼不同呢？	我覺得教室因為有了紅花風鈴木，而充滿溫暖又幸福的氛圍。 福 A++ good! 9/16

※提問設計編製：洪品薇、王佳嫩、鍾牧桓、寧定威※

〔說明 1〕題目編碼 1－1 對應第一段的第一句，其他以此類推。每個回答以適當的句末符號結尾，同一段的答案試著用合宜的連接詞組合，串接成通順段落。
〔說明 2〕回答內容先試寫在學習單上，再謄寫到作文簿(紙)裡。

提問引導	回答內容
Q1-1：我的教室位在學校的什麼位置呢？ Q1-2：從教室外放眼望去，可以看見一排/一棵〇〇樹？在什麼位置？ Q1-3：你天天看著它，現在已經長到什麼高度了呢？	我的教室位在北棟教室三樓。 從教室外放眼望去，可以看見一排紅花風鈴[illegible]在教室的斜對面 我天天看著它，現在已經長到超過三層樓高了
Q2-1：每天一早，當你來到學校，進教室後，你覺得 00 樹和你有什麼互動？然後，00 樹就靜靜的守在教室旁做什麼呢？(加入想像的句子)	每天一早，當我來到學校，進教室後，我覺得紅花風鈴木在跟我說早安，然後紅花風鈴木就靜靜的守在教室旁聞著濃濃的書香味。
Q3-1：你會用哪個職業(加上形容詞)來比喻 00 樹？因為什麼原因讓你有這樣的想法呢？請從樹形、樹葉、枝幹、樹皮、果實和與其他生物的互動去思考。用「〇〇樹就像是……」並加上說明。	紅花風鈴木就像是一位嚴格的老師，又像一位溫柔的媽媽，因為它在上課時叫我們趕緊讀書；下課時谷大方的打開溫暖的雙手，為我們遮陽，是棵變化多端的樹。 good! 9/7
Q4-1：00 樹的樹形是什麼模樣的呢？枝幹又是什麼模樣呢？你覺得這樣的樹形是想讓我們做什麼樣的觀察？或者能帶給我們什麼好處呢？(加上「……好像……」的句型)	紅花風鈴木的樹形是柱狀的，枝幹是苗條的，紅花風鈴木好像一位媽媽正在偷看我們努力的讀書。
Q5-1：00 樹的樹葉是什麼模樣？(外形、大小)會讓你聯想到什麼呢？在枝葉之間，你觀察到會出現哪些生物呢？牠們在做些什麼事？	紅花風鈴木的樹葉是水滴狀的，在枝葉之間有三五成群的鳥兒在枝葉間穿梭，就像在尋找寶藏的考古學家。

※提問設計編製：洪品薇、王佳嫩、鍾牧桓、寧定威※ good!

▲挑戰題（讀寫合一）：課文仿寫——「教室旁的〇〇樹」寫作提問單。

課次名稱	挑戰題（讀寫合一）	寫作重點
第一課〈窗口邊的臺灣欒樹〉	教室旁的〇〇樹（課文仿寫）	◎運用摹寫描述樹的姿態和變化 ◎使用擬人的手法形容樹的樣貌 ◎寫出人與樹之間的互動和情感
第四課〈冬日吃蘿蔔〉	▲▲吃〇〇（課文仿寫）	◎舉出當季食材不同的吃法 ◎詳寫相關的家常料理步驟 ◎表達生活中飲食經驗的意義
第八課〈小小記者研習營〉	校慶新聞稿（新聞稿）	◎使用第三人稱描述客觀事實 ◎掌握新聞五字訣：人、事、時、地、物 ◎應用新聞稿常見的開頭法寫作
第十課〈從媒體學思考〉	給校長的一封信（書信）	◎應用書信格式寫作 ◎使用三明治稱讚法提出問題和建議 ◎能夠換位思考並表達想法

M A P S

▲ 108 學年度南一版國語四上寫作地圖。

課次名稱	挑戰題（讀寫合一）		寫作形式
一、〈狗不理包子〉	〇〇的食記	最好的味覺禮物	單元統整寫作
二、〈奶奶的排骨粥〉	〇〇的▲▲		
三、〈熱荔枝〉	我心目中的夢幻美食		
五、〈氣味之旅〉	跟著氣味遊校園		課文仿寫
七、〈蝶之生〉	如果我是一隻蝴蝶		新詩仿作
十、〈橋〉	我想設計一座這樣的橋		圖文創作
十一、〈夢想起飛〉	講座/鱷魚先生的十個祕密故事		心得報告
十二、〈小廚師阿諾〉	歡迎來到我的夢想店		延伸寫作

MAPS

108學年度 南一國語四下寫作地圖

Make all possibles start.

▲四下挑戰題寫作規劃設計。

我們一起面對挑戰 你會變得越來越勇敢

✎自我挑戰　　短文練習——我心目中的夢幻美食

作者童年時，荔枝是既珍貴又難忘的滋味，在你的心目中，是否也有屬於你的夢幻美食呢？請你以「我心目中的夢幻美食」為題目，寫出最期待品嘗的食物。

1. 你心目中的夢幻美食是什麼食物呢？
2. 如果有機會品嘗這個夢幻美食，你會希望與誰一起享用呢？為什麼？
3. 請你想像吃到這個夢幻美食時，你的腦海中會出現什麼畫面呢？

※使用「一邊……，一邊想像……」的句型寫出腦海中的畫面。

4. 如果能吃到這個夢幻美食，你的心情會如何呢？(　)這就是你心目中的夢幻美食。

※使用「如果……，我的心情就像……」的句型寫出你的期待。

※品薇老師編製

我心目中的夢幻美食

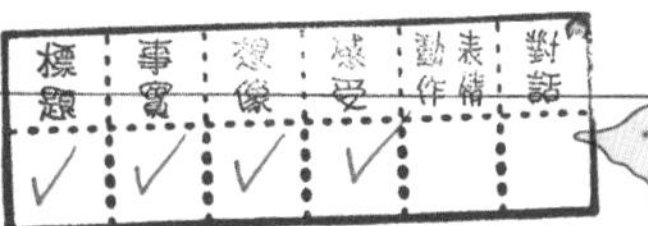

我心目中的夢幻美是蕃茄義大利麵。

如果有機會再品嚐蕃茄義大利麵，我會希望我和我的表姐一起享用，因為我和姐姐感情很好，就(算)吵架也會和好，我想和她一起分享。算

當我吃到蕃茄義大利麵時咕溜咕溜的麵條聲，就像流水漂來漂去的聲音美味又水嫩。我一邊吃蕃茄義大利麵，一邊想像麵條彷彿是紅髮的長髮公主一樣穿上紅通通的蕃茄舞衣，在鍋子裡熱情的跳舞，跳到一半加上一點胡椒亮片這樣就更亮眼了！

如果能吃到這個夢幻蕃茄義大利麵，我的心情就像那鍋子裡的麵條一樣盡情跳舞般的愉快。

A++ good! 3/19

傻笑鱷魚

▲挑戰題（讀寫合一）：短文練習——〈我心目中的夢幻美食〉。

最好的味覺禮物 寫作引導單

提問引導	回答內容	寫作自我檢核
Q1：生活中送給你最好的味覺禮物是哪一個食物？ ★請你參考第一段，運用感官摹寫（視覺、味覺、嗅覺……）描述它，最後用「這就是……」寫出這個食物的名稱。	又白又軟年糕，鮮紅的辣醬，當它們相遇的時候就好像一群英勇的戰士，穿上紅色的戰衣，一起集合準備出征。煮滾後，————香氣也隨之撲鼻而來，讓我立即食指大動，將它放入口中，咸軟Q——搭配的辣醬麻而不辣真是一道從天堂自地獄的美食。這就是辣炒年糕，送給我最好的味覺禮物。	□運用感官摹寫描述食物的外觀。
Q2-1：請詳細描寫這個食物的料理步驟。 ★使用句型「先……，接著……，再……」寫出步驟。	辣炒年糕要先把年糕煮熟，接著倒入香氣四溢的辣醬，再煮十五分鐘，最後加上青蔥點綴，色香味美的炒年糕就完成了。 3/23	□寫出料理步驟並使用使用句型「先……，接著……，再……」。

高雄市過埤國小 洪品薇 老師 / 高雄市新光國小 寧定威 老師 設計編製

提問引導	回答內容	寫作自我檢核
Q2-2：這個食物帶給你最難忘的回憶是什麼事情呢？ ★請你參考第二段，用「當……的時候，我彷彿……」開頭，回憶這個事件，並寫出原因、經過和感受。	當辣醬淋在年糕上的時候，我彷彿回到韓國吃當地的道地美食—「辣炒年糕」。記得當初要去韓國，一直都很好奇它到底有什麼可以吸引我去探索？到了當地才知，除了古文化的探知，最值得我嘗鮮的就是看似極辣，卻是口感層次分明的辣炒年糕。	□使用「當……的時候，我彷彿……」當開頭。 □能寫出和這個食物有關的回憶，並完整描述出原因、經過和感受。
Q3-1：這個食物你最想和誰一起品嘗？為什麼呢？ Q3-2：在等待這個食物料理好的時間裡，你有什麼樣的心情？ ★使用句型「……就像……」腦海裡有什麼樣的畫面呢？	我最想和我的好朋友一起品嘗這道美食，因為美食要大家一起分享才會覺得很好吃，不然就不算是美食了。 在等待辣炒年糕的時候，我的心情就像在皇宮裡等待全世界最美味的食物，真是讓人滿心期待。 3/26	□寫出期待與品嘗食物的過程。 □運用充滿想像力和創意的句子寫出品嘗時的情境。 □使用句型「……就像……」寫出腦海中的畫面。

高雄市過埤國小 洪品薇 老師 / 高雄市新光國小 寧定威 老師 設計編製

提問引導	回答內容	寫作自我檢核
Q3-3：這個食物要怎麼品嘗才好吃？ ★請你參考第五段，用「一邊……一邊想像……」寫出品嘗時的情境。	我和好朋友一邊吃辣炒年糕，一邊想像年糕達人在烹煮年糕的景象，剛開始的時候，彷彿像有一條晶瑩剔透的小河，倒映著天上的白雲，接著像戰役四起，鍋鏟的聲音「刷刷刷」的作響，就像戰士們拿著武器開戰一樣，最後英勇戰死血流成河，最終成為征服我味蕾的辣炒年糕。	☑運用充滿想像力和創意的句子寫出品嘗時的情境。 ☑使用句型「一邊……一邊想像……」描述內容。
Q4：為什麼這個食物對你來說是最好的味覺禮物呢？ ★請你參考第六段，用「（ ）的（ ）是最好吃的（ ）；（ ）的（ ），是給（ ）最好的味覺禮物。」寫出你的感受和理由。	我看著好朋友和我分享辣炒年糕，還一邊對我說：「真好吃！」那時候的我真是幸福！韓國的辣炒年糕是最好吃的韓式料理；韓國的辣炒年糕，是給我跟我的好朋友最好的味覺禮物。 A++ good! 3/30	☑寫出分享、品嘗時的感受。 ☑照樣寫句子，說明這個食物作為最好的味覺禮物的理由。

高雄市過埤國小 洪品薇 老師 / 高雄市新光國小 寧定威 老師 設計編製

▲挑戰題（讀寫合一）：單元寫作——〈最好的味覺禮物〉。

恰好吻合第一單元這三課的重點。

臺中合作國小賴建光老師說過：「寫作需要刻意的練習。」寫〈最好的味覺禮物〉之前，我在挑戰題「安插伏兵」，事先練習該篇題目需要使用的技巧，以一百五十至二百字的短文為目標，出了三個題目。為了降低學生對寫作的抗拒，每次寫作都使用可愛的「傻笑鱷魚」花邊紙取代稿紙，孩子可以自行畫線書寫，也可以加上插圖。

第一次發下短文練習，全班一如預期哀鴻遍野。短文一樣是跟著老師的提問書寫，但是寫得很棒的人會在老師的簡報中看見自己的文章被列為「好文共賞」：自己的作品可以教同學如何寫得更好，還能換取獎勵章，贏得正向小卡，內心小小的寫作魂都瞬間點燃了！等到我開始教〈最好的味覺禮物〉怎麼寫時，他們恍然大悟：「這不是寫食記的時候練習過嗎？」「哦！原來這裡要用〈我心目中的夢幻美食〉那篇的寫法！」……寫作的自信和能力有了，寫起來更有想法。寫作，就是平日裡一次次刻意練習的成果呀！

令我難忘的是〈我心目中的夢幻美食〉那一篇，一個愛跳舞的女孩將番茄義大利麵形容成紅色長髮公主穿著舞衣，胡椒是舞衣上的亮片，平時她的學習表現並不是最優秀的，但這一篇作品著實令我驚訝和讚賞。當她聽著老師說明作品的優點時，那微微不敢相信又閃閃發亮的眼神一直留在我的心底。

有計畫的訂定目標換來的是可預期的表現，融入自己心意，讓每堂課都更溫潤好入口，教學的溫度剛剛好就是最美好，為自己的MAPS課堂，煮一杯好茶吧！

◆品味——由形入心的教學風味

「先把『形式』做出來，再把『心意』放入其中。」

——電影《日日是好日》

我對電影中這句話印象很深刻，主角典子在學習茶道的時候，一直記不住點茶的步驟，老師告訴她要透過身體去記憶。我覺得這就像是MAPS的實踐與備課，一開始我們是依循著原則進行，跟隨著先行者的腳步實踐，等到自己上手了，再將自己的想法慢慢融入，轉化成適合自己課堂的樣貌。初次設計MAPS的三層次提問確實不容易，必須讓習慣成為自然，備課成為日常，誠如大叔所言：「堅持不是一次做到最好，而是一次又一次做得更好。」沒有一步到位的課堂實踐，也沒有最好的提問設計，而是在日復一日的教學實踐中發現問題、解決問題，堅持每次的進步和改變。

品一杯MAPS的好茶，當出「形」、「心」、「觀」、

「品」、「靜」五種教學風味：以MAPS的「形」結構化教學，透過三層次提問檢視教學目標是否扣緊文本核心問題；以「心」入味，結合自己的想法和專長，為班級客製化一杯學習的好茶；「觀」學習能力和成效，進行適時修正；聆聽想法進而創造對話，肯定傑出並能理解錯誤，「品」出獨特的自我；「靜」待成長，小而確實的改變正在發生——屬於MAPS的那股香氣，滿室芬芳。

【國小領域】

2

李珮琪／MAPS 讓我不孤單

國立東華大學附設實驗國民小學

山中大叔導讀

過去我的演講常說：臺灣的老師不是不認真，而是要認真什麼？

珮琪老師的課堂實踐歷程紀錄，恰恰如實地解答了這個問題。

有意識的備課，才能產出有意識的教學設計，才能導致有意識的課堂學習發生，更能激發課堂外的有意識的學習延續。

看見了嗎？這些學生有意識的學習延續，其實來自於老師的有意識備課！

珮琪老師的「有意識」萌發於麗雲老師，茁壯於 MAPS 三層次提問設計，終有一天會匯集成「珮琪老師的 MAPS」。

◆國語教學的定心丸

完整實施國語MAPS教學的這一年，是我任教的第八年，正式教師的第二年，實施對象是五年級學生。

其實，我不知道如何教國語

擔任六年代理教師期間，我換了三所學校，為了要考上教職，不管在哪個學校參與行政業務都力求表現，教學方面也不敢懈怠。處理行政工作及執行各項計畫，雖花時間，但對於擅長流程規劃的我來說並不困難；教學方面，我自認努力，卻也自知沒有太大的突破：數學課就是我在黑板上算一題，學生在底下寫一題，若還不會就重複練習直到精熟。國語課則是老老實實按備課用書照本宣科，在沒有特別策略不得要領的狀況下，經常成為陳麗雲老師說的「那種老師」——將國語課上成綜合課或自然課，上到豆芽菜就全班一起體驗挑芽根，上到水果就全班一起喝果汁，上到海豚就補充一堆海洋知識，沒有跟語文教學連結。更糟的是，以這樣方法教學的我，還自以為認真。

對於國語教學的貧乏，在準備一〇四學年度花蓮縣聯合教甄中顯露無遺。那一次教甄，是在七月底才突然公告，不用考筆試，直接進入試教及口試，吸引了八百人報名角逐八個名額，試教的範圍是五年級的國語及數學，隨機抽取其中一科的一課或一單元為題。那是我第一次準備國語試教，翻著課本，每一課我都沒有頭緒，不知道如何在十分鐘的試教時間呈現語文的重點，在這樣心虛沒有自信的狀態下，即使最後我抽到數學試教，還是考不上。但我之後的狀態並沒有因此改善，國語教學仍舊原地踏步，現在回想，當時龐大的業務量排擠了時間，沒能用心琢磨有效教學的方法，真對不起當時的學生。

一年後，我換了代理學校，該校週三下午的教師研習經常以精進語文教學為目標，舉凡閱讀、作文、抓關鍵字擷取大意等，都在研習主題之列。每研習一個主題，在語文教學之海浮沉的我，就像抓到一根浮木，急著在課堂上操作，似乎也有些成效，但東一個火花、西一個煙火，有時熱鬧、有時冷清，我知道學生有學到東西，但缺乏系統性引導，不扎實也不連貫，我苦惱雖苦惱，但還是讓日子這麼過下去了。

原來，國語可以這樣教

到了代理第六年，為了避免再度陷入之前準備教甄找不到國語教學重點的窘境，我決定好好備課。我大致遵循麗雲老師一課一重點的方法，找出當時任教的四年級每一課的教學重點，也和同事共備五年級三個版本的國語。雖然備課是

▲我和我的第一屆 MAPS 學生。

以教甄為目的，但規律的備課讓我心情穩定、產生自信，日常課堂又如實演練，因此在同年度順利以國語試教考上東華附小。

考上了，應該可以喘口氣吧？錯了，重責大任才開始呢！一是教師同儕之間臥虎藏龍，同事們的教學都很精彩，屢屢下課時經過任何一間教室，看到黑板留下的教學歷程，都讓我瞠目結舌。二是實驗小學的家長對於老師的期待很高，家長背景不乏教授、醫師、律師、中小學老師等，若教師沒有足夠專業，無法取信於家長。因此，對於教學專業成長有了強烈的需求，我開始參加夢N及各項研習。下學期，政忠主任到東華大學演講，提到了暑假第二屆 MAPS 種子教師工作坊，當下我就決定報名參加。

經過三天燒腦的工作坊之後，對於 MAPS 三層次提問有了系統性了解，我如獲至寶，才終於知道「原來，國語可以這樣教」，真正掌握國語的備課流程及重點，也學會心智圖怎麼畫。MAPS 對我來說，就像是國語教學的定心丸，但卻到教學生涯邁入第八年才得手。

▲拉著學年夥伴一起共備

猶記得二〇一八年十一月，第一次參加宜蘭夢N研習時，聽到小國A場次的講師——萬福國小鄭雅芬老師，分享她拉著同學年夥伴共備的故事，並以「共備，是對家長及學

▲ 2020 年 8 月，和學年夥伴分享工作坊所學。

生專業而公平的對待」這句話作結，當下讓我非常感動也非常震撼，心中不斷吶喊：「原來，認真的老師好多；原來，教學可以不用單打獨鬥；原來，真的有人可以做到同學年共備！」這件事在我心中埋下一顆種子，我期待有一天自己也可以做到。

因此，七月從工作坊回來後，趕緊先備了一課、製作講義。八月就約同學年夥伴說課，並分享工作坊所學，同時也向夥伴表達我想共備的意圖，沒想到大家竟答應我可以用 MAPS 的方法一起共備。我聞言欣喜若狂，馬上分配每個人的備課範圍、訂下進度、設好上傳講義的雲端連結、約定開學前的聚會時間，我們的 MAPS 共備就這麼開始了。

▲各做各的講義也算共備

這一年和同學年夥伴共備的過程中，曾經有其他年級的老師問我：「你們這樣各做各的講義，也算共備嗎？」當下一聽，我先是一愣，後來我回答：「我們不是只有做講義喔，每週還有固定時間討論。」進行一年來，我們漸漸發展出來下列模式：

在開學前就設計好每一課的講義，利用每週二本土語課的共同空堂，及週三下午教師研習前半小時，由下週課程進度的講義設計者說明該課的設計方向及重點，再進行討論、提出意見或修改題目。

▲和學年夥伴的共備日常。

討論過後，每個人可以選擇採用全部的題目，也可以根據自己的想法及班上孩子不同程度的需求各自進行調整，相互之間沒有壓力，也不會因為別人沒有全盤使用自己設計的題目而受傷。我認為我們學年這個共備模式最珍貴的，就是不藏私地分享，降低個人摸索的備課壓力，彼此成為彼此的後盾，但同時又保有各自的空間可以做自己，在提問設計中展現每個人不同的教學長處。教學路上可以有這樣的夥伴同行，實在太幸運了！

▲共備，家長其實看得見

此種模式進行到五上期中考後，我陸續收到家長的回饋，有些家長明確地肯定我們的做法，覺得孩子的國語因此學得很扎實。當他們問我：「老師，這些講義都是您自己設計的嗎？」我就會回答：「不是喔，是同學年的老師一起設計的。」聽到這樣的回答，他們往往都會露出驚訝的表情，甚至有家長會希望弟弟妹妹也能給我教。我開心之餘也會進一步說明：「媽媽不用擔心，因為我們是一起準備教材，所以給任何一位老師教，都能獲得同等的資源。」當然，每位老師都有自己獨特的風格，每班孩子學到的東西一定不會完全相同，但當我們的教學有 MAPS 講義為基礎時，同學年的孩子有近似的學習材料，老師的教學及學生的學習就比較不會有疏漏之處。

我很榮幸有同學年夥伴溫柔的支持，因此我想對前述雅芬老師所說的話，再加入一點自己的感想——共備，讓教師得以並肩向前邁進，也是對家長及學生專業而公平的對待。

◆設題是能力，取捨是素養

在共備方面固然還算順利，但回到自己負責的備課範圍設計提問時，真的很燒腦費時，其實，也有點痛苦。每每在網路上看到神人老師的分享，一個人就可以設計整冊十四課的提問單，我心裡就會想：「他們怎麼這麼厲害？這麼快就做完了！」我會這樣說，是因為一課的MAPS三層次講義，我平均就要花三天的時間，二〇二〇年因為疫情延長寒假二週，我幾乎天天都在構思講義，不敢放鬆。為什麼我會做得這麼慢呢？回首檢討，有三個原因：

問題一：難以決定文本分析的方向

我是先接觸麗雲老師「一課一重點」的觀念才進入MAPS，還沒上工作坊之前，我很困惑，心想：「這麼多提問和『一課一重點』的觀念不是相互矛盾嗎？」於是在工作坊的第一天，我向政忠主任提出疑惑，主任笑笑回答我：「妳決定教什麼重點，就會是那一課提問設計的方向，和麗雲老師所說的並沒有衝突，通常我們會抓主旨一個重點、結構一個重點。」在工作坊期間確實也一直練習這件事，政忠主任告訴我們：「重點、特點、難點、疑點，都可以是設計的方向。」

但這件事對我而言卻不是那麼容易，通常開始設計一課的講義前，我會看課文看上十幾二十次，也會反覆斟酌教師手冊所提供的重點，或是習作內容的編排，再加上自己對課文的想法，綜合之後才能決定文本分析的走向。通常走到這一步，就已經花上三小時了！

但一旦決定所要教的重點後，暖身題的設計就變得比較容易，只要喚起學生和這個重點有關的舊經驗，以及引起學生想要學習課文中這個重點的新興趣，便達到目的。

問題二：對於基礎題屢屢卡關

決定文本分析的走向，設計完暖身題後，到了基礎題又是一道關卡。奇怪，明明已經決定要教什麼重點了，為什麼會卡關呢？

基礎題是由「架構」、「主題」、「訊息」組成，也是由這三者組成心智圖。架構部分，需先決定文本是「獨立段落」、「連續段落」還是「間隔段落」。通常屬於「連續段落」而且架構不是那麼工整的小說或是遊記類文本，我得花

★基礎題

本課的學習重點：人和動物「由陌生到信賴」互動過程的摹寫(包含視覺、聽覺、觸覺)，找出讓彼此關係更進一步的關鍵動作，學習作者是如何描述雙方的動作，或營造情境。

南一第十一冊第四課 珍珠鳥

★基礎題

本課的學習重點：一、使用插敘法。
二、描寫人物的手法，以及如何描述場景、營造氣氛。

南一第十一冊第九課 我愛藍影子

★基礎題

本課的學習重點：一、以第一人稱為敘述角度，呈現角色「內心獨白」的寫作方法。
二、「內心獨白」需呈現內心糾結，突破矛盾的過程，及事後的喜悅。
三、造出具有對比手法的句子。

南一第十一冊第十四課 贏得喝采的輸家

▲決定該課重點後，進入基礎題就明確寫出「本課學習重點」，提醒自己設計提問的目標，也讓學生知道在這一課要學會什麼。

很多時間決定要如何分意義段、怎麼寫指導語引導學生。經過這個步驟之後，我會一邊畫心智圖，一邊設計提問。政忠主任耳提面命基礎題的口訣是：「主題在題幹裡，答案就是訊息。」乍聽好像不難，但真正開始設題後，會發現取捨主題並精煉文字，將之藏在具有可閱讀性的題幹裡，還要能讓學生精確找出對應的訊息，這樣一道道「多功能」的基礎題，不卡關個幾回還真的生不出來。

問題三：只能循序漸進，無法跳躍中斷

我對於備課及設計講義都是很規律、按照順序來進行，所以若基礎題卡關，我也就無法跳過先去處理挑戰題，總是得一個步驟完成才到下一個步驟，因為我覺得暖身題、基礎題、挑戰題每一個題型的題目都有其連貫的邏輯，題組間彼此又互相連結，若中斷思緒往下走，就無法順著脈絡行雲流水，這是我自己的堅持，也是製作講義費時甚久的原因。

但走到挑戰題時，心情通常是喜悅的。最簡單的原因，當然是講義快做完了。不過，更開心的是，挑戰題設題「讀寫合一、觀點探究、跨域延展」的方向，可以納入多元的想法及創意。有時候，會為了想要找到符合設題想法的素材，在網上搜尋半天，甚至廢寢忘食苦思良久，但當靈光一閃，腦中燈泡點亮時，坐在電腦前飛快將題目打出來時，心中的

喜悅真是無法言喻，我也會常常看著自己設計的挑戰題自high，覺得自己怎麼設計得這麼好，迫不及待想要讓學生寫看看，真是很有趣的心理變化。

每當卡關，或是idea太多無法取捨時，我就會看著壓在桌墊下那張政忠主任在工作坊時寫的箴言——「設題是能力，取捨是素養」，鼓勵自己跨過關卡，提醒自己設計講義時不可以太貪心，什麼都想放進去。身為教師，自己一定要先知道方向、具備能力、懂得素養，才能帶領孩子前往正確的方向。

◆ 我的 MAPS 課堂

我常以上課前、中、後，來說明 MAPS 教學的進程：

我的 MAPS 教學進程		
上課前	上課中	上課後
A— Asking Questions	S— Scaffolding Instruction	M— Mind Mapping
教師備課	小組討論	繪製心智圖
設計題問	P— Presentation	各類文轉圖
製作講義	口說發表	從課文長作文

上課前是教師備課、設計提問、製作講義，是A—Asking Questions的部分；上課中是依循講義脈絡小組討論、口說發表，是S—Scaffolding Instruction以及P—Presentation的部分；上課後則是學生繪製心智圖或是各類文轉圖、從課文長作文等步驟，是M—Mind Mapping的部分。前文說明了我的備課歷程，接下來呈現我的MAPS課堂運作。

異質分組的變化

以小組的模式上課，對我來說不會太困難，原因是我在兩年前，就已經按照許扶堂主任「數學有效教學」的模式上課。即使帶這屆五年級是新學生，但在數學課我已經操作學生異質分組、小組討論、口語發表模式兩年，因此課堂運作可以比較流暢。

我將全班分成七組，每組四人，分為A咖一人，B咖二人、C咖一人，依據題目難易度決定由誰回答，或是由誰主導。雖然每次換座位時都會略微調整角色，但一年下來，學生已經很習慣這樣的模式，不免有時會疲乏，或是抽空偷懶，因此未來我想調整作法，改為參考政忠主任二〇二〇年八月在臉書發布的方式——每次上課前都用撲克牌重抽角色：黑桃是主持人，紅心是紀錄者，紅磚是發言人，黑梅是參與討

▲異質分組與小組討論。

論者，希望藉此調整讓每個人都投入課堂，透過不同的角色有效學習。

口說發表須要求

我認為P—Presentation不僅只有在臺上的口說發表，在組內能以正確的態度和組員合作討論，以及好好書寫講義上的答案，都是表達的一環。除了基礎的答案會比較簡短以外，暖身題和挑戰題應該都需要較多的文字量才能表述，當學生寫成簡答或是回答不完整時，須讓學生理解老師對於講義書寫的要求。課堂上的口語表達亦是如此，最基本的發表流程——問好、說明組別、重述題目、好好回答、收尾、敬禮下臺，只要一有孩子沒有做到，都要不厭其煩加以提醒。

至於組員間的互動，更是孩子最需要學習的部分。有些孩子自我意識太強，無法接受別人的意見；有些孩子太要求完美，若非百分百確定答案不敢開口；有些孩子沒主見，組員說什麼就是什麼；有些孩子則無法和他人合作，在討論時總是得出動老師處理其個人問題。這些都需要師生雙方，在一次次的課堂或作業批改訂正間，相互調整及修正。

心智繪圖漸入佳境

在還沒上工作坊之前，我對於心智繪圖一竅不通，甚

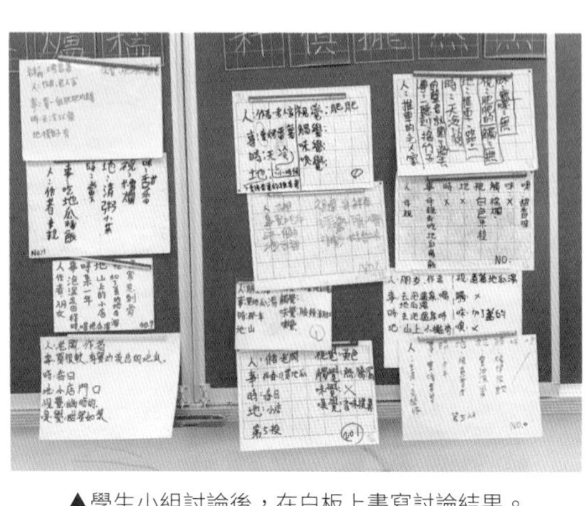

▲學生小組討論後，在白板上書寫討論結果。

▲學生上臺發表。

至還有刻板印象——心智繪圖老是在切割文章，檢索非常瑣碎的訊息，因此對心智圖還有點排斥。在工作坊中，理解了MAPS的心智繪圖原來是跟著基礎題的架構、主題、訊息而來後，就不覺得畫心智圖那麼難了。

但對於學生而言，一開始還是不太容易。有些學生之前有畫過心智圖，但就是沒有擷取到脈絡的訊息，或是只會模仿參考書上畫的，沒有文本中心思想的邏輯可言。然而在MAPS課堂，從基礎題到心智圖的連結，確實需要步驟的安排和引導，急也急不得。我將這個過程分成幾個進程，如以下表格：

學期	時間	內容
五上	期中考前	1. 講義上的心智圖填空。 2. 老師課堂示範、全班共作。
	期中考後	1. 小組先在校共作後，再回家自行繪製。 2. 自行繪製，只繪製第一層架構；或嘗試繪製全部，但老師只檢查第一層。
五下	期中考前	老師口頭講解後回家自行繪製。
	期中考後	完全自行根據基礎題繪製。

其實這個進程也並非事先規劃好，而是邊做邊調整出來的，當覺得大部分孩子已經達到要求了，便往下走。每個

▲（五上）在學校小組共作心智圖。

階段一定都有沒跟上的孩子，我認為老師不需要因此感到焦慮，就是看個別孩子問題在哪兒就去解決。例如：到五下後，有幾個孩子無法抓出關鍵訊息，在心智圖的第三層老是寫上一長串的句子，這也表示這些孩子較沒信心，此時，我便會個別指導，給他們看其他孩子的作品，或是再詳細說明基礎題和心智圖之間的關係。

我雖不焦慮，但還是有點戰戰兢兢。還記得第一次要放手讓孩子自行繪製時，我小心翼翼問全班：「繪製心智圖第一件事要做什麼呢？」當全班一致回答「分出意義段」時，我內心的小劇場煙火齊放，我知道他們懂了！再過幾週，有一次我又故意問：「心智圖第三層是要寫什麼呢？」有一個孩子馬上脫口而出，說：「啊不就是基礎題的答案嗎？上課時都已經寫好了啊！」我當時真的鬆了一口氣！

攜手 MAPS 迎向未來

進行 MAPS 的這一年，也剛好是我進入博士班就讀的第一年，但因為開學前就已經製作好講義，扎實備課，又有夥伴一同前行，讓我在學期中心情是穩定的，可以規劃出額外時間進修，同時也決定要以 MAPS 為題，作為博士論文的研究方向。

一路走來當然不是完全順遂。尤其有了 MAPS 講義後，

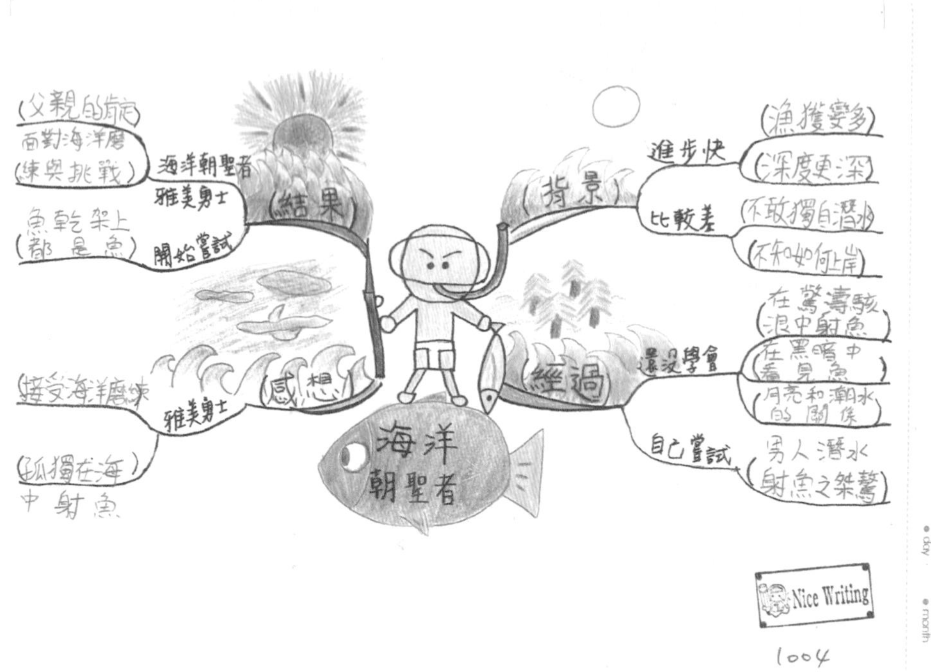

▲在學校師生共作後，回家完成心智圖填空。（學生李庭妤五上作品）

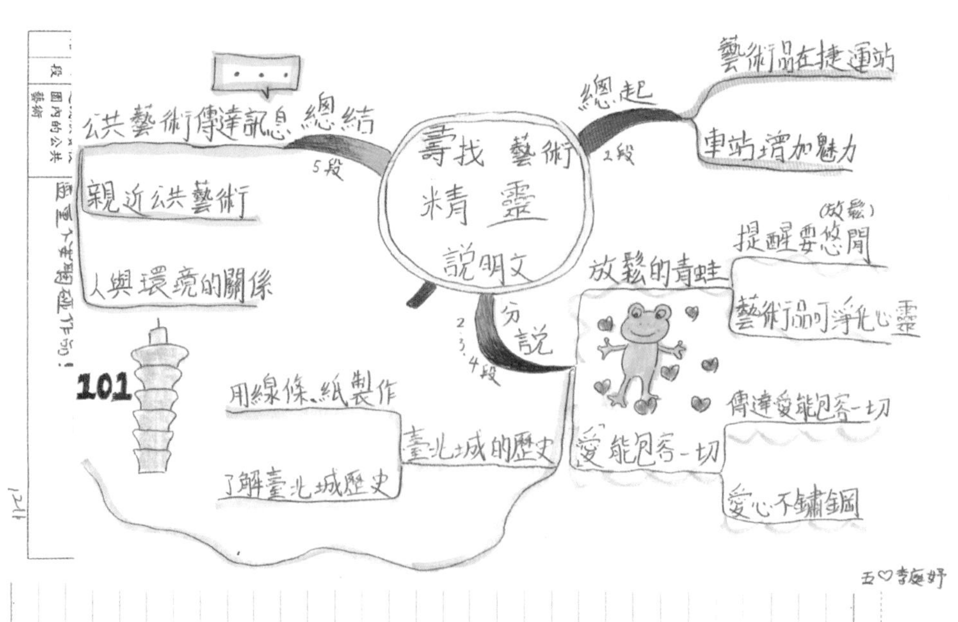

▲在校小組共作後，回家自行繪製完整心智圖。（學生李庭妤五上作品）

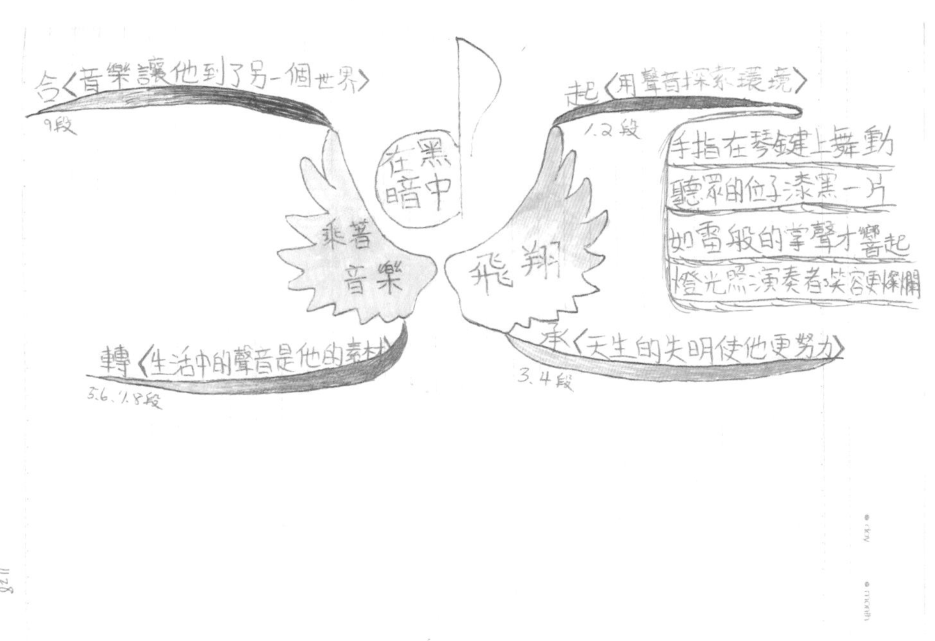

▲自行繪製，先畫第一層即可。（學生李庭妤五上作品）

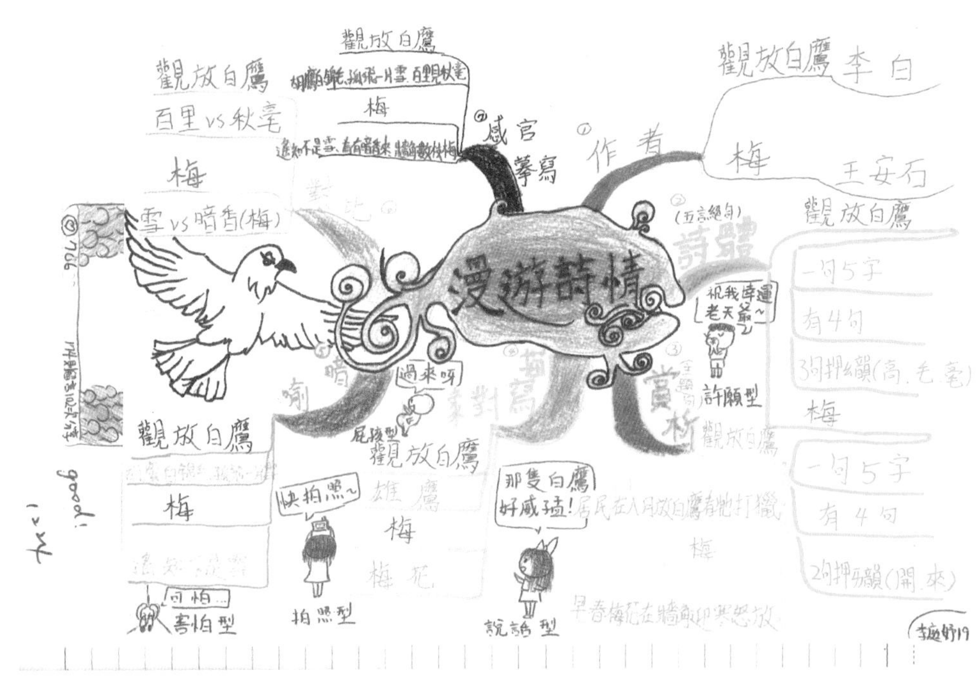

▲自行繪製全部心製圖，但老師只檢查第一層是否正確。（學生李庭妤五上作品）

MAPS三層次提問設計
南一版第十冊 第十課 橘色打掃龍

★暖身題

一、審題

(1)〈橘色打掃龍〉這一課，由兩個詞語組成，一是(橘色)，另一是(打掃龍)。

(2)「橘色」給你什麼樣的感覺？溫暖

(3)看到「打掃龍」這個詞，你想到什麼？一條龍在打掃(?)

(4)本課是一篇「記敘文」，綜上所述，請猜測本課的內容為何？

溫暖的一條橘龍在努力打掃。

二、〈橘色打掃龍〉中的「橘色」是「修飾語」，「打掃龍」是本課的「中心詞」，課文中的每一段皆提到這個中心詞以及其所營造的形象。請回答下列問題：

(1)若要給自己一個代表色，你會選什麼顏色？為什麼？

淺藍色

(2)你要如何結合這個顏色和你的個人特色，仿造「橘色」「打掃龍」這樣的語法，創造出自己的形象呢？

(淺藍)(小學生)

三、你認為我們的社會環境，對於「清潔隊員」這項工作有「偏見」嗎？為什麼？你對於「清潔隊員」有什麼看法？

①應該有 ②因為大家覺得垃圾很臭，根本不會感謝他們 ③我認為他們很了不起，因為能勤奮的為每家人收垃圾，很厲害。

★基礎題

Qo：(1)請參照習作P66，將課文標出自然段及意義段。本課一共有(6)個自然段，(3)個意義段。其中第二個意義段「事件聯想」，包含(4)個自然段。

(2)完成習作P66，並在課文中標出意義段，再寫上意義段的標題。

Q1：請在課本上，將習作P66意義段第一段「背景及起因」的答案畫線，並將小標題寫在課本上。

Q2：請在自然段的二段，找出打掃龍的成立目的。

Q3：請在自然段第二段及第三段，找出柏林清潔工的形象顏色及所代表的態度。

Q4：自然段第四段，描述打掃龍的工作情形，請嘗試用一~二句話將這一段的內容寫出來(必須包含「挨家挨戶」及「風雨無阻」這二個詞)。

他們每天挨家挨戶收垃圾，根本風雨無阻。

Q5：自然段第五段提到，柏林城市清潔公司以廣告及商品樹立打掃龍的新形象，請找出最重要的兩個形象並寫下來。

(1) 不再骯髒汙穢　(2) 橘色的重要

Q6：意義段第三段「結語」的部分，作者提到打掃龍的比賽結果，呼應了第一段；也寫到對打掃龍的整體感想，請在課本上找出來並畫線。

★挑戰題

一、〈橘色打掃龍〉的作者陳思宏文筆流暢，在幽默的筆觸下時常傳達他的價值觀，以及人生的真義，請閱讀以下這段文字（擷取自陳思宏〈變形〉），並回答問題：

〈橘色打掃龍〉這篇文章聚焦柏林清潔隊員所組成的龍舟隊伍，透過這篇文章，我想要跟小朋友說一個殘忍的事實：夢想不見得要偉大。我們從小在教育體制裡就不斷被逼迫要「填志願」，作文課時必須在空白稿紙上填寫壯大的夢想，醫生、總統、校長、明星、飛行員，夢想高山巍峨，師長鼓勵大家把夢的泡泡吹大。展望未知的未來，鮮少有孩子會寫下比較「卑微」的職業選項，例如清潔人員、機械黑手、公車司機。打開電視，新聞台報導清潔單位公開招募人員，有較高學歷的人參加考試，記者旁白是「竟然連博士、碩士都來參加考試」，這句話充滿了傲慢的階級意識，甚至有告誡的「警世」語氣，表示高學歷的人來加入勞工行列，簡直是淪落。夢想誰都有，成真的沒幾個，人生不一定要騰達才是完滿，只要是正當的工作，努力付出，都有其尊嚴。

(1)這段文字所要表達的是什麼？請用自己的話寫出來(至少 50 字)：

我認為作者想透過本文表達，其實夢想不一定要是當醫生、總統、明星…這麼「偉大」的事。只要是正當的工作，努力付出，都不該受到嘲笑，該要正視自己。

(2)課文中自然段第三段作者僅用一句「是的，柏林的清潔工，可以驕傲」，以及第六段最後一句「他們如同你我，有夢想，活在同一座城市裡」。綜合上段文字及課文，請問以作者的觀點，「驕傲」和「夢想」的關聯為何？(至少 50 字)

我認為「夢想」是打掃龍的清潔人員，想要為居民盡一份心力，讓大家知道「橘色」的重要，「驕傲」則是他們在實踐夢想的感覺。

0528

二、日前臺灣也為清潔隊員換新裝，請掃描 QR CODE 閱讀新聞及觀看圖片，

並回答問題〔第(2)、(4)題題目的資訊取自本課原文〕。

(1)臺灣清潔隊員的新服裝，以哪二個顏色為主？ 綠色 灰色 ，

你認為這二個顏色有什麼代表的意義呢？請分別寫出來。

①綠：環保 ②灰：汙穢(他們要掃掉)

(2)本課課文中的「打掃龍」，德文的意思是「有潔癖、愛打掃的人」，若要幫臺灣清潔隊取名，你會取什麼簡短有力的名字呢？ 清潔蛙 good!

(3)綜合上二題，請結合顏色和名稱，臺灣的清潔隊會取名為： 綠色清潔蛙

(4)一則柏林城市清潔公司為打掃龍設計的形象廣告中，巨人身形的橘色清潔工正在擦亮柏林電視塔，標語寫著：「如同在家裡。只是大多了。」旨在提醒人們，我們稱為「家」的這個都市，沒有這些橘色英雄，就沒有乾淨的環境可居住。請你也為臺灣的清潔隊設計一個平面廣告吧！(不一定要用畫的，可以剪貼，必須包含標語)

(5)以你幫臺灣清潔隊的取名，以及所設計的形象廣告的內容和標語，寫一篇二百字的短文。

哇！讚哦！

day　month

小短文

每一天，每一夜，家家戶戶都會製造垃圾，而且數量相當龐大。如果不是那些身穿綠衣、灰褲的清潔英雄們，台灣早就變垃圾淹沒了！

台灣的綠色清潔英雄，每天晚睡早起，在太陽公公露臉前得搶先一步，挨家挨戶收垃圾，每個地方都仔細着掃乾淨，一塵不留，閃閃發光；深夜人靜，我躺在舒服的床上呼呼大睡時，這些綠色的英雄們還在收拾垃圾，一點汙垢也不放過。只要有他們在，台灣的未來就更加光明。

這些綠色英雄們，就像夏夜裡不斷鳴叫的小青蛙，用歌聲清走髒亂和汙穢。這些骯髒被一一掃除，彷彿心中的不滿和抱怨，也通通被清除了，令人十分放鬆。

「綠色清潔蛙，髒汙走光光！」沒錯，只要是有他們在，不管有多髒，保證掃得一乾二淨，閃閃發光喲！他們走遍全台，盡力清掃乾淨，我敢說，全台灣的小朋友，都在為他們歡呼呢！

太讚了！

0528

▲好好書寫講義上的答案也是表達的一部分。（學生姜力云五下作品）

▲全學年實施MAPS，巧妙各有不同。

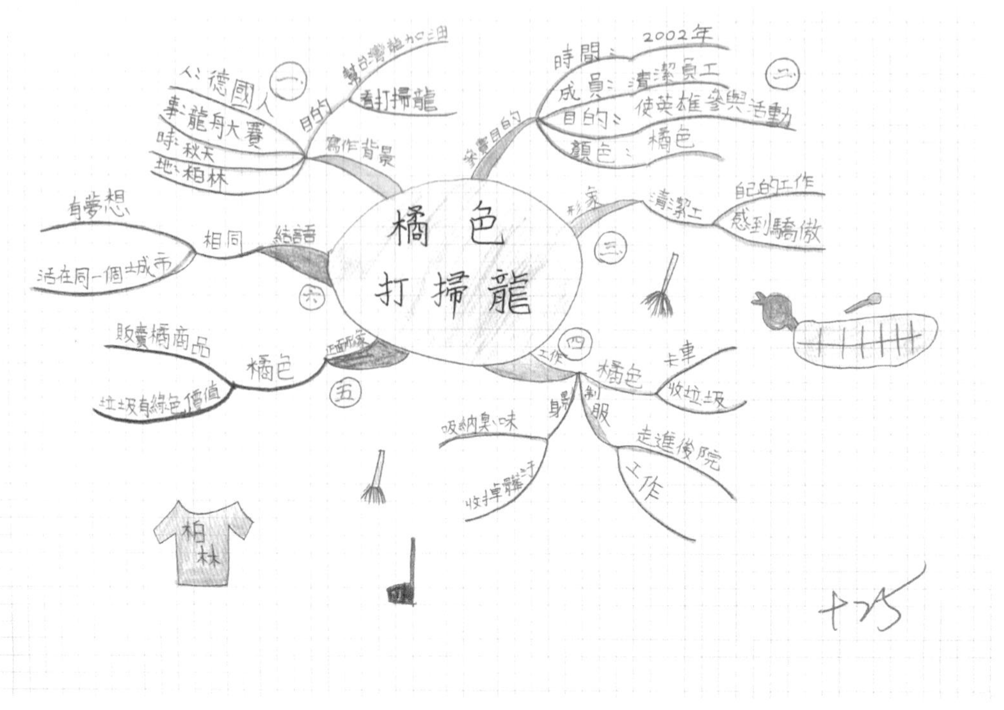

（仁班學生顏若亞五下作品）

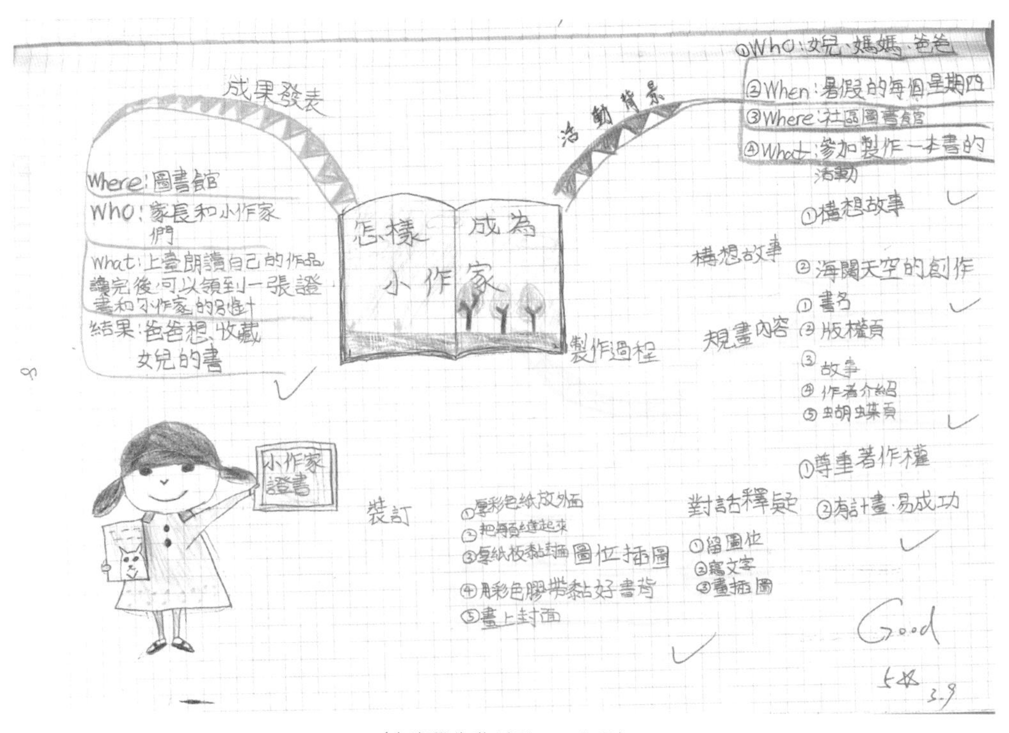

（忠班學生曹希彤五下作品）

◎挑戰題：

一、劇團的演出要考量很多因素，例如：演出的演員、演出的故事、舞臺的設備……，請從課文中再找出三個？

二、讀完這個之後，你覺得紙風車劇團最值得敬佩的精神是什麼？為什麼？（請寫至少50字自己的想法，並自己畫格線）

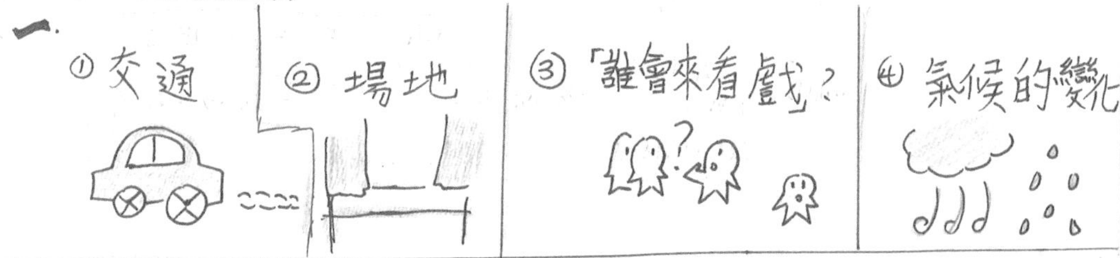

二. 我覺得紙風車劇團最值得敬佩的是他們努力不懈、堅持的態度，因為劇團要考量許多因素及克服許多困難，如：氣候的變化、交通不便的問題，在這種情況下，若沒有抱持著努力不懈、堅持的精神，是無法帶給大家感人的戲劇，也無法在孩子心中種下藝術的種子了!

（李班學生洪歆芙五下作品）

書寫量相較於中年級大增，孩子的抱怨及寫功課的壓力也讓我們師生之間需要更多的磨合及調整。有時，我也會迷惘，在孩子的壓力、父母的期待，以及自我的要求間究竟要如何拿捏？所幸這一切都在學力檢核成績出爐後得到解答，全學年的成績在花蓮縣的 PR 值是九十八，代表 MAPS 的教學有相當成效。

未來，我期許自己能繼續以 MAPS 和學年團隊共備，也希望自己的備課更有效率。在教學方面，我希望第二年的 MAPS 孩子，能夠進階到自己產生提問策略，長出自己的心智圖（不知道會不會太貪心？）。雖然政忠主任說，我們以他的 MAPS 為基礎，要長出自己的 MAPS，走自己的路，但我還在路上，還不能斬釘截鐵地說：「這就是我的 MAPS！」不過，可以確信的是，有了 MAPS 的陪伴，我在教學路上不孤單！

◆後記——夥伴的回饋

忠班老師戴莉如

在 MAPS 教學法下成長

近幾年因翻轉教學、分組合作學習的興起，又因網路的便利性，改善教學討論與共備在時間、地點、人數上的限制，各種教學法百花齊放，甚好！

我對 MAPS 教學法的認識一半來自於網路，另一半則是班群教師的指導。我們的語文課從部分時間使用 MAPS 教學法（提問、繪製心智圖），到有系統地共備上課講義（暖身題、基礎題、挑戰題、從課文長作文），我認為 MAPS 教學法最能說服我的原因有三：

一、以課文本位為基礎，確保學生的學習品質

誠如珮琪老師，剛踏入語文領域教學的我，也常常左拼右湊、較沒有系統性與連貫性，然而在共製講義後，除了每一課的重點、特點、難點、疑點，課與課之間的連貫，甚至學生每一個階段能夠提升的能力與素養都十分清晰。

二、好問題帶領學生思考、討論、自學

在分組合作學習裡習得小組討論與社交技巧後，接下來就需要有值得討論的好問題——在挑戰題中常可看見精彩的讀者觀點與價值論戰；當然，除了共同學習外，還有一個更重要的目標：讓學生學會如何學習（這是 MAPS 教學法的終極目標吧？）。透過兩年的練習，我認為「自學」對班上一半的學生而言是可達到的目標。

三、教師能透過共備互相學習

去除單打獨鬥的孤單，從共同製作講義、每週固定共備後，我們看見彼此的亮點，互補不足，在腦力激盪下，提

問設計愈發成熟，講義的鋼骨架構也更堅固；最可貴的是，在足夠的互信下，我們依舊鼓勵每個教師可以發展自己的風格——可以共享也可以保有獨一無二的自己。

很幸運地，自己在接近退休的年齡，還可以與班群教師共同成長、學習，在共同備課下，真的是比較「趣味」、「省工」，值得大家一試！

孝班老師曾玉如

師生一起 MAPS，讓教與學更有效

分組學習時，學生才是課堂的主人，好的課程設計，不但可以讓學生自學共學，更可以培養學生面對問題、思考分析、分組合作、擬定策略、上臺發表等素養。

早期我在教學上著重大量閱讀，現在跟著夥伴一起 MAPS 之後，學會設計有層次的提問和搭鷹架法則，一年下來，學生的閱讀理解能力的確大幅提升，而我也發現學生的笑容更多、更有自信了。讓我受益尤多的是，透過共備共享，讓自己了解提問的步驟設計不僅要細緻，更要藏有老師的「小心機」，而這些小心機也會讓教學達到事半功倍的效果。同時我發現夥伴之間的團體討論，其實也是 MAPS 的過程，每次備課會議結束，我都會深深感嘆好的教學原來可以讓孩子的學習這麼有效率。

我一直相信政忠老師說的：當老師願意在教學上堅持 0.1 的改變，孩子就會不一樣。我不是很優秀、能力很強的老師，但我願意做那 0.1 的改變，這改變或許無法「翻轉」教育，但卻會讓課堂的風景很不一樣。

◆隨手札記

【國小領域】

3

楊巽堯／「走出去」的夢

臺南市山上區山上國民小學

山中大叔導讀

在巽堯的文字裡，我看見那年三十歲的我，用盡全力希望拉拔我眼前的鄉下孩子通過學習看見世界，透過教育改變未來，成為一個更好的人。

與此同時，老師也必須有鬥志成為一個更好的老師。

這篇 MAPS 課堂實踐歷程紀錄，會讓你看見一個老師是如何努力透過 MAPS 三層次提問，琢磨自己成為一個更好的老師，從而拉拔孩子成為一個更好的人——不論你是否已經是個好老師，更不論你的孩子來自鄉村或城市。

如果這輩子只能選擇做好一件事，您的選擇會是什麼？

晨光熹微，陽光悄悄穿梭在嫩綠色窗簾隙縫間，好似告訴我，別再眷戀於被窩，趕快起床。待整理好後，準備出發。

車緩緩地行駛，沿途屬於臺灣的風光，縱然已不知看過多少遍，但仍舊是那麼美麗耀眼。湛藍的天空，起伏的山巒，交錯在漫漫道路上，先是穿越民風質樸的小鄉鎮，再行過人煙罕至的道路，費了一番工夫終於來到目的地——學校。

我是國小老師，再平凡不過的臺南國小老師，然而在心中卻始終有個夢，想帶著偏鄉孩子「走出去」的夢，想引領著他們去看看外面的世界，想陪伴著他們去嘗試更多這世界不一樣的人事物。但我也始終明白的是，唯有不斷先提升自己，精進自我，才有能力做更多的改變……。

◆人生無限公司

同一片天空，交織彼此最深的羈絆

「校長早、老師早、義工媽媽早！」導護時間，因低頭看乘風搖曳之樹影而發楞的我，耳邊傳來了這些既可愛又熟稔的打招呼聲，頓時喚醒正陷入長思的自己，他們是我在山上的第一屆學生，如今個個都已從懵懂的孩子，邁開人生重要步伐！騎著腳踏車經過國小是他們現在的日常。遙望著孩子們的身影直至消逝在轉角的那一刻，我再次陷入深思，想著不知道上了國中的他們，對於過去相處的那些年留下來什麼印象？而又帶走了什麼收穫？

用傻勁奔向理想的彼岸

猶記得，到山上的第一年，亦是我和他們第一次的相遇，對於教育有著無限的憧憬，對於孩子未來有著無盡的想望。初來乍到充滿一股傻勁的自己，卻被眼前種種的無助給震懾住，過去那些理所當然的教學方式，似乎不再管用；過去那些博大精深的課程理論，好像不是解方。是不是該出去走走了呢？從溫美玉老師的研習到陳麗雲老師的講座，從國教輔導團的工作坊，再到網路上無數神人以及各門學派的課堂風景……那時的自己宛若是銳意進取的新兵戰士，無役不與。

剛好遇見你

回到教室後，看似精彩，煞有介事，孩子們也比從前更樂中投入於課程之中，但如此大雜燴式的教學歷程，卻好像總少了那麼一點系統性。

某天因為《親子天下》一篇介紹MAPS教學法的網路文章剛好出現，那四個看似簡單元素所構成的國語課堂，使我興起或許可以來試試看的想法！

就這樣我開始走上一知半解的MAPS旅程。學生開始畫心智繪圖，然而畫的是老師沒有引導過，像在抄課文的心智繪圖；孩子開始做提問，但並不是老師備課後，有意識的提問設計！試驗一段時間後，心中還是充滿疑惑的自己，於二〇一八年冬天決定一個人坐車北上參加夢N。那時的我大開眼界，原來這才是真正的MAPS啊！

在心動、激動與感動後

二〇一九年二月開始的六下新學期，於班級中試著利用廖雅惠老師所分享的翰林版國語提問單操作新的MAPS，脈絡雖清晰了不少，但還是遇上許多難題，例如：需不需要每課都畫心智繪圖？需不需要所有提問設計都要孩子書寫產出？如果沒時間進行口說發表怎麼辦？……林林總總的問題，在我腦海恣意盤旋著。然而也很幸運的是，同年暑假，我參與了為期三天兩夜的扎實種子教師培訓，梳理了許多疑問，亦認識不少共備的夥伴，「在心動、激動與感動後，回到教室千萬別一動也不動！」最後大叔在結訓那天是這麼鼓勵著我們的……。

▲提問的「取」是能力，「捨」是素養。

◆ 潛能無限公司

願那些跌撞，都能成就更好的我們

光陰荏苒，歲月如梭，二〇一九年六月，路上滿滿的阿勃勒黃金雨好似為畢業生們獻上最珍貴的離別賀禮，「人生無限公司」的員工們（我將公司經營的制度用於班級之中，而此屆的名稱想法來自於五月天演唱會）就在帶著歡笑與淚水的典禮中「退休」了。回首兩年前，班上二十二位孩子中就有十四位需要補救教學，然而兩年後的測驗，國語僅剩一位孩子未通過，那是蛻變亦是成長，身為老師我永遠以班上孩子為榮為傲，也暗自告訴自己：「加油！還不是鬆懈的時候，要繼續努力才行。」

緊接而來的新班級有十五位孩子，他們幾乎都有著與眾不同、讓人心疼的童年故事，雖然不能參與和改變孩子們的過去，雖然人生是有限的，然而我始終相信人的潛能無限，新公司「潛能無限公司」就此成立。一開始要在課堂導入MAPS教學法實屬不易，但有了上一屆交雜失敗與成功的經驗，這一次我並不感到害怕。村上春樹曾說：「總之歲月漫長，然而值得等待！」掌握原則，不能操之過急、不能揠苗助長；多給鼓勵、少點責罵。相信孩子總有成長的一天！

我向孩子們說，學習就像是吊點滴一樣，一點一滴流進

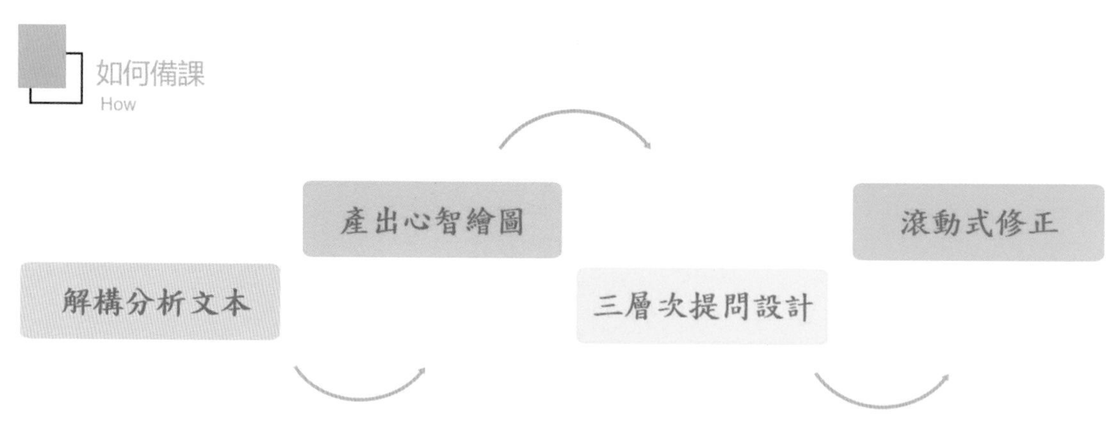

▲我的 MAPS 備課心法。

你的身體裡，它需要日積月累，當然老師也可以一次教很多東西，但你們一定會消化不良，甚至久而久之就不想學了。MAPS是什麼？我只有向孩子們簡單介紹，因為我相信，再經過多一點時間，孩子們會明白他們正在學習的每一樣東西，都是有其意義存在。

康軒版五上第一課〈拔一條河〉結束後，孩子們已經知道什麼是自然段和意義段，至於如何自行切分以及區分架構，我想那需要的是時間。第二課〈從空中看臺灣〉結束後，員工們對心智繪圖有了更進一步了解，至於版面配置如何更好更精準，我想那需要的也是時間。第三課〈蚊帳大使〉結束後，潛能無限公司試了第一次口說發表大意，至於如何行雲流水而不緊張，我想那需要的還是時間。「學習並不是一蹴可幾，它是一步一腳印的每一天，同時更是循序漸進的歷程。」我和孩子們始終相信著，下一課會更好！

偶然的小驚喜，滋養生活中的酸甜苦辣

原本我預想所有的暖身、基礎、挑戰題以及心智繪圖還要很長一段時間，孩子們才能進入自學的階段，想不到在期中考前的某一課，一位小女生突然舉手說：「老師，明天是不是要上基礎題與畫心智圖呢？」我肯定地回答：「當然啊！因為要看看你們對於整個課文架構是否真的了解。」然

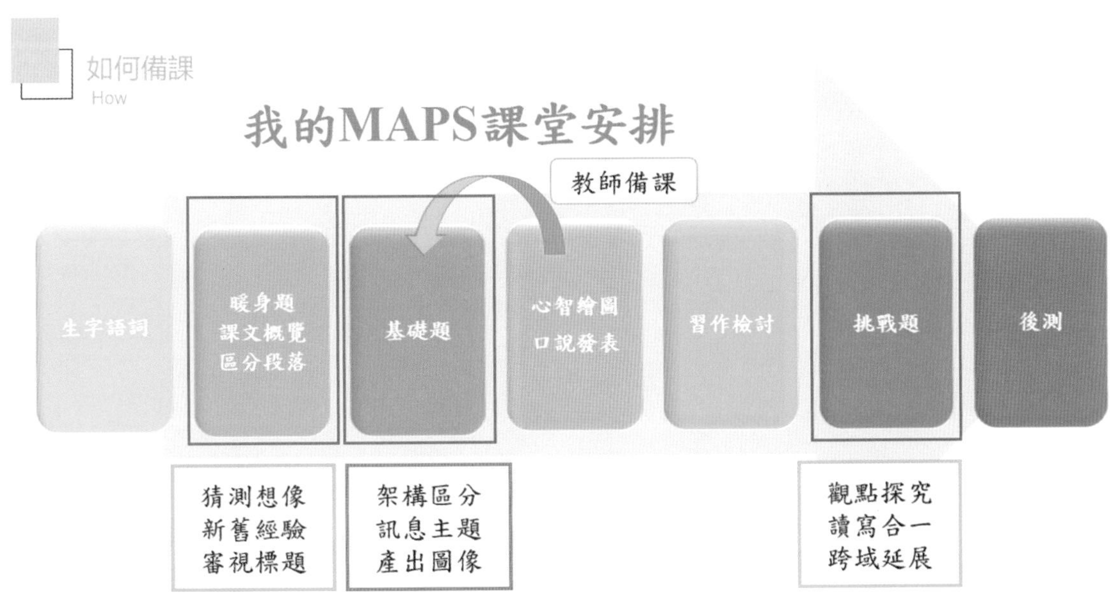

▲我的 MAPS 課堂安排。

後小心翼翼再次解釋MAPS「文轉圖」之意涵，以為孩子是不懂為什麼還要再「畫圖」，沒想到，小女孩緊接著卻說：「那我可以先回家試試看嗎？」猝不及防的驚喜讓我有些招架不住，連忙給予這位孩子許多正向鼓勵。其他孩子聽見也紛紛表示下次想來試試看，當然也有小朋友表示：「蛤？自己寫跟畫也太困難了吧？」然而我覺得，無論孩子們的想法是什麼，都是很好的，至少他們不是討厭、畏懼做這件事情。這樣的結果，我相信它就是好的開始。

被討厭的勇氣

「我們一生做了多少決定，都是命運輾轉過後的念頭。無關乎隆重與否，都讓自己華麗又斑駁。」

這是我很喜歡的作家張西曾寫下的一段文字。做選擇始終是件很難的事情，對吧？在人生無限公司員工們退休後，我選擇接下五年級，踏上了名為「改變」的道路。暑假期間電腦分班出來的結果，全校最令人頭痛的孩子就這麼「被選擇」而降臨在潛能無限公司，因成長背景的關係，他脾氣相當不好……。

事件發生在二〇一九年十月初的時候。那天我們討論完第四課〈不一樣的醫生〉基礎題，準備進入心智繪圖，員工們個個提起筆，躍躍欲試的樣子堪稱是當天最美風景之一。此時我走下臺巡視每個孩子畫圖的狀況，卻發現那位孩子畫出的線條都非常擁擠，根本寫不下任何的字了！帶著希望孩子更好的心態，我向這位孩子說：「你的線都太擠囉！這樣接下來你可能會沒辦法好好寫字，下次如果畫心智圖，你要先好好思考你的版面配置才行。」聽完這番話後，等老師遠離的當下，霎然，他選擇趴了下去。

趴在桌上的行為，再加上他著名的壞脾氣，我的內心劇場瞬時上演開來：他是不是生氣了、等一下會不會翻我白眼、等他起身的霎那會不會拍桌子、待會是不是要來場師生大對決……千奇百怪的想像畫面不斷向我襲來！該怎麼辦？如果是您……當下您的選擇又會是如何處理這位孩子呢？

在能力所及，成就更好的他

過了些時間，孩子逐漸抬起頭，而老師也準備接招了。孩子舉起他的手，我小心翼翼地走向他，詢問他：「怎麼了？」孩子抓抓頭，說：「老師……那我可以撕掉重新畫嗎？」再也找不到更好的形容詞來描述我當下的心情！我連忙允諾孩子，並且要全班暫停手邊的工作，我明白這是一個很好可以公開讚賞他的大好機會，其他孩子們聽完我的分享，紛紛表示他真的比以前進步很多，脾氣也收斂了許多。

這位孩子害羞並傻笑地聽著大家對於他的評價……。

這是偶發的事件嗎？或許是，也或許並非是，但可以百分百肯定的是這是很好的轉折點。從開學到那天一個多月以來，其實我自己無一天不擔心這位孩子體內的「小惡魔」會甦醒過來，然而我也相信只要願意陪伴著孩子，縱然成長進步的幅度一開始並沒有很多，但就如知名職棒退役球星彭政閔所說：「大象步伐雖慢，也總會走到終點。」孩子更會是如此，不是嗎？

某天放學午後，我陪伴著這位孩子讀書，並寫完了所有功課，目送他走向回家的路上，看著他的背影，心中想著，關於這位孩子的故事還沒有結束，未來我和他的挑戰還非常多，要相互磨合的地方更是不少……然而關於教育這條路，就像孩子回家的路一樣，在學校的我並不能看見那終點，但卻不代表他不想通往這條道路，在能力所及下，給予最大的陪伴，才能成就更好的他！

充電後再出發

心智繪圖的支線與訊息量太多該怎麼辦？這是操作良久後，偶爾遇到長篇文本還是會撞見的問題！在孩子們還沒有辦法為任何段落或文字下準確標題或註解之前，利用寧定威老師從文本直接提取關鍵詞再依序分類的方法，似乎是最有

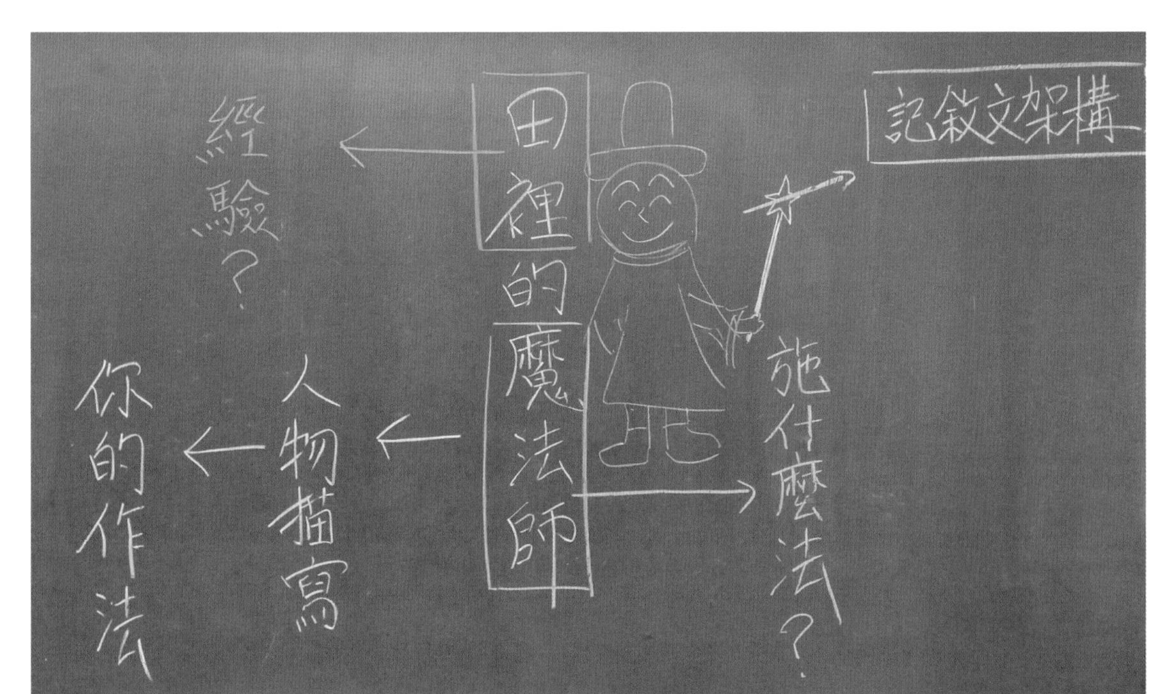

▲解構課文標題與預測內容（康軒版五上〈田裡的魔法師〉）。

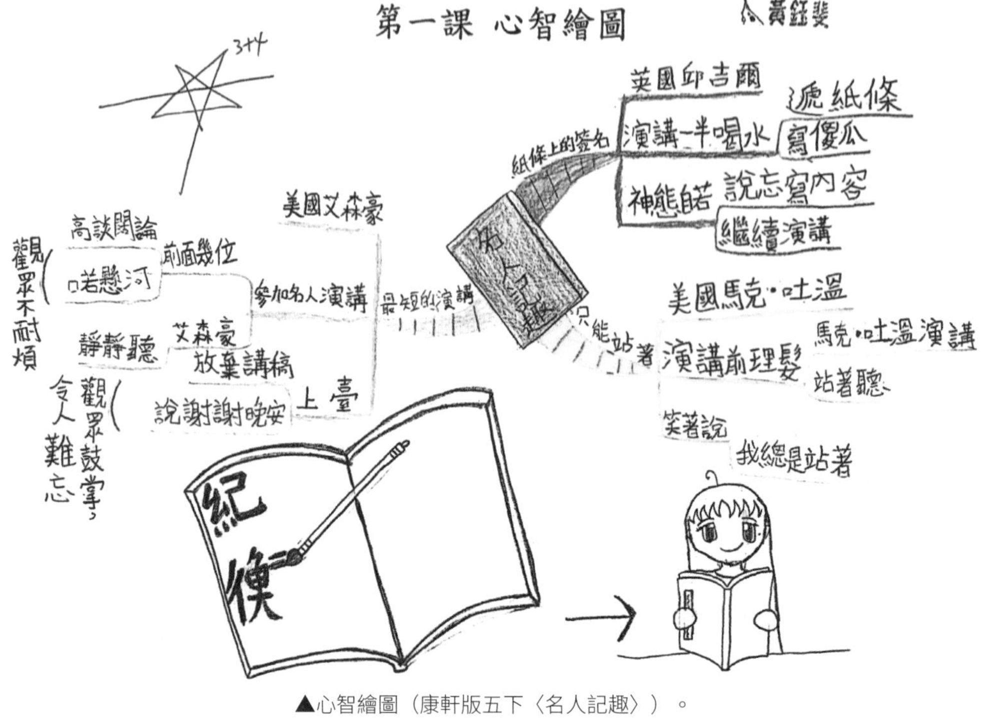

▲心智繪圖（康軒版五下〈名人記趣〉）。

▲課文封面創作（康軒版五下〈秋江獨釣圖〉）。

效率同時也最有效果。總在幾個關鍵詞後，瞬間秒懂課文的涵義究竟是甚麼！根本不需要抓拿太多訊息以及過多支線，只要掌握原則不悖離文章主旨、寧缺勿濫，並優先選擇名詞、動詞進行擷取，最後注意次序邏輯，「文本」的內容就會「原形畢露」，彷彿攤在陽光底下，一覽無遺。

二〇一九年冬天的某場高雄亮點教師研習，定威老師的關鍵詞著實又讓我上了一課。會後當然少不了屬於MAPS的聚會，談話中高雄北嶺國小王佳嬿老師深刻地提出她在行政工作上的難處，以及在自然科操作MAPS之困境，只見雅惠老師和定威老師一一分享自身經驗，並鼓勵提點佳嬿老師……此時默默看著他們聊天的樣子，突然覺得加入這個大家庭真的好幸福。

可不是嗎？在過去但凡遇到教學工作上的問題，都只能自己想辦法解決，又或者是朋友們雖然都是想幫助你，可惜在不同領域以及不了解問題所在，只好選擇在旁默默陪伴，用勵志的言語來鼓勵著我……面對這樣的現實，其實已經很是滿足了。然而現在不只有過去的朋友持續激勵著自己，同時更增加了MAPS夥伴的幫忙，簡直是如虎添翼，任何教學問題、課程設計上的盲點，只要一私訊大家，就能得到立即回覆或是引得眾人紛紛在群組上討論起來……。

愈努力，愈幸運！我想我會持續在這個大家庭成長茁壯！「要不要去一趟爽文國中觀課呢？」那場聚會後，頓時讓我有了這個衝動，「倘若沒有啟程，再美的風景，也不過只是憧憬。」既然百聞不如一見，那就義無反顧出發吧！

一識廬山真面目

來到爽中，早上觀課的班級是小國一。天啊！原來文言文可以這樣教……忍不住驚嘆的我，發現大叔在《論語》的教學中，並沒有直接將艱澀的文言文教給孩子，而是帶著他們一步步發現助詞與代名詞在文言文中的重要性，最後再透過小組討論與猜測內容，進而收束原文與翻譯的比較。

其實一整個課程是相當具有緊密邏輯的，但一定要把一課的暖身、基礎和挑戰題都帶完才能進入下一課嗎？在大叔的課堂裡我得到了我想要的答案：其實它可以交叉進行——尤其是在前一課的挑戰題到下一課的暖身題之間，更是具有彈性調整的空間。

下一個驚呼，是大叔對於科普文章的教學。以往我們對於傳授孩子陌生的知識概念，可能都會試著從課本中的語文天地直接進行講述；然而在大叔的課堂，他先以暖身題為引子，接著進行文本與基礎題探討，最後再到挑戰題去統整，前後呼應、相輔相成，形成有意識的三層次提問設計。透過這樣的教學模組，循序漸進引領孩子去了解科普文章的客觀數據資料與一般文學抒感之不同。

最後一大驚呼，是下午的國三生！上課前，大叔先是不慌不忙招呼國三孩子們吃香蕉與橘子，看著他們垂涎三尺的模樣，著實可愛。但進到教室的他們可一點也不馬虎，課堂節奏比起國一更加緊湊，孩子們從前測暖身到進入基礎題，整體自學比率高，且與大叔都有一定的默契，不得不再次佩服MAPS的課堂風景！國一是初生之犢不畏虎，國三則是臻於完美，無可挑剔，一個教學法，竟可呈現兩種截然不同的風貌！

於季冬陰冷的向晚，驅車回臺南的路上，除了感受到心中受益良多、不虛此行之奔放情緒外，亦慢慢勾勒出接下來三層次提問設計的新方向，期待往後的實踐，能帶給潛能無限公司的員工們更多不一樣的課堂體驗！

◆說不完故事的精彩

翻轉後再進化

新方向，於暖身題部分，掌握其重要原則：「猜測想像和連結新舊經驗」。

我嘗試將暖身題的部分「閱讀測驗化」。以康軒版六上〈朱子治家格言選〉為例，在暖身題我呈現給孩子的文本訊

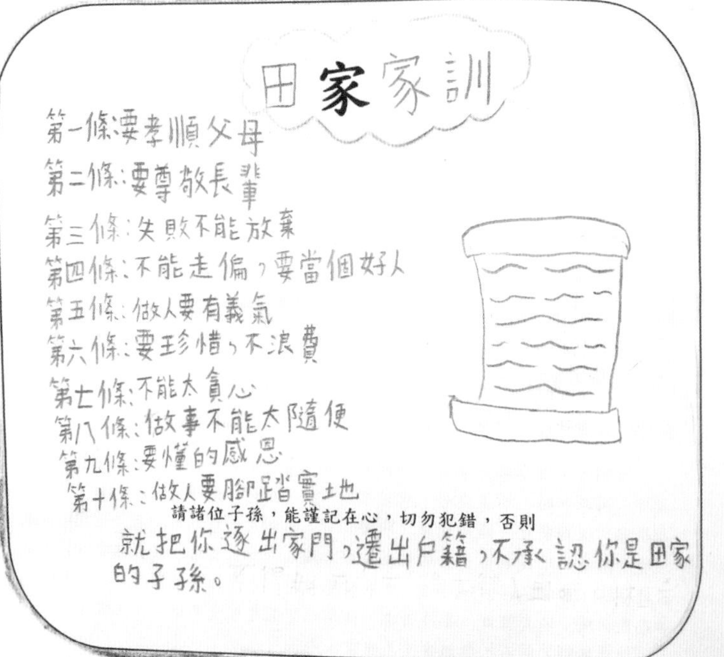
Q2 呼應暖身題的閱讀測驗，如果是你……你會想寫些什麼在你的家訓上面呢？
請依照以下家訓格式進行創作發想(至少十項)

田家家訓

第一條：要孝順父母
第二條：要尊敬長輩
第三條：失敗不能放棄
第四條：不能走偏，要當個好人
第五條：做人要有義氣
第六條：要珍惜，不浪費
第七條：不能太貪心
第八條：做事不能太隨便
第九條：要懂的感恩
第十條：做人要腳踏實地
請諸位子孫，能謹記在心，切勿犯錯，否則
就把你逐出家門，遷出戶籍，不承認你是田家的子孫。

▲挑戰題（康軒版六上〈朱子治家格言選〉）。

息開始是有關於家訓的起源以及特色，藉以讓孩子了解較為生疏的題材；接著介紹其中最著名的兩部，分別是《朱子治家格言》和《顏氏家訓》，並於最後以「如果是你，你會想在家訓上面寫些什麼呢？」作為鋪墊挑戰題的前奏。

新方向，於基礎題部分，掌握其重要原則：「主題統整和架構認識」。

我嘗試將基礎題的題目變得更加「可供閱讀性」，藉以讓孩子在讀題目時也能進行學習。還將基礎題「適度表格化」，藉此讓孩子於統整訊息時能更具邏輯地梳理文本脈絡。

新方向，於挑戰題部分，掌握其重要原則：「讀寫合一、觀點探究以及跨域延展」。

我嘗試在挑戰題提供「更多的延伸與類文閱讀」，並將題目變得更加「時事化」。以五下〈舞動美麗人生〉為例，先是讓孩子閱讀當時著名已故藝人劉真的時事新聞以及生平，接著探討劉真與文本內容相互呼應之處，最後我再進行收束總結。如此調整後的挑戰題能讓孩子更適應日趨時事化的大考題型，為其將升國一之銜接做準備。

新方向，於課堂班級經營部分，融合「公司化」的班級經營制度。

我嘗試在課堂採「異質分組」，讓每位員工各司其職，相互合作。所有的書寫作業，不再打上等第與分數，取而代

▲口說文本大意發表練習。

▲小組共作基礎題。

▲謝謝一直很努力的彼此，往後要再一起加油下去。

之的是依表現支付薪水入其存摺之中，並於期末舉行拍賣會與尾牙活動，藉以獎勵員工們一學期的辛勞。

未完待續

「所謂的勇敢，並不是不害怕，而是不斷在恐懼中嘗試找尋真正的自己。」用 MAPS 交織課堂風景一個多學期後，令人感動的是潛能無限公司的員工們於二〇二〇年全國學力檢測當中，國語成績高於全市平均，更高於全國。我想這對於無論是孩子們，或是家長，甚至是老師而言，都是大大的正增強！然而屬於我們的故事還沒結束，秉持著「堅持每天 0.01 之改變」的勇敢，我們還會繼續茁壯成長下去。

成為更好的人

踏上 MAPS 這回事，對我而言，是千辛萬苦，是舉步維艱，但同時卻是甘之如飴，一生懸命，因為「人生遺憾的總不會是自己做過些什麼，而是什麼事情還沒去完成」。

謝謝臺中合作國小賴建光老師，那年的夢 N 鼓勵我報名 MAPS 教學法，引我入門，同時更引發我對於寫作教學的不一樣思考。

謝謝高雄過埤國小廖雅惠老師，一步一腳印帶著我進入高年級翰林版國語文本的世界，那鷹架簡單而扎實，那鷹架溫暖而有溫度。

謝謝高雄新光國小寧定威老師，在我撞見瓶頸之時，用他獨門的關鍵詞，使我的心智圖轉化然後再進化。

謝謝雲林鎮東國小蔡志豪老師，使我走過更換版本後的步步驚心，高年級康軒版國語有您的陪伴真好，您的暖身題，簡而有力；您的挑戰題，帶著我們走出文本，發人省思。

也要謝謝大叔，您的以身作則，親力親為的示範，讓我明白，現在還不是到極限的時候，應該要更努力才行。

最後更謝謝在這條路上遇見的夥伴。謝謝因為 MAPS，讓我們成為像是一家人的 MAPS。

我是國小老師，再平凡不過的臺南國小老師，每每回家的路上，早已金烏西墜，玉兔東升，天氣亦會開始逐漸轉涼；然而當下的心卻總是溫暖的，我等不及明天快點來到，要在班級做更多不一樣的嘗試，教會孩子更多的事情。如果這輩子，真的只能選擇做好一件事，那麼我想我的答案會是——成為更好的人，成為更好的老師。

◆隨手札記

【國小領域】

4

吳念周／MAPS 教學的破與立

嘉義縣布袋鎮景山國民小學

山中大叔導讀

沒有教學的設計是空的，沒有設計的教學是忙的，更是盲的。

念周老師運用 MAPS 三層次提問設計在社會科，其實具體呈現了更上位的教學思維：一個教學法如果能夠準確掌握教學設計的內在邏輯與外在形式，就能轉化到不同學科領域的單元教學設計。

MAPS 三層次提問設計源自於更上位的教學思維，老師如果能夠掌握通透，當然能夠轉化運用到不同學科，看看念周的社會科 MAPS，看看他的課堂教學設計與轉換操作，你就會明白。

◆ 空洞的風光

二〇一四年八月，我考上新竹市正式教師，帶著「要給孩子最佳學習」的承諾來到風城。為了承諾，我孜孜矻矻參加不同的研習，從不同老師身上汲取不同的養分，這些都促使我的教學持續增長，激發我對教學有不同的思維。我開始在「溫老師備課 Party」發表備課文章與教學歷程，我被溫美玉老師邀請至其研習場合分享，我設計的語文學習單獲得出版社青睞，我獲得新竹市一〇七學年度菁師獎。

在這麼多的風光下，我發現，我好空。

康德說：「沒有內容的思想是空的，沒有概念的直觀是盲的。」我檢視過往的教學，發現自己運用太多包裝來撐起教學。為了讓孩子產出華麗的作品，我捨棄基礎教學，每一節課都有不同的活動，我忘卻教學應有步驟，我忘卻教學應帶著思想與邏輯進行，我忘卻——最需要扶弱的孩子了！

二〇一八年八月，我讓自己歸零，接了行政。為了跳脫以往的教學思維，選擇教授自然領域。有別於語文領域，我發現在實驗的背後，更需要透過提問激發學生思考，更需要透過提問引導學生進入情境。而我需要的正是提問的能力。

◆ 歸零的教學

在十字路口的黑暗中，一道光指引我往前走。這道光，是第二屆 MAPS 種子教師工作坊的報名表。我將打好的報名表，存在電腦裡三天，未知的教學旅程，未知的教學承諾，讓我遲遲不敢送出這份報名表。直至報名截止日，看著手上學生的學習單，那有一搭沒一搭的答案，我按下報名表的送出鈕。這一按，讓教學歸零了。

二〇一九年八月，我參加第二屆 MAPS 種子教師工作坊，同年，我也從新竹市調回嘉義縣。

在三天的工作坊中，政忠老師手把手帶著我們實務操作三層次提問，提問後的點評，對我們幫助甚大。小組在第三天產出的三層次提問與心智繪圖，讓我對操作 MAPS 更具信心。我試著解構過往的教學，發現自己最大的優勢在挑戰題，因此教學重心過度放在挑戰題，忽略暖身題的引導與基礎題的重要性。

我欲將教學歸零，重新開始。從新竹市調回嘉義縣，正是契機。帶著滿滿信心離開工作坊的同時，一通電話，卻打亂了我的節奏。

「念周，你今年的職務是教學組長唷！教社會領域！」

級任的夢想幻滅，教國語的期待落空，讓我的教學「真正歸零」。如何完成工作坊的任務？如何應允自己的改變承諾？我的腦袋，開始糾結。

MAPS 初遇

我參加過好幾場夢N研習，涉獵過不同領域，印象最深刻的是政忠老師邀請實踐家分享時說過的一段話：

「今天你來參加夢N，把學習的回去實踐得很好，上臺分享，很棒！如果你今天回家，把學習的破壞了，也可以上臺分享，那也是一種實踐！」

這一段話迴盪在我腦海許久，引導我走向社會 MAPS。

學生筆記本、加分表、三層次提問單，是我進入 MAPS 前的準備物品。

筆記本內貼上暖身題、基礎題、挑戰題的提問，因應不同單元、學校行事、新聞時事，而有不同的學習單與補充資料；加分表是我與學生用來建立初步連結的工具，我剛到新學校，與學生之間尚未產生默契，用加分表可加速連結關係。

我的挑戰與疑問

常見的 MAPS 操作以國語課為主，雖有老師將 MAPS 運用在社會領域，但資料著實不多。細讀社會文本，文字淺顯易懂，然課本編排方式、單元標題、圖表設計……皆與國語課本大不相同。因此，在進入社會 MAPS 備課前，我必須先分析國語課和社會課，以利進行後續提問設計與課堂教學。

	國語課	社會課
每週節數	六	三
授課教師	導師	科任
課本文本	1. 各版本、各課的文體不一，國小主要以記敘文、說明文、論說文為主。 2. 段落分明，可以讓學生區分自然段、意義段。 3. 文章的出處有來源、作者。 4. 每一課可獨立，又可和其他課整合為一個單元。	1. 主要以說明文為主。 2. 運用小標題來區分每一課的段落，段落與段落間較常是並列關係。 3. 課本有大量圖、表。 4. 同一單元內，每一課之間是連結。

MAPS 教學有完整的三層次提問步驟與口說發表，一週只有三節的社會課，要如何完整進行三層次提問？這成為我要克服的首要課題。孩子們小組討論、上臺發表的經驗少，如何才能讓學生願意開口說話、彼此協作、上臺呈現？是我要面對的第二挑戰。

文本的不同，會讓老師的提問與學生的產出有不同走向。社會文本大多為說明文，無法每課皆用心智繪圖來摘要，加上每一課的段落與段落間常為並列關係，不同於國語文本有自然段與意義段，要帶入哪些摘要方法與打破段落限制的提問？是我面對社會文本時所產生的疑問。

有思考與疑問，才能想辦法解答。而我就帶著這些思考與問題，一步步踏入社會 MAPS。

◆ 初試題生

以康軒版六上第一單元「東瀛來的統治者」為例。

暖身題：猜測想像、情境導入

教學一開始，我循著政忠老師在工作坊給予的鷹架，逐步設計三層次提問。在暖身題的部分，我請學生從標題進行預測，猜測本課會出現的內容，接著再導入情境，請學生換位思考：「如果成為國家的統治者，會想改變國家的哪些部分？」運用不同思維，引起學生的上課動機。我覺得第一節課的提問與引導最重要，那會決定接下來課堂的流暢性。

基礎題：心智繪圖、表格整理

在基礎題的部分，我設定在教學生如何摘要。讓學生透過提問，產出心智繪圖或表格。我以時間為上位概念，請學生依時間將日本殖民統治區分為兩個時期。

在提問設計部分，我參照政忠老師的方式，將要讓學生自學或小組討論的提問，用小括號在題目後面標註，並且將圖放進提問，請學生從圖中尋找答案。表格的產出則是由學生們先進行小組討論再發表，並嵌入心智圖內，讓學生可以一次習得心智繪圖與表格整理。透過心智繪圖與表格整理，學生就可以清楚摘要出一個小單元的架構與內容。

挑戰題：讀寫合一、觀點探究

社會與國語的挑戰題不同，國語可因應每一課產出不同形式的挑戰題，但社會的每一課連結性強，如果每課都出挑戰題，會讓題目過於類似而導致學生疲乏，因此，我選擇大單元用讀寫合一，小單元用觀點探究，讓學生有不同的挑戰。

讀寫合一的做法為課文長作文。從單元主題延伸作文題

基礎題提問——以康軒版六上 1-1 日治時期的殖民統治為例

Q1 臺灣被日本占據的原因為何？

Q1-1 因為當時的清廷和日本爆發了什麼戰爭？（自）

Q1-2 戰敗之後，清廷和日本簽了什麼條約，因而將臺灣割讓給日本？（自）

Q1-2-圖 戰敗之後的條約是由哪兩個人所簽訂的？（自）

Q2 臺灣受日本殖民統治時，經歷了哪些過程？如果依照時間來區分，可以分為哪兩個時期？

Q2-1 日本占領臺灣之後，設立什麼機構當作最高統治機關？（自）

Q2-1-1 臺灣總督府建立什麼制度？（自）

Q2-1-1-圖 日治時代的警察負責哪些工作？（小組）

Q2-2 日本在臺灣實施什麼統治？（自）

Q2-2-1 在殖民統治下，臺灣發生了三次武裝抗日活動，請找出這三件武裝抗日活動的主要領導人、地點、事件發生原因、抗日的結果與影響，並完成下列表格。（小組）

事件名稱	主要領導人	地點	事件發生原因	抗日結果	影響
苗栗事件	羅福星	苗栗縣			
西來庵事件					
霧社事件					

Q2-3 因為在日本的殖民統治下，臺灣人始終沒有獲得平等的待遇，所以臺灣人的抗爭活動轉變為何？

Q2-3-1 課本在臺灣的非武裝抗爭活動中，提到了主要的人物、成立的協會、運用不同方式來抗爭，並且在最後寫出對臺灣人的影響，請你在課本中畫出非武裝抗爭活動的主要人物、成立的協會、運用的抗爭方式與對臺灣人產生的影響，並完成下列表格。（小組）

主要人物	成立的協會	運用的抗爭方式	對臺灣造成的影響

Q2-4 日治時代的後期，因為中日戰爭的爆發，總督府為了消除臺灣人的民族意識，真正為日本效忠，開始推行什麼運動？（自）

Q2-4-1 皇民化運動的內容有哪些？請你從課本中找出來並且畫線。

Q2-4-1-圖 在皇民化運動中，當時的國語就是哪種語言？（自）

Q2-4-2 皇民化運動的結果如何？（自）

目，讓學生在寫作時，可以從社會課文中擷取素材。

觀點探究適合放在對不同事件、不同議題的討論，可以養成學生批判思考的能力，增進其後設認知。

◆適時修正

教完社會第一單元後，隱藏的問題慢慢浮現。首先為時間不足，進行第一單元後，發現僅剩二週就要遇到第一次定期評量，如何將三層次提問有效率而完整的呈現，是我首要面對的課題；第二為六年級的社會隨著單元前進，內容愈來愈精簡，補充資料與影片要如何適時呈現在提問中並傳遞給學生，是我要面對的第二挑戰；最後是學生的討論與上臺發表機會仍然太少。面對上述待解決的問題，我決定從上課模式開始改變。

我將社會 MAPS 的上課模式修正如下：在暖身題部分，設定讓學生小組討論、共作、上臺發表；對於基礎題部分，因為學生對摘要策略較不熟悉，尚需要由老師帶領，我便設定在課堂操作基礎題；關於挑戰題部分，我設定為學生的個人作業，讓學生回家自行完成。總之，因應調整後的上課模式，三層次提問的向度也隨之調整，並加入不同元素。

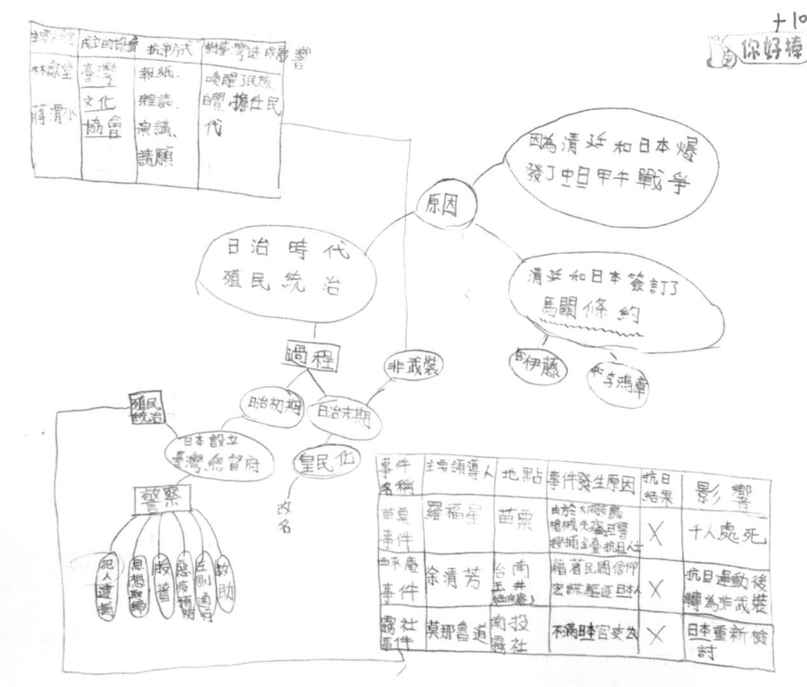

▲六上第一單元「東瀛來的統治者」基礎題：心智繪圖。（學生邱宇浩作品）

●挑戰題

●日治時代的終極挑戰題來嘍！下列有幾張圖片，都是課本裡面出現過的人、事、物，我們無法真正回到日治時代，但是透過歷史，可以讓我們了解日治時代有哪些建設？有哪些政策？今天的終極挑戰題，老師要請你以「回到日治時代的那幾天……」為題目，寫一篇300字的文章，請你依照下列圖片或課本圖片，寫出你回到日治時代後，你可能會對當時的人說的話？會做哪些事？會有哪些心得感受？最後，再寫下回到現代後，你對日治時代的哪些不滿或喜愛？以及你會想要帶哪些東西回到現代？

1. 先寫出你是從哪裡來的？因為不小心掉到哪裡而來到了日治時代？
2. 寫出你掉到日治時代後，第一眼看到的是什麼？這項人、事、物引起你的哪些情緒？你繼續往下走的時候，又發現了哪些人、事、物，這項人、事、物又引起你的哪些情緒？
3. 接著寫下你看到哪些景象？（例如：有人在抗爭……，有人在發傳單……），寫出你想對這些抗爭、發傳單的人物說些什麼？並寫下你有無想要加入這些活動？對你的心情產生哪些影響？
4. 寫下接下來的幾天裡，你看到了哪些的人事物？吃了哪些食物？吃了之後才發現，現代的時候和古代的食物哪一種比較好吃？
5. 最後，寫下你如何回到現代？你帶了哪些東西回來？你想跟現代的人分享日治時代的什麼事情？

回到日治時代的那幾天

我從嘉義縣布袋鎮來的，有一天，我不小心掉進了一個原住民的陷阱……。睜開眼意外聽到：「我的同胞們，可惡的日軍在我們的地盤上開慶典，而我們卻要做苦工，壓迫我們，真是可惡，同志們，『上』！」。此時，我發現我也是「日軍」！，我以迅雷不及掩耳的速度跑走，我回頭一看，血流成河，打得兩敗俱傷，令我驚訝已。

走著走著看到了日本人在街上進行防疫準備和宣導，改善原住民的衛生習慣，以及小學生們認真讀書的樣子，每個孩子都好好把握上學的機會，但再想想現代的孩子每天都再抱怨功課太多，老師太兇，真希望大家都能像以前一樣這麼用功。

老實說，日治時代的日軍雖然有時候做得太過份、太殘暴，但他們也有好的一面，所以希望大家可以改變想法，不要再認為說日本人都凌虐祖先，欺負漢人。我又走回山裡的陷阱，回到了現代，對我來說這真是一趟非常有意義的旅行呢！

good! +100

▲六上第一單元「東瀛來的統治者」挑戰題：讀寫合一。（學生邱宇浩作品）

1. 臺灣對於日本的殖民統治，有武裝抗爭與非武裝抗爭，身為臺灣的民眾，你比較認同哪一種抗爭方式？為什麼？（請用50字寫下你支持的原因）

非武裝抗爭，因為，如果用武裝的方式來進行，不僅暴力，還會傷害到很多人，如果用非武裝的方式進行，不會有人死亡，反而大家能透過其它方式，好好溝通。

原因清楚、明確！ good! +5

▲六上第一單元「東瀛來的統治者」挑戰題：觀點探究。（學生蔡雨璇作品）

電影預告的暖身題：
生活經驗、導入時事、目標導向

為了讓學生的討論更聚焦與熱烈，我先將暖身題設定為貼近學生生活經驗的題目，鼓勵學生勇於討論、勇於發表、勇於上臺。例如：在六上第二單元第二課介紹臺灣的政治組織，我就請學生先說說在電視上常見的政治人物，接著再來辨識五院院長，讓學生猜測後再核對，題目貼近生活，學生的回應更熱烈。

在社會領域中，有些內容距離學生的經驗太遠，讓學生無法產生連結，以六上第三單元「戰後臺灣的經濟發展」為例，學生不解學這一課要做什麼，學生沒有歷經戰爭的經驗，老師沒有歷經戰爭的經驗，自然無法連結戰爭後會有哪些狀況，更不知為何而學。因此，我試著在暖身題導入時事，讓學生有感後再進入課程。

我導入國際時事，請學生先行觀看葉門戰爭的影片，再運用焦點討論法（ORID）進行討論。學生第一次運用ORID進行討論，在連結的討論階段時，有學生提到影片中的兩歲小孩體重只有四公斤，和他家剛出生的弟弟體重一樣。學生提出的回應，讓我知道他們對戰後漸漸有感了。討論後，我試著請學生替葉門擬定經濟復甦計畫的短、中、長期的目標，並在暖身題先預告挑戰題的任務。目標融入後，我發現暖身

▲六上第二單元「戰後臺灣的政治演變」暖身題：生活經驗——猜五院院長。

挑戰題(小組)
葉門經濟發展計畫表

葉門經濟發展計畫表	
計畫來源	葉門持續戰爭中，在戰爭後一定會有很長的一段重整期，為了幫助葉門快速站起來，擬定一份葉門經濟發展的計畫書來幫助它們快速重建。
葉門問題分析	O 約八萬五千人餓死 一直發生內戰 兩歲小孩瘦到剩四kg 缺乏醫療資源 許多地方被封閉 I 西班牙就跟葉門一樣，因為我們昨日在車上看到新聞，一樣的事件已經連燒三天了，非常可憐。 3 R 我們一出生就豐衣足食，吃的飽穿的暖，醫學發達十分幸福，葉門真的太可憐了，我很生氣，天公的不公平。
目標	短期：三七五減租 中期：耕者有其田 長期：十大建設
經濟計畫	希望他們可以不用再納稅，每個人都可以有自己的田，自己的地，可以讓其他援兵過來幫助他們，可以蓋港口、鐵路、機場、快速道路、地鐵、造船廠、電氣化、化學工業、火化場、焚化爐。
所需要的資源	美國：飛機、戰車、步槍 台灣：人力、肥料 英國：金錢、下午茶、點心 中國：藥材、食物、火藥

▲六上第三單元「戰後臺灣的經濟發展」暖身題：目標導向——葉門經濟發展計畫表。

題的設計更容易上手了，學生在進入課程前也產生預備心理，知道這堂課為何而學，目標在哪——暖身題如同電影預告，吸引學生進入這堂課。

正式上檔的基礎題：
多元摘要、主觀想法、突破段落

基礎題的修正不大，主軸仍以摘要為主。除了既有的表格、心智繪圖，我再加入時間軸與T表、T圖的摘要。學生透過時間軸，可以清楚整理歷史事件的前後順序，在時間軸內，我加入事件影響、原因提問，讓學生不僅知道事件發生時間，亦能了解事件的背後意義。因此學生透過T表、T圖，可以分析事件所帶來的正負面影響、優缺點，亦可將事件與原因進行對應。

因應不同單元，採用不同摘要方式，除了讓學生有不同思維，亦可讓學生不會因一成不變的產出方式而感到上課疲乏。當學生翻開筆記時，每節課都有期待與新奇感。

在課前分析文本時提到，突破段落限制是社會課進行MAPS教學要克服的難題之一。依此，我捨去提問設計的數字題號，用不同符號設計不同段落的提問，學生可依據符號找出對應的段落，進行心智繪圖。在解釋完符號所對應的題號後，我讓學生小組自行閱讀題目，自行繪製心智繪圖，自

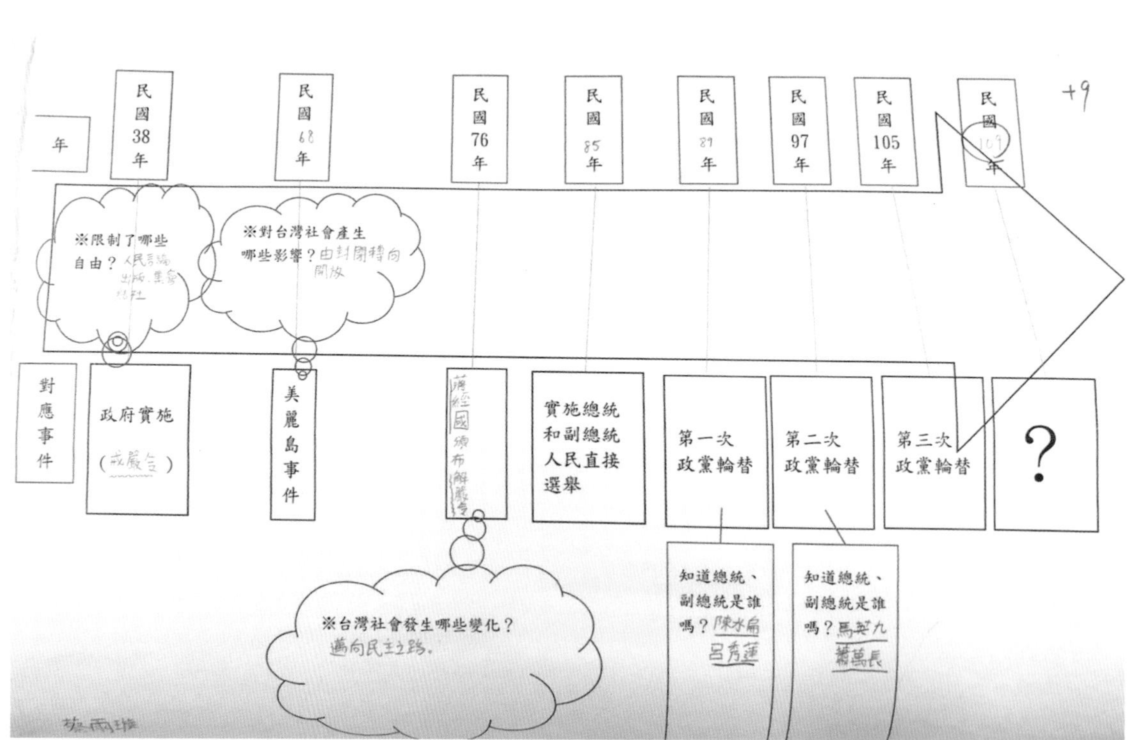

▲六上第二單元「戰後臺灣的政治演變」基礎題：時間軸。（學生蔡雨璇作品）

4-2 文化的傳承與發展　基礎題

§ 戰後臺灣的社會與文化的部分，在第一個小單元從家庭型態、人權和休閒生活來介紹社會的變遷，第二個小單元介紹文化的傳承與發展，文化是指人類在發展歷史過程中，創造出來的成果，包括語言文字、飲食習慣、宗教信仰、風俗民情、藝文活動……，請閱讀課本 P. 67~P. 71，找出課本介紹了哪幾個面向的文化？
(架構題，運用相同顏色)

●臺灣的宗教信仰多元化，請你運用下列表格：①整理出課本上列舉的宗教信仰，②說明該宗教信仰的主要活動有哪些？

宗教／活動	佛教	道教	天主教	基督教	伊斯蘭教
主要活動	祈福法會	會舉辦法會，替信眾祈福。法會是齋醮場所[illegible]	會在耶誕節舉辦活動，紀念耶穌的誕生。以聖經為經典。	會在耶誕節舉辦活動，紀念耶穌的誕生。	清真寺，開齋節慶。

用符號取代題號

●林林總總的宗教，不管是傳統宗教或新的宗教，它的主要用意是用來做什麼？對於這些宗教的信仰，我們應該抱持什麼態度？(用大括號在宗教後面標註)

▲臺灣的飲食文化多元，從早期中國大陸帶來的北平烤鴨和山東饅頭……，就呈現豐富的飲食文化，請你列舉出各一種臺灣和國外的美食。
▲臺灣飲食文化多元對臺灣會有哪些影響？(用大括號在飲食文化後面標註)

■臺灣的藝文活動相當多元，戰後的初期，受到當時思想的影響，臺灣的文學、音樂、美術和戲劇，大多以什麼題材為主？
■後來，有哪些國家的流行文化和觀念大量傳入，因而漸漸成為主流？
■近年來的台灣可以說是蓬勃發展，呈現豐富多樣的風貌，甚至登上國際舞臺，請問臺灣的藝文活動可以這麼多元化的主要原因為何？

星星題

★傳統文化和現代[illegible]相[illegible]後[illegible]撞出新的火花，會因為交流而有了新的文化，課本舉了兩個創新文[illegible]例[illegible]請[illegible]出這兩個例子再加上自己曾看過的一個創新文化的相關例子。
★創新文化的部分，可以帶給我們不一樣的體驗，但也有可能破壞原本的傳統，請你們討論出創新文化的優缺點(各 1 點)。(用大括號標註在創新文化後面)

◆傳統文化和現代文化各有不同的優勢，可以陶冶我們的性情，面對傳統文化的保存與外來文化的衝擊，課本中提出兩項可行的方式，請你找出這兩項，並且畫線。

▲六上第四單元「戰後臺灣的社會與文化」基礎題：打破段落限制。

行上臺發表。運用架構最明顯的單元，檢核學生之前的學習成效。

在提問設計中，星星題是我讓學生產出個人觀點的提問。我期望可以看到學生對冰冷的歷史事件、人物、時事等背後的價值觀與感受，於是我請學生運用大括號在心智繪圖的每一條支線後寫上個人的主觀想法。這些曾發生過的歷史，對我們應該是活生生的。

迴響不絕的挑戰題：
補充資料、跨域延展、真實情境

MAPS教學運用在社會領域的最大亮點在於挑戰題。

如何從內容精簡的社會課本，擴展學生的視野，增進學生的多元思維，並且和真實情境產生連結，是挑戰題在社會領域的重要任務。

我運用補充資料來檢核學生的上課成果，學生在基礎題操作的摘要策略，運用補充資料，讓學生自行再操作一遍。

我運用補充資料讓學生進行口說發表，以六下第二單元第二課「世界文化大不同」為例，課本中針對每個文化都是簡要介紹，於是我思考如何深化學生對這些文化的認識，決定將補充資料發給各小組，再給各小組四張A4紙，請學生將不同文化的補充資料整理在A4紙上並上臺分享。透過不同小

非常棒!

景山國小四大古文明導覽表

項目＼四大古文明	西亞	埃及	印度	中國
分布於世界五大洲的位置	亞洲	非洲	亞洲	亞洲
發源的大河流域	幼發拉底河 底格里斯河	尼羅河	印度河，後來擴展到恆河	黃河、長江
代表文化1	六十進位法	觀察太陽的運行來制定曆法	大型公共建築	觀察月亮和太陽的運行
代表文化2	楔形文字	木乃伊	佛教	儒家思想
代表文化3	漢摩拉比法典	金字塔	數字和數字符號	甲骨文
代表文化4	一週七天制	象形文字	摩亨卓達羅遺址	青銅工藝
對後代的影響	1.時間的計算都是沿用六十進位法	1.象形文字成為西方拼音文字來源 2.陽曆	1.佛教是重要的宗教之一	1.進步的曆法
教師補充	西元前3500年 蘇美人發明最早文字，用蘆葦當作筆	西元前3100年 將一年定為365天，每年12個月，每個季節4個月	西元前2500年 西元1947年脫離殖民體系後，階級制度的法律地位才被廢除	西元前2100年 甲骨文又稱契文、甲骨卜辭或龜甲獸骨文，是中國已知最早文字形式

▲六下第一單元「文明與科技生活」基礎題：補充資料整理。（學生蔡雨璇作品）

▲六下第二單元「從臺灣走向世界」挑戰題：補充資料——上臺分享。

▲六下第二單元「從臺灣走向世界」挑戰題：補充資料——小組整理。

組的分享，學生一次可以吸收不同文化；透過資料整理，增進小組間的合作。

無法用電腦在教室設計簡報的時候，就用A4紙來解決。

進入下學期，待學生逐漸熟悉挑戰題後，我才敢加入跨域的元素。以六下第一單元第一課「古代的文明與科技」為例，我在暖身題預告挑戰題的任務——製作四大古文明的傳單。接著，在基礎題的表格摘要時，也再提醒學生挑戰題的任務。因為要製作傳單，所以內容非常重要，學生也會更認真尋找基礎題的答案。

透過整理學生成果，我漸漸梳理出自己的教學脈絡。暖身題和基礎題給予挑戰題的任務，提示學習目標；基礎題進行文本摘要，為挑戰題準備材料；挑戰題則將學習內容轉化或擴展為個人的成果。

社會領域目標中，我覺得最難達成的是社會行動。以公民議題為例，我們很難讓學生實際體驗示威、抗議等爭取自己權益的活動；以環保議題為例，我們需要經過縝密的計畫與全校動員，才有辦法帶學生出門淨灘或進行資源回收等環保活動。

知易行難，行動好難，我將思考線拉到上位，請學生依真實情境設計行動計畫。

以六下第四單元「關心我們的地球」為例，這單元介紹了全球暖化議題與各國因應全球暖化而採取的措施。我請學生試著以造成全球暖化的原因，分析學校環境裡有哪些可利用的天然資源，接著再請學生改造學校環境，替學校增建環保建築。讓學生有機會觀察真實情境，依據真實情境，將文本內容運用到情境中。

素養導向教學強調培養孩子適應現在與面對未來挑戰的能力，強調學習與生活情境的結合。我覺得三層次提問中的暖身題正可偵測孩子是否有適應現在的能力，基礎題用來培養孩子的基本能力與核心能力，挑戰題則是培育孩子面對未來挑戰的能力，用富有創意思維的題目，引導學生將基本能力發揮到極限。

◆ 用 MAPS 發現多元能力

她是班上低成就的孩子，上課不專注、筆記不書寫已成為日常。在我請學生運用A4紙製作報告的挑戰題時，我看見這孩子自主整理資料，上臺報告落落大方，我知道不能用摘要框住她。

他是班上注意力不集中的孩子，上課時常會跟老師抬槓。在我請學生運用全球議題來分析學校環境時，他和同學利用下課、午休時間，盡力討論挑戰題，只為完成這項作業，

挑戰題

終於來到最後一單元的挑戰題，畢業前，總要幫母校做點事情吧！在第四單元，我們看了瑞典、德國、芬蘭等國家在環保建築的努力與成果，裡面有些是值得我們學習的。底下是景山國小的夏日上課場景，看完底下的上課場景後，請你先在圖片下方的框框內，分析一下，景山國小的夏日上課場景會有哪些問題產生？（至少寫出三點）

景山國小夏日上課場景分析：

①在外面打完球非常炎熱，每個人都汗流浹背，所以在籃球場應該要加裝自動遮陽棚。

②放學了如果要去中廊排隊，要有手扶發電梯直接抵達中廊。

③裝置餿桶輸送車，節省人力。

精闢的分析呀！

▲六下第四單元「關心我們的地球」挑戰題：真實情境分析。（學生邱怡蓁作品）

在進行分析之後，我們來改造或設計一下景山國小的上課地點或教室。

首先，請將你的設計用寫的或畫的，呈現在下方的框框內。第二，打掉重練：你可以設計一間全新的景山國小，像照片一樣用分割圖來呈現，但必須寫出那一格的環保建築是什麼？第三、增加新東西：你也可以在我們現有的建築物上，增添環保的元素進去，但必須寫出增加了哪些環保的建築？增加後會有哪些效果？

（改造設計評分：創意佔 20%；實用性佔 30%；環保元素融入佔 40%；美觀佔 5%；學弟妹投票佔 5%）

學校可以在中廊兩側或是永慶樓兩邊加裝手扶發電梯，平時上體育課或者是下課可以讓學生以及老師來這裡跑步，因為手扶梯有類似跑步機的功能，跑步帶動發電機產生電，把電儲存起來，需要集合或是搬東西時，可以把手扶梯切換成電扶梯，以節省時間人力，這是我的環保節能設計改造學校計畫。

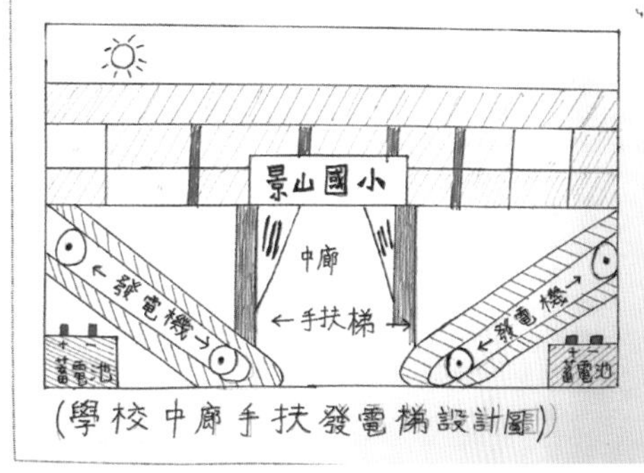

▲六下第四單元「關心我們的地球」挑戰題：設計環保建築。（學生邱怡蓁作品）

我知道不能單純用筆記能力框住他。

MAPS 也能呈現學生的多元能力：有些學生的多元摘要能力特別厲害，我們可以透過 MAPS 教學看見他；有些孩子回應提問的能力特別厲害，我們可以透過 MAPS 教學看見他；有些孩子寫作、口說等呈現成果的能力特別厲害，我們可以透過 MAPS 教學看見他；有些孩子適合帶領小組討論、協助同儕，我們也可以透過 MAPS 教學看見他。

在 MAPS 的教學裡，除了讓學生喜歡上課、挑戰課堂所學，更多的是讓孩子探索不同的可能性。

未來的人才應是跨領域的樣貌，學生並非一下子就能成為跨領域的人才，也不是經過一學期的跨領域課程就可以展現跨領域的能力。教學應從小培育孩子具備知識整合、創新思維、跨域延展的能力，累積起來的素養才是無可限量。

如何啟動融合素養的教學？就從 MAPS 教學開啟吧！

◆隨手札記

【國小領域】

5

李笙帆／教育愛初衷，MAPS 凝眸

高雄市三民區十全國民小學

山中大叔導讀

教學如笙歌。旋律裡揚帆。

這是我給笙帆的課堂點評。

如果你的教學有方向，笙帆的紀錄會讓你在對的道路上找到珍寶；如果你的教學有策略，笙帆的提點會讓你在好的基礎上發現創思；如果你課堂裡教學好戲已經上演，這裡有旋律如歌；如果你教室裡的改變正要啟航，這裡有助力如風。

珍寶就在對的方向上，創思存在於策略裡，老師們，勇敢前進吧，就從笙帆這裡開始。

「我以前都不知道意義段是什麼。」

「我以前都不知道怎麼畫心智圖。」

「寫大意變簡單了，原來寫大意這麼簡單。」

「上國語課可以和同學討論，好有趣喔！」

……

聽到學生在上課時由衷說出這些話語，是身為老師最大的快樂！學習MAPS，實踐MAPS，都是為了幫助學生有效學習，都是出自於教育愛的初衷。正在看這本書的您，一定也是如此。MAPS凝眸，您也能成就學生的一片天！

◆憧憬～想要更好的初心

在接觸MAPS之前，我一直是以「課文本位的閱讀理解」來進行國語教學，我會教學生閱讀理解策略，認為「教方法」比「教知識」重要，「懂讀」更甚於「讀懂」。這樣的教學理念，活絡了課堂教學，也提升了學生的閱讀理解能力，這並沒有不好。然而，遇見政忠老師的MAPS後，我決定改變自己的教學模式，因為，我想要更好！

我以「課文本位的閱讀理解策略」為主要教學模式時，面臨的困難是「取捨」的問題。我會在每一課教導不同的閱讀理解策略，例如：前幾課教了理解監控策略，接下來是「刪除歸納找主題句」或「文章結構寫大意」的課文大意策略，最後是自我提問策略。在閱讀理解策略之外，再參考教師手冊設計幾題高層次的閱讀理解討論題，讓學生在課堂進行討論思辨。

這樣的教學方式，我仍然要設計學習單及提問單，但是卻沒有「一致性」，可能會因為自己的時間不夠而稍微偷懶，或是因為一時沒有好點子而乾脆作罷。但MAPS最核心的「有意識三層次提問」，能為我的課程定錨，督促我必須設計好問題，循序漸進帶領學生閱讀文本、理解文本、應用文本、跨越文本。

必須「取捨」的問題獲得解決後，我可以將閱讀理解策略、作文教學融入在三層次提問中，無法融入的部分則在課前預習進行，因而讓我的語文課程更加多元、更加全面，進而逐漸建構自己的MAPS。

◆實踐～知其所以然的MAPS

一○七學年度下學期，我已經開始投入MAPS，且實作了一學期。勇敢的我，只是在高雄市國教輔導團聽到政忠老師一次演講，就決定開始了。然而短短兩天的學習，我並沒有全然了解MAPS，只是照著書商所提供（高雄過埤國小廖雅惠老師設計）的MAPS提問單來教學，教學實踐上總覺得少了什麼，心裡不是很踏實，但即使如此，我仍能感受到學生在閱讀理解及寫作方面的進步。

一〇八學年度，我參加了MAPS種子教師研習後，不僅了解MAPS，更知道了其中的內涵。「知其然，更要知其所以然」，是我給初學MAPS教學法老師們的第一個建議，不只要知道MAPS該做什麼，更要知道為什麼MAPS要這麼做。唯有如此，自己的MAPS教學才會愈發順利而有意義。

我認為MAPS是有閱讀理解策略為基底，又能向外拓展延伸學習，非常精實而有效的教學法。在教學進程上，我以自己熟悉的步驟：T—TS—SS—S，亦即老師示範—師生共作—小組共作—學生自學，漸進地釋放學習責任，讓學生達到自學的能力。

還原文章的美好：環環相扣的三層次提問

有意識的三層次提問是MAPS最重要的核心，因為「提問」引導了「思考」，而思考才能啟動真正「學習」。從暖身題開始啟動新的文本學習，為基礎題醞釀，為挑戰題鋪墊，環環相扣且持續引領，讓學生習得知識與能力，並從文本走入生活。

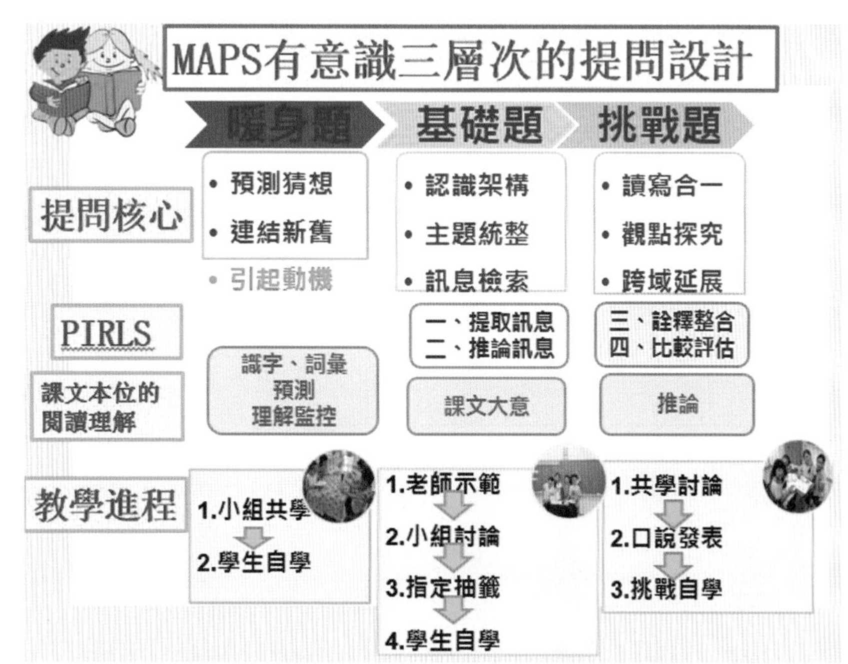

▲ MAPS三層次提問與課文本位的閱讀理解策略、PIRLS四層次問題對照表。

四年級MAPS課堂安排

節次	課堂安排	作業
一	10.挑戰題: 共學討論及發表 1.自學暖身題	6.挑戰題作業 （ 每課小練筆 ） （ 三課一作文 ） 1.預習作業 (理解監控、自我提問3題)
二	2.暖身題檢討回饋 3.生字語詞: 識字策略、部件辨識、拓展辭彙	2.生字成語造詞
三	4.課文內容、句型修辭 5.基礎題:切分意義段落及下標題	3.甲(乙)本生字
四	6.基礎題+心智繪圖: 共學自學	4.甲(乙)本圈詞(心智圖)
五	8.說寫課文大意 9.國語習作及統整檢討	5.國語習作

▲我的四年級 MAPS 課堂安排。

▲情境脈絡暖身題

暖身題運用了預測策略去猜測文章內容及架構，文章架構也可以先行猜測思考，是我從未有過的想法。我覺得猜測文章架構有趣且能幫助閱讀理解，此外也能喚醒學生的學習及生活舊經驗，讓學習一層一層堆疊上去，螺旋般向上延伸。

在教學上，一開始就讓學生自己寫暖身題是有困難的。我在四上前十課是由全班一起讀題，共同討論即可，並不書寫；後四課才讓學生自己閱讀書寫暖身題。

▲文本分析基礎題

從基礎題開始，就要先確認文章架構、意義段落。在之前，這樣的形式深究是我最後才做的事情，而且我認為這樣的探究對學生而言非常困難。然而，先確認文章架構及意義段落，對於理解文章內容非常重要，我同意這樣的步驟，等到進行意義段落及命名的教學時，就會覺得很順利。換句話說，先掌握基本寫作架構，再精進下標題（意義段落命名）的準確度，是可以努力的方向。

在教學上，我在四上前七課都由小組共學討論意義段落並下標題，後七課才由學生自行區分意義段及下標題。學生自行區分意義段及下標題，是教學上的重要分水嶺。第一次實作時，班上二十八人，有十九人可以準確完成，出現錯誤的學生有九人，我藉此知道了學生學習的難點，並進行差異化教學。下標題是高層次的閱讀理解，學生必須跨段落抓取涵蓋主題的關鍵詞，如果沒有合適的關鍵詞，學生則必須自己找到上位概念命名。這是需要不斷思考、持續練習的能力。最後班上只有兩位補救班的孩子無法為意義段落下標題，但至少他們能夠寫出文章結構，這樣也很棒了呢！

透過基礎題的提問，學生能摘要文本重要訊息，我在三下指導過摘要策略（刪除歸納找主題句），讓四上的教學更加順利，效果更加卓越。在教學上，我會注意轉換問答模式，透過指定回答、抽籤回答、兩兩討論及小組討論的模式，結合班級榮譽制度，讓學生能夠維持專注。要注意的是，有些學生並沒有抓取重要的關鍵語句，而是將課文原封不動唸出來，對此我會引導學生留下重要的名詞及動詞，要求盡量控制在七個字以內。

學生在繪製心智圖時，能整理歸納文本意義段及重要訊息，再自由加入圖像插圖來輔助理解記憶，很是有趣。在教學上，三下先用心智圖填空單，四上前七課由老師示範、學生仿作，後七課則由小組共學。在四下一開始時，由老師示範三課，接著視學生不同的能力選擇小組共學或是學生自學。經由這樣的教學進程，除了補救班的孩子，班上學生都能在四下第八課開始自學，並依照基礎題來繪製個人心智圖。

以前我只教學生結構圖，自己也不太會畫心智圖，還好有高雄新光國小寧定威老師的無私分享，不僅讓我的功力大增，也使我對於畫心智圖有了興趣。而雅惠老師在基礎題與心智圖的連結上給我的建議，更讓我收穫滿滿。總而言之，在備課時，自己要先畫出心智圖，再設計基礎題，自己能懂得其中脈絡，進行教學時才會更加順利。

▲延伸學習挑戰題

挑戰題是內容深究、高層次的閱讀理解，要探求文本主旨、觀點還有作者的寫作手法，很適合小組討論、激盪想法後，一起找出答案。課堂教學後，再讓學生回家後自己練習將答案寫下來，這樣一來有助於釐清想法，幫助整理思路，並學習運用流暢的文字寫出個人觀點。

此外，挑戰題藉由讀寫合一和跨域延展，讓學習拓展出去，可以連結自身的經驗並往外延伸學習觸角，又可以結合作文課及其他領域課程，可說一舉數得，是我最喜歡的一環。

在教學上，一定要在學校討論處理的題目，就要讓學生共學討論發表，師生建議回饋，老師點評總結。讀寫合一、跨域延展的延伸學習題則讓學生回家自學，慢慢書寫。政忠老師所說「先有想法，才有討論」正是學生討論時重要的指導語。學生的討論需要老師指導，我的方式是訓練教練（組

▲小組討論共學，同儕鷹架激盪想法。

內程度最佳）來主持，讓組內同學輪流發表想法後寫在白板上。等到學生慢慢熟悉討論的模式後，就輪流擔任主持人、紀錄者及報告人。經由國語課堂的持續學習，學生們的討論聚焦及口說發表都能有長足進步。小組討論得到滿分的小組可以獲得「榮譽拍照」及小組加分，雖然只是拍照放到班級網頁上，卻是莫大的榮譽喔！

MAPS實作第一課

康軒版四上第一課〈阿里山上看日出〉，是我自己設計MAPS提問單的第一課。

仔細閱讀課名（標題）是閱讀理解重要的關鍵，我希望學生在每次閱讀時，能多聚焦在課名的思考猜測。〈阿里山上看日出〉是記敘文，記敘文基本的五要素是「人事時地物」，學生要能從課名找出文章這五個關鍵訊息。此外，學生若能準確推測這一篇記敘文是以「寫景」為主，有助於閱讀時幫助理解文章重點。接著，我引導學生回想舊有的學習經驗，思考這篇文章可能是什麼結構。最後，請學生回想之前的生活經驗，是否曾到過阿里山上觀賞日出或是在其他地方看過日出美景。

〈阿里山上看日出〉的基礎題，我學習雅惠老師在題目當中就給予學生鷹架，用方框表示心智圖第二層，畫雙線來

▲大家都想爭取榮譽拍照。

▲學生上臺發表，訓練口說能力。

表示心智圖的第三層。學生只要能夠從文本中提取重要的訊息，就能夠畫出心智圖。

不同的是，我的文本分析以「文章結構」為主，「意義段落」為輔。國小的自然段落數較少，文章結構較強，我認為在國小階段要先認識文章結構的通則，到了國中再學習許多名家跳脫通則的創新寫作手法，循序漸進，從穩固的基礎中再進階，才能讓學習加乘。這樣的方式對於學習能力較差的孩子更有幫助，他們雖無法提取意義段落的主題，或是為上位概念命名，但卻可以寫出文章結構的通則，學習依然有意義。

〈阿里山上看日出〉的文章結構為「起因—經過—結果（感受）」，由於本文是屬於遊記類記敘文，最後一段幾乎都是抒發感受。意義段落則由文章中提取或自己下標題為「早起準備—日出美景—回味無窮」。學生所下的標題可以不同，但都必須涵蓋意義段落主題才行，在基礎題的討論時，老師要針對學生的想法予回饋或澄清。

〈阿里山上看日出〉的挑戰題分成兩個部分，一個是課文閱讀理解討論題（加上文轉圖），一個是讀寫延伸短文習寫。透過各組一起討論，找出文章中日出前、日出開始及日出後的景物描寫，推論觀賞的心情及態度，再用文轉圖策略將所描寫的景物以圖畫呈現出來，加強閱讀理解。有些學生的作品活靈活現，很是優秀。

在讀寫延伸挑戰題，我請學生想一想曾經看過什麼景色或表演，像該課文作者看日出美景一樣令人目不轉睛、大開眼界，且有回味無窮的感受，並把它寫下來。學生大致上都寫得不錯，更有人用課文句型「像……也像……更像……」的譬喻法來描寫景物。

為成功找方法，不為失敗找藉口

開始操作 MAPS 教學，一定會遇到一些困難，這是因為我們不再以教師為中心，而是以學生為主體，會面臨到上課時引導學生回答問題時的回饋，以及實際書寫答題的種種狀況，需要我們不斷修正引導。「成功的人找方法，失敗的人找藉口。」一路上，我期許自己對學生學習的各種疑難雜症提出解方，為學生對症下藥，向前邁進。

▲時間不夠，怎麼辦？

MAPS 實作一開始，我就發現到「時間不夠」的問題，寫暖身題要時間、寫基礎題畫心智圖要時間，挑戰題的小組討論也要時間……課似乎永遠都上不完，到底該怎麼辦才好？想讓教學進度正常化，又想實踐 MAPS 教學，讓我實在傷透腦筋。在捨棄了一些堅持，不斷修正後，我確立了自己

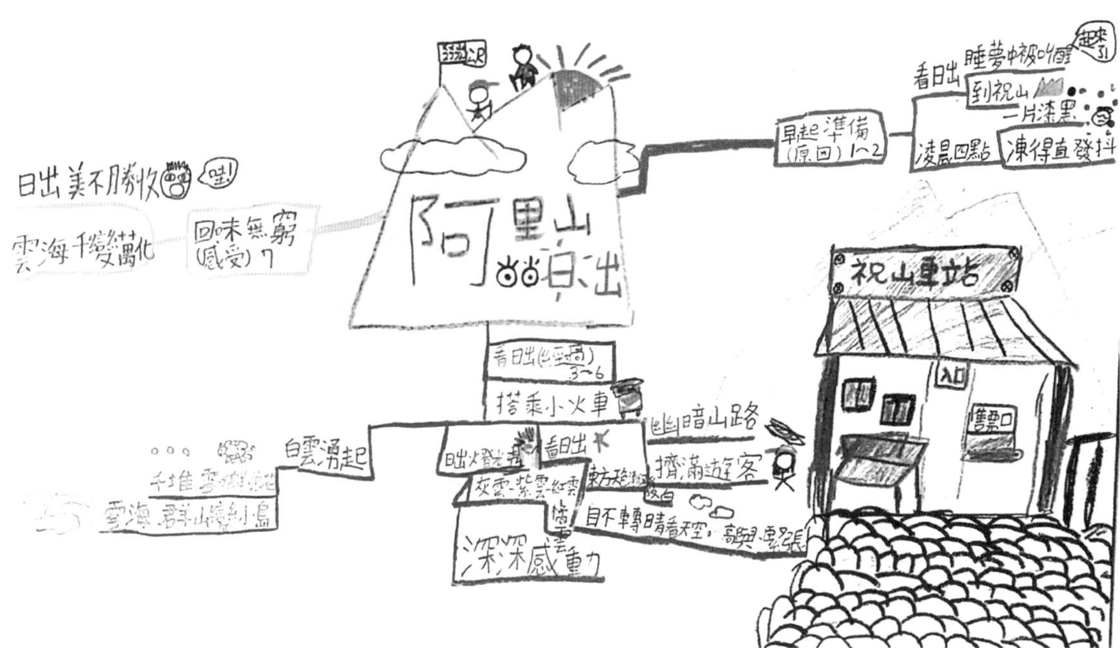

▲〈阿里山上看日出〉學生心智圖作品，第一層的寫作結構與意義段落都呈現出來了。

1.運用「譬喻法」，很棒。
2.注意「語句通順」及「標點符號」。

國民小學　年　班　號　姓名：（　）　年　月　日第　篇

難忘的迪士尼遊行

「讀萬卷書，行萬里路。」每年暑假爸爸都會安排我們出去玩，這次爸爸帶我們去日本外公的家，還去了迪士尼玩。

到了要去迪士尼那天，我和弟弟很早就起床，期待著去迪士尼玩，抵達目的地我和弟弟跑下車，想趕快進去玩。玩了好久，終於到了晚上，我最期待的遊行終於要開始了，我和弟弟擠來擠去終於找到了空位，我們等待遊行過來，當遊行過來時，我看到了許多迪士尼的角色

▲〈阿里山上看日出〉挑戰題：短文習寫。

讚 讚 讚　10　good: 9/9

三、挑戰題 1：★I Think★（小組討論）

Q1 為什麼作者已經在阿里山上了，還要早起到祝山看日出?

Q2 作者如何描寫日出前、日出開始及日出後的美景？作者到阿里山看日出的心情產生　怎樣的變化？觀賞日出的態度又是如何？請從課文裡找出支持的理由。

時間點	日出前	日出開始	日出後
景物描寫	1東方天色漸漸發白，層層浮雲背後透出淡淡亮光。2日出燈光秀。	1金光閃閃的浮雲背後，忽然跳出一顆圓圓的火球，一下子金光四射。	1山邊的白雲湧起像千堆雪，又像成群的綿羊，更像朵朵的浪花。2高空突然出現大海，群山變成海上的小島。
文轉圖（請依照文字的描述繪畫）			群山
心情	高興、緊張	讚嘆感動	驚喜、回味無窮
態度(找動作的子來證明)	1靜靜等待。2目不轉睛的看著天空。	1讚嘆聲此起彼落。	1捨不得移開眼。

Q3 作者把山上的白雲想像成不同的景物，從這裡可以推測他是怎樣的人？

Q4 跨域閱讀：〈大自然的燈光秀〉（未來兒童 2019 年 5 月號 P. 60~P65）、歌曲〈高山青〉

▲〈阿里山上看日出〉挑戰題。

MAPS教學的時間安排：讓學生利用早自修寫暖身題，沒有畫完的心智圖則在早自修、課堂零碎時間完成。挑戰題設題絕對不能貪心，在精不在多，要挑兩到三題核心問題在學校討論，其餘的挑戰題則是在我簡短說明之後，當成學生週五的回家自學挑戰作業。

我們班上的學生在放學後幾乎都要補習或上才藝課，因此除了挑戰題之外，我會盡量讓學生在學校完成MAPS的作業，包括繪製心智圖及寫大意，以免對學生造成太大的負荷。依上述實際操作起來，也都算順利。

▲搭了鷹架還是有學生遲遲無法跨越，怎麼辦？

MAPS教學重視搭鷹架，老師在提問單、課堂問答、教學引導提供鷹架；同儕討論、合作學習時也在無形之中提供鷹架。大部分學生都可以建拆鷹架，然而仍會有幾位無法順利跟上的學生。對此我原本會有些心急，但我又告訴自己，在常態分班之下，學生有差異化的學習及表現都是正常。真的無法在課堂處理好的，我會請各組的「教練」利用下課或是午休的時間來教導同學完成，同樣可以收到很好的效果。

在排分組座位時，我會刻意讓感情較好的教練（組內程度最佳）及黑馬（組內程度最差）坐在一起。到了四下的最後七課心智圖教學，班上學生幾乎都可以自學，只剩兩三個學習較落後的孩子即使可以提取重要訊息，卻仍然無法順利

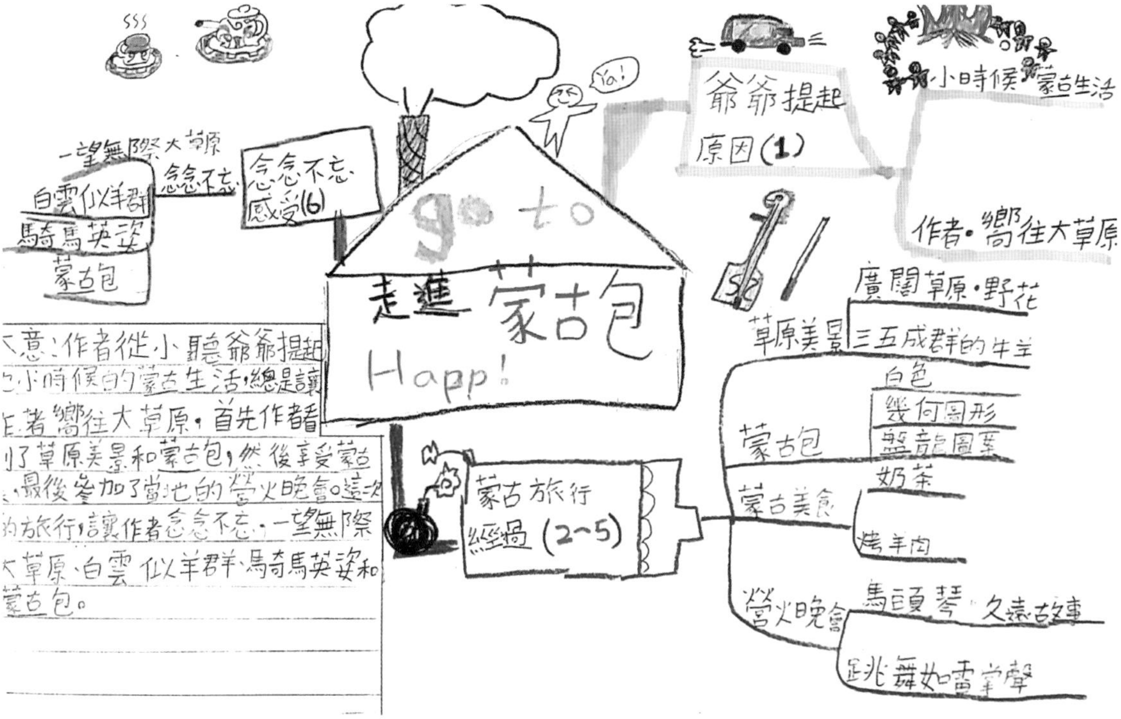

▲心智圖及大意在校完成，大意要求涵蓋第1~2層重點，100字以內，加上標點符號，連接通順。

將訊息分層寫好，這時有同學的陪伴引導，學習就非難事。班上也有兩位補救班的學生，因為學習障礙，無法提取訊息，我就只要求畫出寫作架構及第二層就可以了。

給予學生不同的通過標準，允許學生有差異化的表現，是老師應有的思維，在 MAPS 教學上更應如此。

▲學生不喜歡書寫，怎麼辦？

MAPS 需要思考答題，尤其是挑戰題的讀寫合一，往往需要學生書寫練筆。很少有學生天生愛書寫，都是需要老師加以引導鼓勵。我多年指導學校語文競賽作文選手，知道勤於書寫、思考練筆的重要。因此，我會鼓勵學生「寫作沒有捷徑」，就是要勤於練筆。對每課挑戰題的優秀作品，我都會拍照在大螢幕上秀出來，大家在驚呼之餘，也多了「別人做得到，我也做得到」的激勵，「寫好寫滿」變成班上的默契。得到滿分十分的同學，更可以獲得午休自由時間一次。老師的鼓勵、同學的激勵、額外的獎勵，讓學生將書寫變成習慣，並樂於書寫。

◆前進～素養導向的 MAPS

在研習中獲得好評

一〇八年九月底，我參加了「素養導向評量設計知能研

▲各組討論的答案張貼在黑板，可提供參考。

很用心 很用心 很用心 10 3/26

三、挑戰題：

Q1 有些米食具有特殊的意義，人們會在節慶時食用，但這樣的特殊涵義是怎樣來的呢？請思考後寫下來。（提示：在什麼時候吃？代表的意義及理由為何？）

米食	代表的意義及理由
例：蘿蔔糕	蘿蔔糕在年節吃，代表「好彩頭」，這是諧音的關係，因為蘿蔔的臺語唸做「菜頭」，和「彩頭」念起來很相近。在年節時，大家都需要討吉利，希望有好彩頭。
發糕	發糕在年節吃，代表「發財」因為大家都希望發大財，開心過日子，剛好，發糕的「發」，有發財的意思。
草仔粿	草仔粿在清明祭祖吃，代表「要保健身體」，因為艾草有著一股香氣，還有殺菌的功用，希望有好的身體。
湯圓	湯圓在年節吃，代表「圓圓滿滿的祝福」，因為形狀圓圓的，也配合冬至這天黑夜最長的日子，吃碗熱呼呼的湯圓不僅趕走寒冷，圓滾滾的湯圓也讓人感到幸福和溫暖。

Q2 文末提到「老祖先的巧思及現代人的創意，讓米不只是米飯，還展現多樣的變化。」身為現代人，請你發揮創意，發明一道創意米食點心或料理。（畫出創意米食並寫出作法及吃法）

我想要發明的料理是米包子，首先包子裡面要加點飯和自己喜愛的食材，再經過蒸煮，最後淋上醬油提味，就

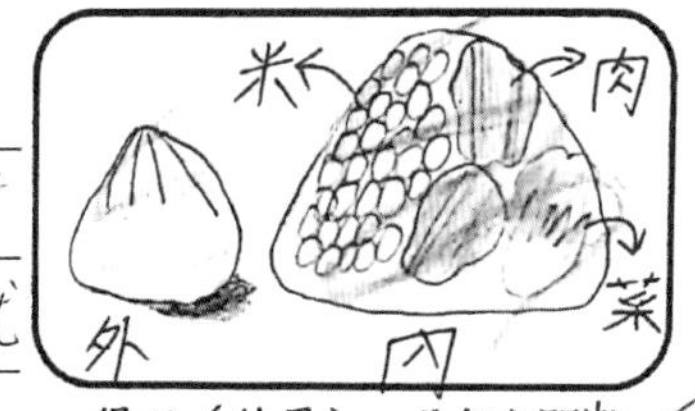

Q3 本課有一個重要的因果複句——「這……（原因）讓……得以（結果）」，分句之間說明原因和結果的關係。請依照提示接寫句子或造句。

(1) 這一句句真心的讚美，讓妹妹（重新振作起來，得以努力下去）。

(2)（老師這一句鼓勵與支持），讓全班得以恢復信心，贏得大隊接力第一名。

(3) 這一盞盞明亮的路燈，讓我們爬山的人，得以安心的（旅行）

Q4 我們的外師阿曼修老師來自非洲，非洲的主食是「撒廼」（玉米糊），和我們臺灣以稻米為主食很不一樣。如果想要讓阿曼修老師了解臺灣的米食文化，並推薦他吃一種米食，你會想推薦他吃哪一種米食？為什麼呢？（請以40字以上說明你要推薦的理由）則則則

我想讓阿曼修老師介紹的米食是米苔目，因為米苔目和一般的麵很不一樣，有著粗粗長長的形狀，QQ嫩嫩的感覺，味道十分獨特。米苔目加上鮮甜美味的湯頭，實在很搭配。一般的麵都用麵粉做成，米苔目則是用米做的，我一開始吃時，感到十分新鮮，我想阿曼修老師也有同樣的感覺 嫩嫩嫩

▲〈米食飄香〉優秀作品：同儕鷹架。

三、挑戰題：

Q1 在〈棉花上的沉睡者〉一文中，作者從拿到豆子、種豆子、交作業的歷程中，心情前後有什麼轉變？

	拿到豆子	種豆子	交作業
作者心情	興奮又好奇	著急、不安	欣喜
畫出作者的表情			
作者做了什麼?	作者一回到家，就東挑西揀，找了個小杯子當作豆芽的家。	作者看到豆芽毫無動靜時很著急，有時連睡著都不安心。	交作業那天，作者小心翼翼的把成品帶到學校，希望路上行人都能看見她的豆芽。

Q2 從作者第一次種綠豆的態度，你覺得作者是個怎樣的人？他值得你學習嗎？為什麼？（請以 30 字以上說明）

作者是個細心的人她值得我學習，因為她把綠豆寶貝一樣的捧進房，而且她睡著了都不安心

Q3 豆芽給作者怎樣的人生哲理？為什麼作者會這樣想？（請以 40 字以上說明）

豆芽讓作者在面對考驗時，總是抱持著希望，因為毫無動靜的豆子，總有一天會發芽，就像遇到挑戰的人總會度過難關。

Q4 文章中提到「作者愛吃豆芽，卻又這麼怕家裡要吃豆芽。」用了「卻」這個轉折詞來表示前後文相反、轉折的語氣。在你的生活當中，是否也有類似作者這樣矛盾的情形，請試著用「……卻……」來造句，並說明理由。

例句：我是這麼愛去義大世界玩，卻又怕家人要帶我去玩。因為爸爸為了值回票價，會帶我玩上一整天，我會玩得很累。

造句：爸爸是這麼想吃冰，卻又怕自己要吃冰，因為他有敏感性牙齒，吃冰的牙齒會痛。

▲〈棉花上的沉睡者〉優秀作品：展示獎勵。

三、挑戰題

Q1 這首詩歌描述的時間，是從什麼時候到什麼時候？從詩歌中的哪些句子可以看出來？

(1) 午夜十二點到早晨。

(2) 窗外流動著寶石藍的夜，屋子裡流進牛乳一樣的月光，水果店的鐘敲十下。唱來了美麗早晨，唱來了美麗早晨的太陽。

Q2 水果晚會的指揮、伴奏分別是什麼？你覺得詩人這樣的安排好嗎？為什麼？（請以 30 字以上說明）

水果晚會的指揮是夜風，伴奏是蟲兒們，我覺得很適當，因為夜風流動的感覺像指揮的手，而蟲兒本來就會唧唧叫，所以很適當。

Q3 呼應暖身題，請依照你安排表演的水果及節目，仿造課本第二段，創作自己的童詩。(◎要運用擬人法，可以仿造句型)

水果們的晚會	水果們的晚會（自己創作）
第一個是香蕉姑娘和鳳梨的高山舞，	首先是香蕉和葡萄的草裙舞，
跳起來裙子就飄呀飄的那麼長；	跳起來裙子就飄呀飄的那麼長
緊接著是龍眼先生們來翻筋斗，	緊接著是甘蔗表演倒立
一起一落的劈啪響；	一上一下的差點跌倒；
西瓜和甘蔗可真滑稽，	榴槤和鳳梨可真恐怖
一隊胖來一隊瘦，怪模怪樣演雙簧；	又大又硬又多刺，怪模怪樣的比摔角；
芒果和楊桃只會笑，	西瓜和草莓只會吃，
不停的喊好，不停的鼓掌。	不停的笑，不停的叫。

Q4 為作者寫作這篇文章，主要想告訴我們什麼？(此題寫在課本上)

▲〈水果們的晚會〉優秀作品：童詩仿寫。

▲學生分析寫作結構及下標題。

▲小組討論時教師要行間巡視指導。

「名人寫真」學習單　　姓名：（包欣巧　）

	課本介紹的名人				自己查詢的名人	
	馬偕	海倫·凱勒	林書豪	江秀真	楊恩典	謝坤山
遇到的困難	1.臺灣醫療衛生落後	1.失聰、失明、失語	1.個子小 2.美國有更多出色的球員 3.籃球路不順利	1.背沉重裝備 2.可能跌落谷底 3.50度日夜溫差 4.寒風 5.體力用盡	1.孤兒 2.天生沒有手，右腳掌有問題。 3.學畫不順利、畫作不賣錢	1.沒有手，只有一隻腳，一隻眼睛看不太到。
如何解決	1.教導人民 2.清水溝、除雜草 3.幫人看診 4.[illegible] 5.請外國醫生幫忙	1.安·蘇利文的幫助 2.用手語溝通 3.用點字卡讀書 4.觸摸嘴唇學會發聲、說話	1.最早練球，最晚離開 2.認真觀看球賽 3.堅持體能訓練 4.機會是留給準備好的人	1.體能訓練 2.低氧訓練 3.成功經驗鼓舞，鎮定克服	1.努力學畫 2.用腳來做事、畫圖	1.用[illegible]開車、洗臉……等。 2.用嘴巴寫字、做畫
人物性格	1.愛心 2.毅力 3.樂於助人	1.永不放棄 2.勇往直前 3.善良 4.毅力	1.認真 2.永不放棄 3.專注 4.負責	1.勇敢 2.獨立 3.剛強	1勇敢 2努力 3大方	1.開朗 2.樂觀 3.堅強
貢獻成就	1.創辦淡水第一所新式學校 2.成立[illegible] 3.興建北臺灣第一所西式醫院	1.現身說法鼓勵他人	1.受到全世界籃球迷的注目 2.為球隊瘋得勝力 3.林來瘋（Linsanity）	1.臺灣第一位登上世界最高峰、七大洲頂峰的女性。 2.離天空最近的女性。	1.知名口足畫家 2.現身說法 3.東方海倫凱勒 4.出版畫冊天使	1.口足畫家 2.現身說法

Scanned with CamScanner

▲名人寫真統整學習單。

習」，當天的講師是北教大師培中心吳璧純教授，在一系列理論與實例解說後，她要我們分組實作練習，設計素養導向的課程，並練習寫下「學習目標」、「基準」及制定「評分基規準」。我選擇了國語科，並和當場認識的夥伴們一起實作，由於十月我有一場學年「語妙天下」社群的公開課，對於教學的文本及內容已有想法，因此夥伴們就按照我的方向來討論。我把自己MAPS的教學課程轉化寫成學習目標，我寫下的學習目標是：

> **學習目標**
>
> 1. 以「刪除歸納找主題句」、「辨析文章結構」之閱讀理解策略分析文本。（基礎題）
> 2. 學生能歸納文本結構、重要訊息後繪製成心智圖。（心智圖）
> 3. 學生能比較「名人寫真」的名人特質後，寫出成功的條件及自己的想法。（挑戰題）
> 4. 透過查詢名人資料，認識更多名人成功的故事並學習名人成功的特質。（挑戰題）
> 5. 上臺進行人物簡介，並發表心得收穫。（挑戰題）

教授在行間巡視時，看了我們這組所寫的學習目標，她認為這樣很好。能得到教授的肯定，我也很開心。原本我以為大家都能輕而易舉設計出素養導向的課程，並寫出學習目標，結果聽到的卻是教授頻頻與別組的老師溝通，還聽到教授說「填鴨知識」不能算是素養導向的學習目標……。原來，還是有許多現場的老師仍慣於填鴨，並沒有其他更有效的教學方法。

接著，教授要我們選擇其中一項學習目標來練習寫「基準」及制定「評分基規準」，我們選擇了學習目標中的第二項來寫，教授稍微修改一下後，也認同了這樣的基規準，讓組上成員都很雀躍。

※總結性評量評分表現基準：

(1)學習目標：學生能歸納文本結構、重要訊息後繪製成心智圖。

(2)基準：學生能使用心智圖表現文本的結構及重要訊息。

(3)心智圖評分基準表：

評分基準表	心智圖
A（優秀）	能正確完整寫出標題、第一－三層的主要結構及重要訊息。
B（佳）	能正確寫出標題、第一－三層的主要結構及部分重要訊息。
C（可）	只能寫出標題及第一－二層的主要結構。
D（待加強）	只能寫出標題及第一層的主要結構。
E	未達D級。

經過這場研習，更讓我深深體會到，能夠學習到政忠老師的MAPS是很幸運的事情，因為素養導向的MAPS帶領我走向正確的方向，我不用擔心自己的努力會白費，只要勇往直前就可以了！

符應新課綱的MAPS公開課

我的學校從一〇七學年度下學期開始，就進行各學年、各領域社群的共備觀議課，這是為了十二年國教新課綱提前準備。在此之前，我已經進行過兩場公開課，都是以閱讀理解策略為主。加入了MAPS，我不用再煩惱授課方向，當然以MAPS來進行公開課。

在臉書MAPS社群裡，時常會看到政忠老師授課實況，老師說他每天上課時，就有一臺攝影機對著自己，因此我也會鼓勵自己，不要害怕讓別人進教室來觀課。不需要花俏的教材教具、不需要誇張的言語動作，而是有效的提問引導，指導學生閱讀理解方法，帶領學生思考讀寫、跨域延伸學習……這才是最重要的。

我選擇康軒版四上〈攀登生命的高峰〉來上公開課，主要課程是分析寫作結構及為意義段落下標題，接著是基礎題的提問及繪製心智圖。當天每個小組討論狀況都不錯，都有把記敘文架構寫出來，在下標題的部分雖然有所不同，但學

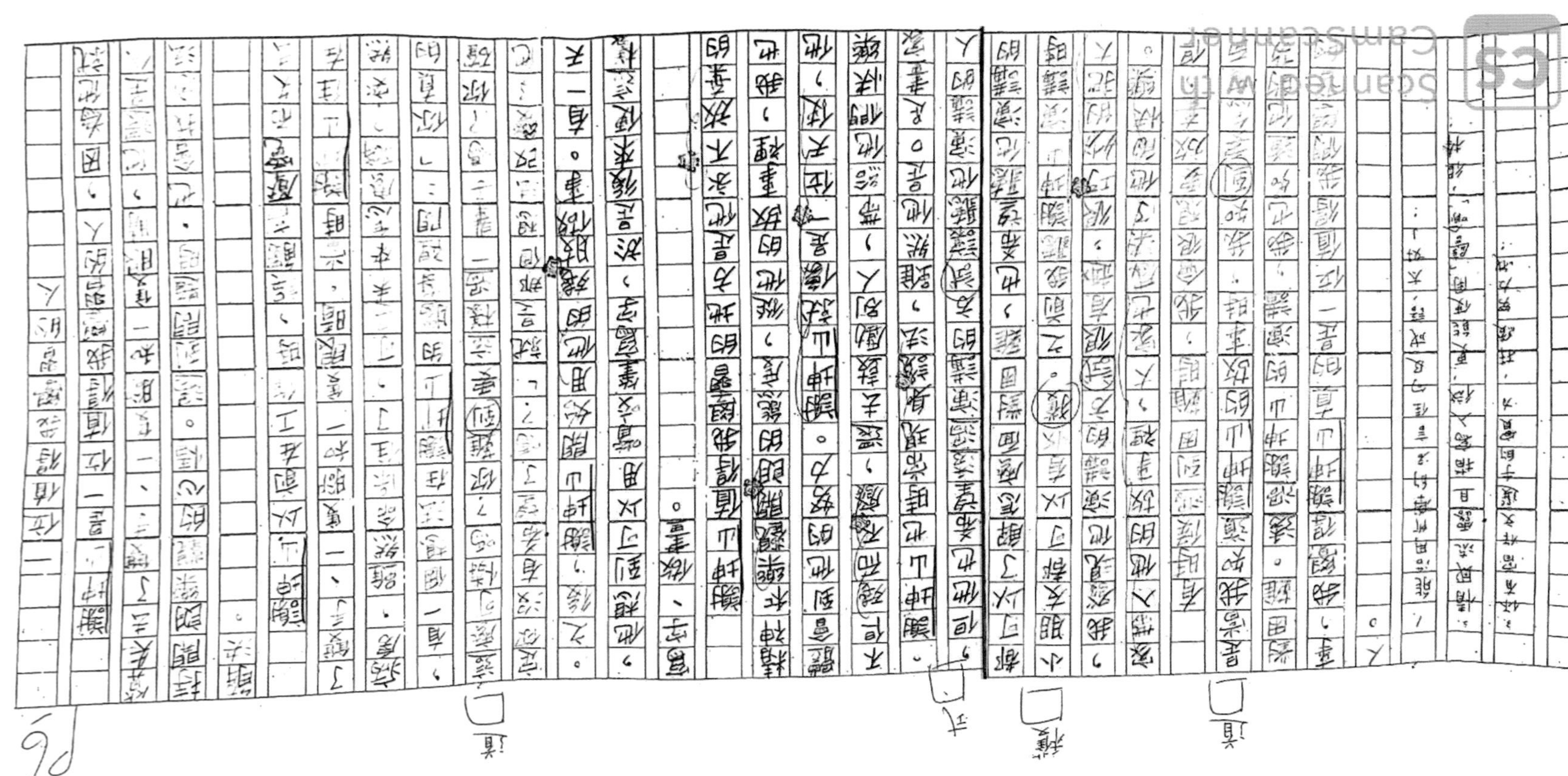

一位值得我學習的人

謝坤山是一位值得我學習的人，因為他就像失去了雙手、一隻腳和一隻眼睛，他還是以樂觀開朗的心情，面對困難，也會找方法解決。

謝坤山以前在工作時，不小心觸到高壓電，失去了雙手、一隻腳和一隻眼睛，當時謝坤山住在病房，雖然命保住了，可是未來，他不停的問：「……」，有一個婦人來探訪謝坤山的時候，說：「你的這麼多了嗎？你難道對未來沒有希望了嗎？」就是那個問題，改變了他。之後，謝坤山開始用他的殘肢做事。有一天，他想到可以用嘴咬筆寫字，於是後來便試著寫字、做畫。

謝坤山值得我學習的地方是他永不放棄的精神、樂觀開朗的態度，從他的故事裡，我也體會到他的努力。謝坤山就像是一位天使，他不但殘而不廢，還去鼓勵別人，帶給他們快樂。謝坤山也時常出現演講，雖然他是一名畫家，但他也希望透過演講的方式，讓聽他演講的人都可以了解怎麼面對困難，也希望聽他演講的小朋友都可以有收穫。之前我聽謝坤山演講時，我發現他演講的方式很有趣，很吸引人，他說的話大家聽入他的故事裡，大家也感受了他的樂觀。

有時候遇到困難時，我會很想要放棄，但是當我知道謝坤山的故事時，我知道了要去面對困難。透過謝坤山的演講，我也知道他的事，我覺得謝坤山真的是一位值得我們學習的人。

▲學生作文：〈一位值得我學習的人〉。

生們也都盡力從課文裡面去提取最主要的關鍵詞了。課程上完後議課時，觀課老師們認為學生能夠討論出意義段及下標題是很厲害的事情，我告訴他們，這其實不會困難，只要先確立寫作架構，讓學生有足夠的學習經驗內化之後，再來練習下標題，學習摘要策略，慢慢就能學會了。

〈攀登生命的高峰〉是「名人寫真」單元的最後一課，我設計了單元統整學習單，讓學生回顧馬偕、海倫．凱勒、林書豪及江秀真的故事，並結合閱讀課閱讀《楊恩典的故事》，我也要求學生閱讀一位自己喜歡的名人的故事。從這些人生故事中，可以知道成為名人都是不容易的，他們必須不斷解決人生中遇到的困難，秉持著堅定的毅力與勇氣，永不放棄，才能夠成功！

最後的挑戰題讀寫合一是一篇作文，題目是〈一位值得我學習的人〉。當時，學校剛好請來生命鬥士——謝坤山來演講，本來是專為五年級學生演講，我特別拜託學校讓我的班也可以聆聽。就這樣，聽著謝坤山現身說法，侃侃而談他的遭遇、勇敢及努力，見他談笑風生中充滿對人生的企圖心，一波波的感動與震撼襲來，學生們不再只從課文中學習，更看到了真正樂觀積極、永不放棄的人生態度。後來學生在寫作時特別有感，主角幾乎都是謝坤山，因為這是學生們見到最震撼且最難忘的名人。這樣的課程成就了一篇篇佳作，也讓學生留下難忘的學習經驗。

MAPS 的教學，從情境脈絡暖身題開始，到融入閱讀理解策略的基礎題，最後還有延伸學習、讀寫合一的挑戰題，是專業而具備素養的教學法，是我符應新課綱及公開授課的重要支柱。

◆展望～專屬於自己的 MAPS

政忠老師曾說：「當 MAPS 不再只是我的 MAPS，它才有了價值。」這是我認同且謹記在心的一句話，因為教學場域的不同，受教學生的不同，在 MAPS 教學實踐路上，一定要有所調整。只有不斷反省、持續精進，才能微調修正，成就專屬於自己的 MAPS，最適合自己班上孩子的 MAPS。

放眼未來，我仍要不斷努力，盡可能掌握 MAPS 的精髓，再加入自己在閱讀推動、作文教學的想法及做法，融入課程及提問設計中，讓自己的教學更有效且聚焦。教學後亦要檢討省思，根據學生的表現反饋來調整自己的教學。持續精進，學習不同的創新策略、數位閱讀、探究教學法，也要閱讀新知，讓自己的 MAPS 能跟上教育脈動，經得起檢驗。

二〇二〇年的教師節，我收到許多學生的感謝小卡，上面寫著這樣的字句：

「謝謝老師三、四年級的教導，教我們如何畫心智圖、如何讀懂文章。」

「感謝老師兩年的教導，讓我學會了作文和閱讀的方法。」

「感謝老師的用心，讓我學會畫心智圖、寫大意，留下美好的回憶。」

……

不用言說，看到學生的成長進步，就是身為老師最大的價值與快樂了！我想讓自己的 MAPS 教學持續令學生有感，令家長安心，最重要的是——真正提升孩子的語文能力，看見孩子綻放自信笑顏！

教師的能量，決定教學的力量。我願用心的教學實踐，成就學生的精彩！

【國小領域】

6

陳佳慧／從 MAPS 開始的旅程

桃園市八德區大忠國民小學

山中大叔導讀

過去十年，我獨力完成臺灣國中國文三家出版社教科書每一冊每一課的的三層次提問設計——超過一百八十篇課文，全部分享在 MAPS 教學社群；繼之而起，佳慧老師，一個人完成並分享了九十四篇國小國語課文的三層次提問設計。

我想說的是：對於教學，對於孩子，要有多大的毅力與決心，要有多堅定的信念與理想，要有多火燙的熱情與愛，才能從孤單出發，而終至集結團隊？

有專業，有策略，有善意，有鬥志，歡迎走進佳慧的 MAPS 實踐之旅。

◆獨行俠不一定孤獨

Spotlight 的啟發

教學，一直是我很喜歡的事。我沒有遇過孤軍奮戰及孤舟巡航的困境，就算有，我也會想辦法把人拉進來，一起並肩作戰。研習，是日常。任何好的研習後，為了延續聽完後的激動，我會試著回學校動一動，將它內化成自己的教學武功，否則好的教學法這麼多元，如同各大門派的獨到功夫，練武之人若只是一味使用吸星大法，囫圇吞棗，最有可能的下場就是自斷筋脈、吐血身亡。

在遇到 MAPS 之前，我對自己的語文教學是很有自信的，本身是語教系畢業，碩士依然攻讀語文教育，是校內作文培訓老師和選手，更以推動閱讀為使命，KDP 國際創新教案設計也拿下兩次的標竿佳績。

我就這樣帶著自我感覺良好的心態，在二〇一八年一月參加了王政忠大叔的一日工作坊。上課一開始，我就被他強大的氣場震懾住了，我頓時覺得，他比是元介還帥，尤其他手上那支神奇的簡報筆！當天我整個眼球都盯在他的 spotlight 畫面上，深深覺得他真的是教學奇才。他還是神醫，另類製作會考百草格，為會考準備方向診斷！

當天讓我真正了解：成功的課室，不僅老師要教好，學

▲共同努力的種子教師夥伴。

▲我的第一次 MAPS 課堂。

生更要學好。這個省思讓已經教書十八年的我，教學魂瞬間被點燃。

何不撕掉幾頁習慣，重新得到靈魂

因此，當上完 MAPS 一日工作坊後，我決定將它內化重整成適用我的班級的教學。在獨自備課及設計下，重新檢視自己以為駕輕就熟的版本，這過程又痛苦又幸福。

痛苦的是，過往所學必須打掉重練；幸福的是，在主動分享給夥伴後，他們跟著操作及討論的過程，如杯中逐漸盛滿美酒，滿溢而豐醇。更重要的是，當我的電腦被意外「佛妹特」時，他們的電腦還存著我的心血。這一定是上天的旨意：好的分享，最終回報在自己身上。因此，我也給自己一個目標，要把以 MAPS 設計的教學內容逐一放上網，進行更多美好的連結。

當撕掉自己的習以為常，得到更多的是教學的靈魂。

+1，讓我無所畏懼

任教三下，獨自一人走上屬於自己的 MAPS 之路，當時所設計的提問相當青澀，卻有著自己一貫的「玩」心風格。首次設計為翰林版三下〈發現微生物的人〉，這張提問單沒有暖身題，除了基礎題外，只+1題挑戰題：給予兩篇雷文霍

▲學生投入討論的課堂風景。

克的相關文章，學生必須從課文、兩篇文章中統整出雷文霍克的生平。這是學生初次合作，我們連座位都未加分組，卻因為提問單的任務必須聚在一起解題，孩子們立即靠攏位子、甚至席地而坐，加上老師故弄玄虛般主持，整個課室彷彿在玩著一場密室逃脫。下課鐘聲響，卻沒有一人注意到鐘響，完全沉浸在討論的快樂中。

+1設計也符合美國心理學家艾得溫．洛克提出的「目標設定理論」，又稱「籃球框定律」，意指籃球運動發明至今，籃球框的高度設定都是三百零五公分，這是有點難又可以達成的高度，讓人想去挑戰又不會輕易放棄。這經驗，我也時常拿來提醒夥伴：MAPS 新手設計三層次提問單時，應求有再求好，當很徬徨時，不如從+1開始。

原想收集笑料，卻讓名牌包變書包

見學生學習這麼熱衷，我發揮大嬸性格，馬上把這份上不了檯面的提問單分享給隔壁班老師。哪知她們也是勇士，在完全搞不清 MAPS 是什麼的情況下，光聽我一人講得口沫橫飛，就接受用我設計的挑戰題讓學生進行此課統整。

她們在真實感受到學生動腦思考的成就感後，立刻開心與我回饋。看見大家說到班上孩子燒腦逗趣的神采飛揚，著實令人感到有趣，為了集結更多的「笑料」，我便一頭栽進設計提問的國度裡。每天提包中一定放著國語備課用書，連服務股長在上課前來找我都會直接說：「老師，請將指引從包包拿出來給我。」他也時常在其他人找不到我的指引時，老謀深算說：「在老師書包中，老師每天帶它回家備課。」甚至，還會回家向家長吹噓：「我們老師多麼認真備課。」讓我享有不少虛名。

從此，我的名牌包不再是仕女提包，而是真正的「書」包！

寧願逆風飛翔，也別做迷途的候鳥

我的+1設計，也曾被前輩指出不像正宗的三層次提問，當一股熱忱被冷水潑下時，的確聽到「滋」一聲，打擊相當大。但，鍛造利刃時，除了高溫熔化、反覆鍛打外，最後經過淬火急速冷卻，再回火細燉冷卻，才是刀匠製刀的靈魂。在遭受打擊時，駐足傷懷不是本色，修正往前才是王道。爬文、請教高手、看書就是解決之道。

在搜查線全面啟動下，發現 MAPS 金句特別多。這些句子雖然很煽情，但是總在我最困頓的時候，成為最巨大的鼓舞力量。因此，「當我的 MAPS 不再是我的 MAPS，而是你的 MAPS，MAPS 才算成功。」出現在我眼前時，我如聆聽到上天福音一般，歡喜雀躍，更加篤定依照我們班學生屬性、學校特色，設計很「屬於我」的提問設計單；也更加確定，依照我的學生程度制定繪製心智圖及逐步卸鷹架的進程。

有時慢慢來，比較快，兵器收藏家都知悉，值錢的不是刀，而是鍛刀的過程。我們要做的，是在逆風中，不斷振翅飛翔，持續+1的進步，而非追求煙花點燃瞬間的綺麗。唯有如此，我們才能有機會看見學生及自己散發出來的璀燦光芒。

你看！孩子的眼中有星星

心中的雲翳被撥去後，心靈一片澄澈透明。在我教書十八年來，除了第一年菜鳥的徬徨，我第一次這麼努力打破指引的框架，第一次覺得教師魂被引爆。每天我趁著裝飲用水時，巡邏在其他使用者的教室外，在窗口以眼神、手勢向好友加油打氣；放學後，主動到使用我設計的提問單的班級，欣賞孩子的挖洞心智圖，並且詢問班級老師授課的難處以及提問單設計的缺點。

共備隱然成形。

就這樣，我變成了每課設計者，一課接著一課，我的設計關乎四個班的學童。那一學期，教師晨會後，我要印提問單前就會問：「誰要順便印？」此起彼落的「我+1」常讓其他學年的老師以為我們又開團購！

這的確是在團購，我們正以熱血購買教室中孩童放閃的眼神，幾乎陷入沉痾般的教室彷若有光。

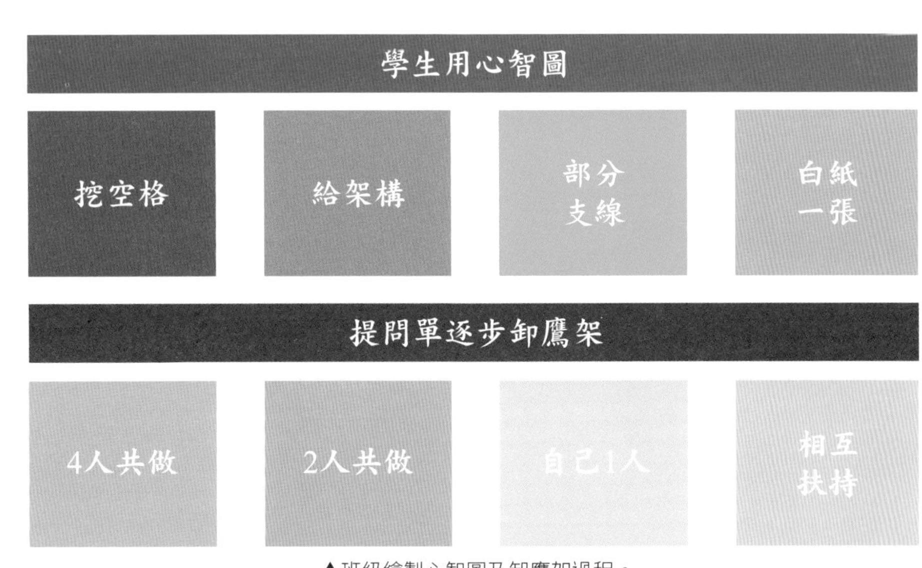

▲班級繪製心智圖及卸鷹架過程。

▲ MAPS 讓學生眼中有光。

▲課堂中，學生是主動學習者。

▲心智圖的逐次 +1：給架構、部分主題。

▲心智圖的逐次 +1：自行繪製。

說明設計概念、提醒重點，並提供使用者自行修整、調配的選擇權。這樣一來，既可以解決導師很忙碌而無法聚在一起討論的問題，更可以鼓勵各家精銳盡出。在風格迥異的設計下，我們百家爭鳴卻兼容並蓄，而受惠的是學生，他們能在一個學期，學到四位老師不同的教學重點，讓學習更多元。

受惠的也是老師。有時自覺得設計精良，學生交回來的回饋卻讓老師很崩潰，待到其他班兜轉一圈，卻能在別班學生的反饋中得到安慰，才知道原來並非設計不好，而是自己教學操之過急，反而打翻一鍋粥。這些經驗也適切提醒老師，教學應該保有更多的彈性。

最好的團隊，集結了！

說來幸運，我們學年中還有一位 MAPS 第一屆種子教師！當我們學生還在 PP1 挖洞耕田，她的學生已經御劍飛升到手繪心智圖的境界。我們這些低段修練者，因靈力低微，只好努力從蹲馬步基本功練起，沒想到一年後，這群頑石竟然個個是美玉，在老師如琢如磨下，隱隱含光。其實這也呼應了物理界的共振效應，這四個班級學生通過相互作用而彼此影響，從而聯合起來產生增力的現象，使他們的語文能力有極大的躍遷。

在四下，我正式奉上拜帖，邀請第一屆白玫瑰學姐蔡佳

◆從「我」到「我們」

日劇《天才主廚餐廳》（又名《Grand Maison 東京》）第十集，京野陸太郎走向尾花夏樹，向他的胸膛擊出一拳，說出：「最好的團隊集結了！」只見平時總是一副百無聊賴的尾花夏樹，神情有些許變化，揚起頭，眼睛逐漸溼潤，淚水幾乎奪眶而出。

每當看到這畫面，我會定格再重播，反覆數次，看劇中早已不年輕的木村拓哉卻帥氣得不得了，劇外早已變成大嬸的我，總感動到淚流滿面——我的 MAPS 推動何嘗不是如此？在實施的過程中逐一集結了夥伴。

加入扮豬吃老虎的夥伴

這樣的熱忱持續了整整一個學期，擺脫了講述型授課，你認為這些老師還回得去嗎？她們說，有時看學生昏昏欲睡，心中都有無限罪惡感。等到了四年級的課程，我直接就厚著臉皮要大家各認一個單元來設計。這時，我才發現我與一群扮豬吃老虎的夥伴（邱聖芬、張馨仁、蔡淑貞老師）共事，而我竟然是那隻傻呼呼的老虎。

四上，我們合作的模式為一夥伴設計一單元，大家依各自的思維脈絡設計，待拿到提問單時再聚在一起，請設計者

玲加入我們眾仙家的清談會。我們相談甚歡，共飲五十嵐的八冰茶後，決心要一起擬定復「國」計畫。一個學年有五個老師的教室在推動 MAPS 教學，目前我只聽過東華附小在李珮琪老師的推動下做到了。但附小是什麼樣的等級，那是會被放大檢核的修羅道！我實習時最怕分發到附小，上課時學生都會口氣涼涼地說：「我知道妳在引起動機。」我當時心中吶喊不斷：「你可以不要這麼精，好嗎？」偏偏人家媽媽就是教「教學原理」的教授，家學淵博。去實習如不打起精神，就得準備被孩子的天真無邪無差別攻擊得體無完膚；回系上，搞不好還得面對教授慈愛的眼眸。

所以相較起來，大忠國小能自主地集結夥伴，更發可貴。我們五人，每一位就如同尾花夏樹，對自己的廚藝和味覺充滿自信，是自己教室的國王。在集結後，所設計的提問單，如一張開放教室的通行令，設計好壞決定了五個班的教學成效，面對這樣的挑戰令我們彼此放下以往執著的性格，開始將耳朵張開，聆聽別人的指導；把心打開，虛心接受更多的建議。

共振效應，教育新能量

從此，MAPS 提問單成了有機體，會不斷修正，完全為我們這年段學生客製化；更重要的是，我們的提問單開始被

▲MAPS 教學新夥伴的議題探討設計。

安親班老師「收藏」，因為太多班級學生在用，他們認為也許會考。透過學生探子回報得知，安親班老師甚至會詢問A班學生提問單答案是什麼，再提供B班學生參考。共振效應從學校發酵到安親班，是我們意外之喜。

適逢學力檢測，整學年的成績都拿下全施測學校的前十名，連教育局長都親自到校來為我們加油打氣。「最好的團隊集結了！」這裡沒有比高下，只有比快樂、比感動、比滿溢出來的光與熱，我們一個個就是耀眼的發光體。復「國」計畫可謂大成功！

歐巴馬曾說：「期待他人或等待未來，改變將難以實現。我們自己，就是我們等待的人；我們自己，就是我們尋找的改變。」當你一個人獨自開始改變時，不要感到孤單。只要信念夠堅定，有一天，你會有能量引起一些人與你共振，一起擺動教育的新方向。

◆歸零，不是說說而已

新手高年級導師，從最簡單開始

因職級務的輪動，必須暫時揮別最強的團隊，如同草帽小子一群人被巴索羅繆·大熊彈飛分散到世界各地，這兩年期間，成員必須各自修練，期待之後能重新聚集於夏波帝諸

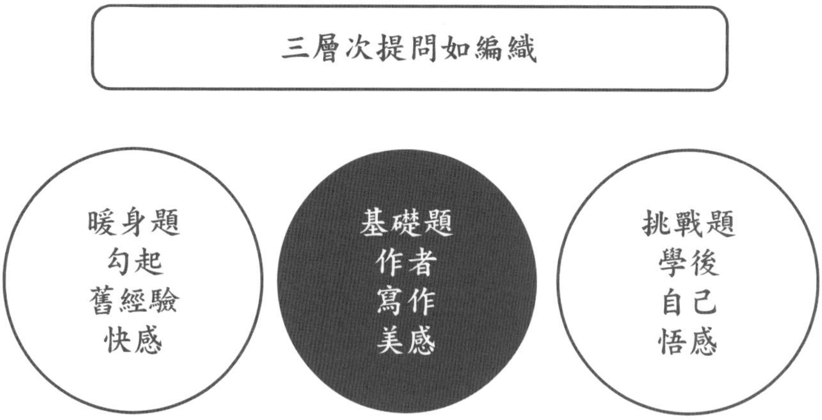

三層次提問如編織

暖身題
勾起
舊經驗
快感

基礎題
作者
寫作
美感

挑戰題
學後
自己
悟感

▲對我而言，設計提問單如在編織。

島，重新展開偉大航路的冒險。而我比魯夫幸運，我還有夥伴一起克服高年級的課程。

開學，面對新班級，我的腦海中有許多願景，想建立起我的班級風格。學生來自不同班級，所幸有一半的孩子在中年級曾接受MAPS教學，但也有一半的孩子完全沒有接觸過，甚至不習慣在課堂發言。

面對這樣的班級，我與夥伴決定還是從PP1挖洞心智圖開始授課，從最簡單+1開始，避免孩子感到困難而心生排斥，也避免十年未接高年級的我們，挫折感過大，而放棄這麼好的教學法。

進入第一單元「品格天地」，我不急著進入課程內容，反而要孩子們討論：為什麼課本的編輯者要把品格天地放在第一單元來讓我們學習呢？時間點又在新學期的剛開始？編輯者的意圖是什麼？

透過孩子的討論模式，我觀察到有許多孩子只是默默當著聽眾，有的則是走搞笑風，以為可以聊天。這表示我尚有努力的空間，我得花點時間營造讓他們能放心發言的課室。

因此我與高年級夥伴（江靜茹、張馨仁、游世薇）凝聚了設計共識：高年級的國語課文難度大幅提升，但，它絕非只有考試的目的而已，它是引領學生從語文進入文學的重要橋梁。所以，我們的設計必須不斷呼應學生的自身連結。當

▲學習就是不能置身事外。

課程與自身連結時，所學才能深刻；當課程與自身連結時，就沒有人能置身事外。

放下，才是真正的抵達

在《就怕平庸成為你人生的注解》一書中，作者歐陽立中提到，我們之所以讀了很多書卻總用不上，是因為所吸收的知識是碎片化的，只有將學到的新知透過歸納、連結、轉述，並結合舊有經驗，才能創造知識晶體。所以最好的學習方法不僅要有輸入的聽課和閱讀，更要有輸出的表達和寫作，闡述自己的見解、觀點，知識晶體才能成為自身的智慧。

看到這裡，書中滿滿註記了我的MAPS教學，我們的設計不就是運用暖身題勾住舊經驗，用基礎題理解作家的寫作美感，最後運用挑戰題產出自己學後的感悟嗎？所以MAPS三層次提問對我而言如同編織，我在暖身題、基礎題編出作者風格，至於這塊編織要如何運用，則有賴於孩子們獨一無二的詮釋。

而我自己，也在此時決定，放下之前教學成就的光環，陪這群孩子從零開始，與他們一同起針、編織、收針，接縫，橫直交錯，讓眾色排成我的高年級MAPS學習。

底下以南一版五下第五課〈八歲，一個人去旅行〉來說明。

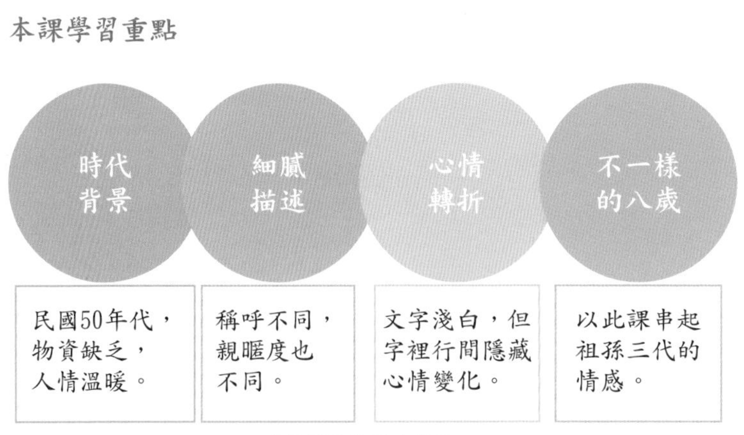

▲備課時的課文分析。

▲備課，我這麼分析：

這一課乍看簡單，實則很難。全臺灣最會說故事的歐吉桑吳念真導演，以回憶法寫出他八歲的時候，竟然可以帶著法寶萬金油，獨自坐車到宜蘭拿回傘。旅程中，在火車上遇到老婆婆給芭樂的善意及聞到老婆婆身上苦茶油的幽香，想到家中的祖母而安心；而後遭遇老婆婆昏倒的危機，他運用村里礦坑出事時大人呼救的方式，成功引起乘客注意，並拿出身上的法寶解救老婆婆一命。最後回到家，看家守候在家門口的祖母，懸了一整天的緊張終於放下，此時車上老婆婆的臉竟與祖母交融在一起，讓他一邊大叫「阿嬤」一邊快跑到祖母身旁。

全文文字淺顯，卻無比細膩，濃烈的感情在文章中流動。因此，我希望帶孩子用更高的層次來讀懂這一課。

▲暖身題，我想讓學生連結：

我從時代背景切入，讓孩子結合社會課所學及家中長輩的年紀，推論出這故事是發生在物資缺乏的年代，因此一把傘也要慎重地去拿回來；並了解當時民風純樸，大人忙於生計，小孩都被訓練得獨當一面。有這樣的先備知識，孩子才能讀起來有感。

▲學生繪製的心智圖。

▲實踐的路上，最大的神助攻就是學生。

▲基礎題，我想讓學生讀懂：

吳念真在文中對於女性長輩有著不同的稱呼，家中親人稱為祖母，火車上相遇的稱作老婆婆，卻在遇到危急時脫口叫她阿嬤，之後文中都以阿嬤來稱呼。可見情感由淡變濃，直到下了火車，仍戀戀不捨看著火車離去，甚至可以見到阿嬤的笑臉，行文中委婉道出不捨。而這是隱而未現的訊息，需要老師的引導才能讓孩子感受。

文中出現的萬金油，也讓我想到許榮哲老師書中說的：「寶物出現必定有道理。」第一段安排主角帶著萬金油，在最危機時刻以它解除危機，對此要提點孩子：文章出現的物品，必然有它的價值性及必要性，讀書要能細膩分析作家的意圖。老師也能以第一課〈為一本書留一種味道〉作鷹架，提醒學生：李鼎在旅行時，為他的書留下各種有味道的書籤，讀完這一課，你覺得什麼味道會讓吳念真重回八歲獨自旅行的情境？

▲挑戰題，我想讓學生感悟：

授課最後，我播放了「阿嬤的衛生紙」這三分鐘廣告，讓孩子說一說看到什麼特別有感覺的內容，並安排「不同世代的八歲時光」這個活動，鼓勵學生透過訪問家中長輩來貼近祖父母、父母的童年時光，並比較與現代的自己有何異同，希望學生能發現生長在這個年代實在太幸福。

▲學生的笑顏是老師前進的動力。

▲授課後，我的省思：

一、文中出現的阿嬤是一人還是兩人？

對老師來說，這答案一定是兩人。但夥伴與我都發現，有不少孩子提出火車上老婆婆與家中祖母是同一個人，他們說課文中提到：「最後，當我背著雨傘回到已經昏暗的村子，遠遠就看到在路口等候的祖母身影，忽然發現，她的臉怎麼變成了火車上那個阿嬤的臉？怎麼會？」所以判定是同一人！甚至還有學生說：「應該是爸爸派祖母偽裝成老婆婆去火車上考驗吳念真的臨機應變能力。」因為課文又出現：「因為她身上有著跟祖母一樣的味道，那是擦在頭髮上的苦茶油的幽香。」

我聽完除了哈哈大笑外，也讓學生們進行小型辯論：從課文中找出證據來支持自己的看法。群雄爭論後，依然還是有人覺得是同一人，這時導師就得帶著孩子細細閱讀課文並加以講解。後來，孩子發現是自己看文章貪快，在略讀的情況下，細節沒看懂，又加上是第一次接觸到兩張臉變成同一張臉的寫法，才順勢往偵探小說及奇幻情節發展了。

所以，我也要特別感謝這群看錯的學生，因為他們的錯，讓老師知道他們其實讀不懂。這也是 MAPS 課堂的魔力，透過對話，甚至錯誤答案被理解，老師才能真正明白孩子心中的不明白。

二、影片是神助攻

當初設計提問單時，只是單純想透過影片讓孩子們更真切體會祖孫之間的情感，但此課一路上下來，我就發現影片中有幾個橋段呼應了課文：阿嬤拿衛生紙包錢給孫子，跟火車上阿嬤塞錢給吳念真的意思相同——因為珍貴，所以要給最珍愛的孫子。

最後一幕，失智的阿嬤抱著已成年的孫子，畫面隨時間流轉，孫子的臉卻變回小時候的模樣。剛好可以與課文中「遠遠就看到在路口等候的祖母身影，忽然發現，她的臉怎麼變成了火車上那個阿嬤的臉？怎麼會？」這一段結合討論，孩子就明白了這是因為感動拉回了回憶，此景與回憶中那景疊合了。在他們哭紅眼還繼續跟我討論時，「奇幻情節」頓時消失得無影無蹤。所以說影片輔助教學，真的是神助攻！

三、你的八歲我來不及參與，但我可以聽你說

透過挑戰題的活動：訪問家中的長輩，他們在八歲時獨自一個人可以做什麼？或他們的長輩要求他們做些什麼？並請寫下受訪者提到最重要的故事。學生在小短文中提到了媽媽偷糖果、祖母去砍柴、爸爸被要求務農而無法寫作業被老師罵，回家再被阿公打一頓的故事，並形容時光像水一樣流逝，但可透過訪問了解時代的差異性，連帶知道自己也需負起幫忙家事的責任。至此才算真正讀懂此課背後的真諦，亦即「因歷練而成長」。

◆抵達，是下一次旅程的開始

截至目前，我已在部落格完成了九十四課的 MAPS 教學文，深深知悉「抵達，不過是下一段旅程的開始」。我願成為永遠的實踐者，讓教育成為真正的動詞，明知自己能力如微小的苔花，也期許自己努力花開似牡丹，進而鋪成臺灣教育的繁花勝景。我更期許自己如徐霞客，在豪情壯遊時，能用文字、圖像一一書寫我的教學好風光。

【國中領域】

1

張涵瑜／期待每一顆種子都能開出燦爛的花

雲林縣立斗六國民中學

山中大叔導讀

有很長一段時間，臺灣教學現場一直存在著「學用斷鏈」，特別是國中階段。隨著臺灣大考評量的改革，「考教分離」隨之浮現在新課綱的教學現場。

臺灣的大考評量已經明確標誌「考能力而不是考課本」的「素養導向」，但教學現場仍無法與反覆記憶精熟的教學型態「斷捨離」。

涵瑜老師感受到這樣的焦慮，幸好遇見 MAPS 三層次提問設計。

與你分享她的遇見、實踐與喜悅。

◆ 接觸 MAPS 之前

從實習開始，我便知道教書生涯並不如想像中那樣美好——學生認真學習，師生互動和諧愉快，但我還是拚了命準備考試，很幸運地在最後一場教甄中當了「孫山」，並且能為故鄉貢獻一己之力。可是考上後的熱情及興奮感在我的「教」與學生的「學」中日漸消磨，自覺很用力上臺教書，可是學生的學習總是不盡如人意。我甚至會自我懷疑，認為學生不管有沒有我的教導，似乎表現都差不了多少，優秀的學生表現一樣優秀，而對讀書沒興趣的一樣展現他應有的水準。進而逼使我思考該如何應對漫長的工作歲月，是否該珍惜得來不易的工作？面對各種類型的學生，我如何陪伴他們走過初初萌芽及狂暴的青春期？又該示範著什麼樣人生態度呢？

在種種疑惑下，我又參加了全國高中教師甄試，雖然有幸考上，但因離家太遠，只能再度放棄，而這次放棄也讓我必須面對國中教書生涯，不再有後路，因此我轉而藉由研習、讀書、學習不斷追尋著答案。一開始是先知道《老師，你會不會回來》這本書，之後在研習中陸陸續續接觸政忠老師的 MAPS，於是參加了二〇一五年七月第一次夢N，八月時學校恰巧又請政忠老師來演講，即將帶新班的我因此對於 MAPS 教學法躍躍欲試，在沒有夥伴可商討下，一人土法煉鋼，開始進行 MAPS 教學法。

◆ MAPS 著重小組討論

二〇一五年九月，因帶領新班擔任導師，便藉由入學編班成績進行小組分組討論，由於是新生，分組尚不大難，大致聽從老師的編派。技術面的操作尚且容易，學生多半願意參與討論。計分方式是以撲克牌計算，惟結算成績時會比較複雜：有個人成績、小組成績、多項紙筆測驗成績……林林總總的分數需要花時間計算，但對我而言，最困難的是產生學習單的過程。我所任教的學校班級數較多，國文老師有二十多位，大家對於課文的考試重點看法並不一致，且事務繁忙，不見得有時間、心力共備，因此多按照備課用書決定各課考試重點，在教學上盡量鉅細靡遺地將課本知識灌輸給學生，以防落入段考內容出現隔壁班老師有教，而我沒教的窘境。後來我決定採用備課用書上所提供的學習單來進行 MAPS 教學，但這當中會產生一個很大的問題，就是——畫不出心智圖。

於是我退而求其次，不要求學生每課都畫心智圖，只從中挑選一、兩課來畫就好了，漸漸地教學模式僅達到分組合作學習，而不是完整的 MAPS 教學。儘管如此，學生卻也從中學習到討論的技巧，不論是上課或下課時間，都會在教室瞥見一群一群的學生討論學習單的題目或課業的難題，而這習慣一直延續到國三畢業，我想這是第一次操作 MAPS 學生帶給我最大的回饋！

到了二〇一八年，由於學校的「德政」——擔任三年班級導師可擔任專任一年，無後顧之憂的我可以放心自主報名許多研習，舉凡：臺中惠文高中蔡淇華老師、彰化原斗國小林怡辰老師、新北新莊高中陳柏洋老師、基隆正濱國中梁雅晴老師、許榮哲老師……的演講，學思達教學實務培訓的初階、中階工作坊等，我都一一親身體驗。從這些優質的研習中，我學到一些教學上的技巧，帶給我許多不同的思維及見解，更重要的是，再次點燃我的教學熱忱，好讓我有勇氣面對教育現場中的無力感。

然而在學思達工作坊的學習中，我對於問題的設計還是處於霧裡看花的程度：提問設計就是問我自認為重要的嗎？我有沒有遺漏重點？該用哪些詞彙敘述題目才能讓學生了解我想問什麼？能不能藉由學習單的訓練，讓學生熟悉會考的問法呢？……我對於學習單的問題設計仍有許多疑慮，而就在即將結束專任一年時，在同事蔡明桂的熱心推薦下，我報名了 MAPS 種子教師研習。

在研習過程中，政忠老師將 MAPS 問題設計的原則與概念毫不保留地傳授給我們，透過現場實作、點評，讓我對於問題的敘述原理更清晰，於是藉由帶新班級的契機，從二〇一九年國一班級試著採用自己的問題設計。

◆ MAPS 著重問題設計

取捨

原本雄心壯志的我，期待每節課都能分組討論，然而實際執行時卻在第一課設計時便卡關，腦中的想法不易呈現，怕使用的詞彙太難，更不知道學生的程度如何；加上這屆編班日期較晚，原本可以在暑期輔導時處理的班務，都必須在開學後處理，因此設計出來的第一課學習單，不盡如人意。不過我發現部分學生其實在國小就有分組經驗，對於回答問題相當認真，但仍有部分學生比較害羞內向，於是我便思考是否不要每次都以上臺口說發表為小組主要分數，畢竟就連我自己也曾畏懼上臺。

除了課內必須傳授的知識內容外，還有課程進度的壓力，小考占據的時間也不少，因此學生便暫以書寫發表為主——這是比較可惜之處，但卻是能讓我心安的方法，畢竟學校較為著重紙筆測驗。然而這也讓我意識到自己心中仍有某些框架無法突破。

共備

之後有了校內夥伴的協助，開始共備，試圖將每一課彼此所認為的考點、重點列出並討論取得共識，整理後提供其他無法共備的夥伴或出題老師參考。如此一來，在問題設計上不僅能聚焦，自己也比較有方向，更能藉由他人反映出自己的疏漏，甚至對於課文理解或教法也有不同的認識及交流，自己的專業能力因此更上一層樓，而不是一再落入往日的窠臼中。

除了有校內的同事共備之外，很幸運地，在雲林樟湖生態中小學陳綺華老師的邀約下，又參加四次政忠老師為 KIST 學校所主講的 MAPS 三層次提問設計研習，再次複習政忠老師提問設計的概念，再次練習、修改題目，再次澄清迷思，也再次見識到了政忠老師不斷精進的提問設計。

經過這一年的練習、與夥伴的討論，我對於題目設計不再那麼恐懼、擔憂，也意識到題目設計會不斷精進變化。這是一條不歸路，也是專業成長的路途，更重要的是，多了一些方法帶領學生學習，上課不再只是單方面講述而已。藉由學習單可以讓我知道該以哪些問題幫助學生搭鷹架、學生學習的成效達到哪裡，也能由此判別題目敘述的好壞，知道如何問才能命中靶心、直指重點。

共備使我教學技巧更加精進，也獲得支持的力量，誠如「一個人走得快，一群人走得遠」這句話所說，透過 MAPS 種子教師研習，會讓你更容易遇見志同道合的夥伴。

實踐

課堂上使用學習單，會促使學生表現比較積極，參與度較高，但一開始安排小組討論、上臺發表會花費相當多的時間。由於暑期輔導授課對象不是自己班級的學生，無法充分訓練小組討論及發表，有時整節課只能討論兩三題，光是基礎題就要花費兩三節課，還有挑戰題尚未討論，礙於進度落後的壓力，我改要學生自行書寫，就近和同學討論，並隨機抽籤請學生回答。

遇到回答不出來的學生，我會詢問他題目出現的字句出現在哪一段，請他朗讀該段文字後，再引導他回答，或者提供答案選項，請學生選擇後回答。答對後給予鼓勵，以增加學生的自信心，目的在於讓學生勇於答題，知道自己有能力解題。若學生故意胡亂回答，便加以糾正，詢問是否理解題目，如不理解，便以簡單的詞彙、簡短的敘述或強調題目所要問的關鍵解釋給學生聽，使學生學習該如何去理解作者的想法，能從文章中的遣詞造句、字裡行間中找到依據，以達到閱讀理解的目標。而不是以自己的想法去選擇答案，造成你說你的，我聽我的，無法達到意見的交流——而這也是學

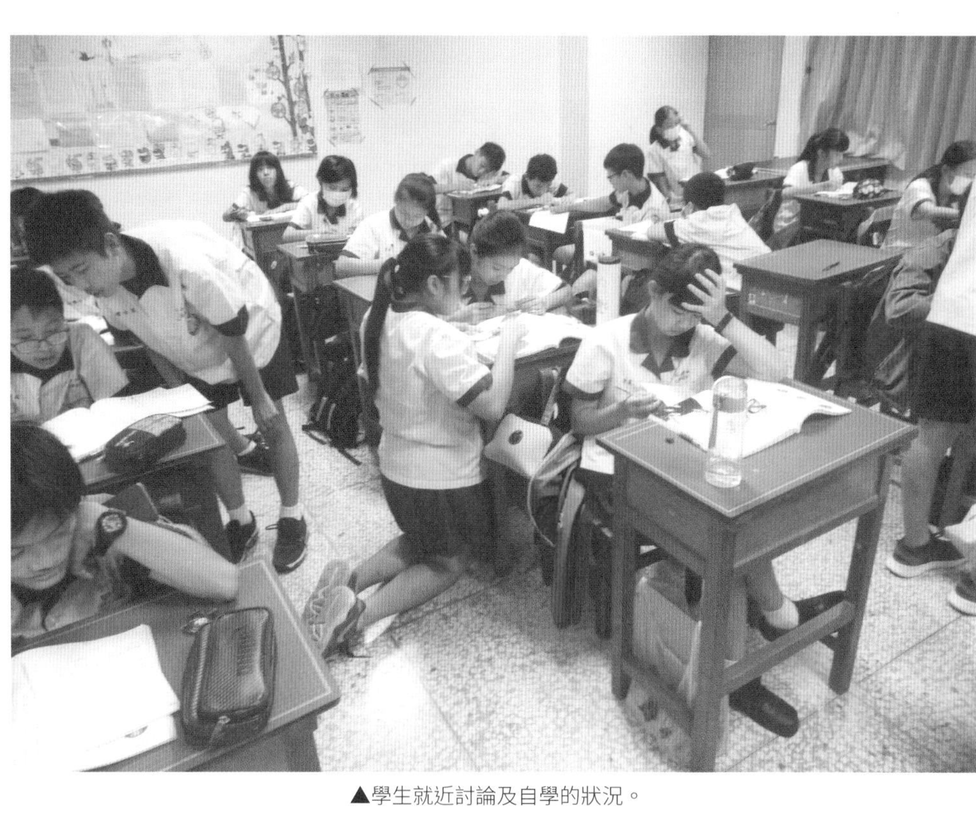

▲學生就近討論及自學的狀況。

習與人合作的重要關鍵之一。

所以，藉由學習單上的題目，學生試著自己理解後，從課文中找到作者觀點，之後跟同學討論是否有相同的理解，再由老師核對答案，這些都是希望讓學生從中學到說話要有依據、合情合理，以理服人，研究學問要有條理、有憑有據，不是憑感覺選擇自己喜歡的答案，或是猜測老師喜歡的答案，答案更不是老師說了算。如此一來，才能培養理性思考的態度，勇於解決生活上的難題。

實例

我以康軒版〈吃冰的滋味〉一課為例，希望藉由學習單的書寫，幫助學生將課文大段落的敘述整理成表格，讓學生更能從課文眾多文字中釐清作者的敘述為何，進而了解課文的架構與脈絡。暖身題設計理念是從生活中共同的經驗出發，力求引起學生的共鳴，並從第二題的文句連結到挑戰題的作文書寫，引發學生回想「滋味」的感受為何。

因學生程度的緣故，基礎題題目敘述偏向簡短明瞭，希望藉由表格釐清課文大段落的敘述，並據題目的引導畫出課文心智圖。但因為課堂討論時間有限，加上心智圖是由學生個別完成，所以須根據不同程度給予鼓勵，並於批改完後拍照投影出來，讓學生觀看優秀的作品。若有需要，也會要求

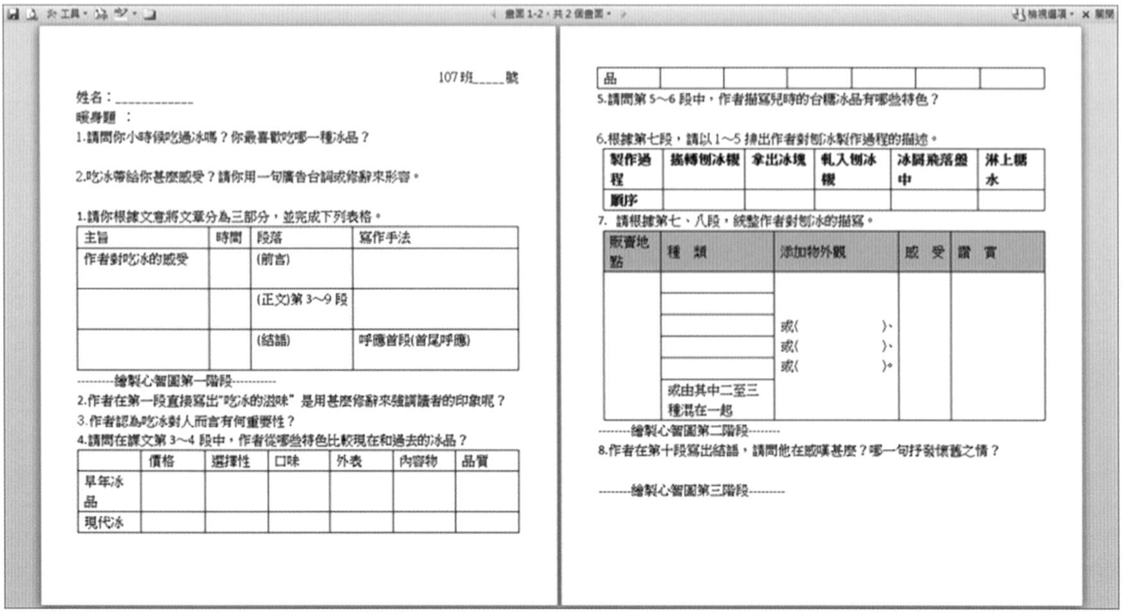

107班____號

姓名：___________

暖身題 ：

1.請問你小時候吃過冰嗎？你最喜歡吃哪一種冰品？

2.吃冰帶給你甚麼感受？請你用一句廣告台詞或修辭來形容。

1.請你根據文意將文章分為三部分，並完成下列表格。

主旨	時間	段落	寫作手法
作者對吃冰的感受		(前言)	
		(正文)第 3～9 段	
		(結語)	呼應首段(首尾呼應)

---------繪製心智圖第一階段----------

2.作者在第一段直接寫出"吃冰的滋味" 是用甚麼修辭來強調讀者的印象呢？

3.作者認為吃冰對人而言有何重要性？

4.請問在課文第 3～4 段中，作者從哪些特色比較現在和過去的冰品？

	價格	選擇性	口味	外表	內容物	品質
早年冰品						
現代冰品						

5.請問第 5～6 段中，作者描寫兒時的台糖冰品有哪些特色？

6.根據第七段，請以 1～5 排出作者對刨冰製作過程的描述。

製作過程	搖轉刨冰機	拿出冰塊	軋入刨冰機	冰屑飛落盤中	淋上糖水
順序					

7. 請根據第七、八段，統整作者對刨冰的描寫。

販賣地點	種　類	添加物外觀	感　受	讚　賞
		或(　　　　)、 或(　　　　)、 或(　　　　)。		
	或由其中二至三種混在一起			

--------繪製心智圖第二階段--------

8.作者在第十段寫出結語，請問他在感嘆甚麼？哪一句抒發懷舊之情？

--------繪製心智圖第三階段---------

▲〈吃冰的滋味〉學習單。

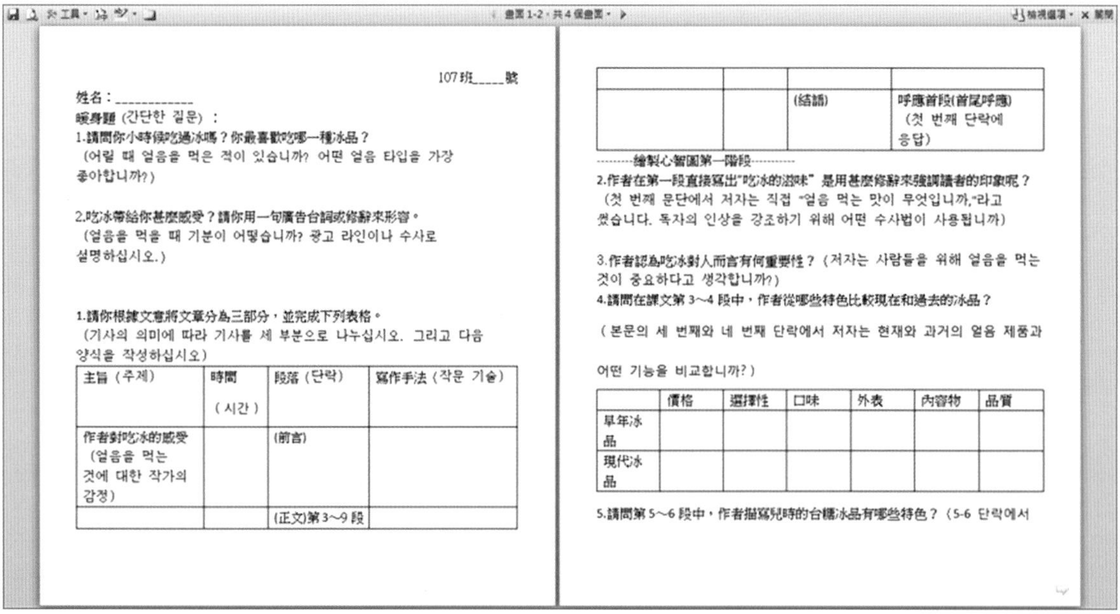

107班____號

姓名：___________

暖身題 (간단한 질문) ：

1.請問你小時候吃過冰嗎？你最喜歡吃哪一種冰品？
(어릴 때 얼음을 먹은 적이 있습니까? 어떤 얼음 타입을 가장 좋아합니까?)

2.吃冰帶給你甚麼感受？請你用一句廣告台詞或修辭來形容。
(얼음을 먹을 때 기분이 어떻습니까? 광고 라인이나 수사로 설명하십시오.)

1.請你根據文意將文章分為三部分，並完成下列表格。
(기사의 의미에 따라 기사를 세 부분으로 나누십시오. 그리고 다음 양식을 작성하십시오)

主旨（주제）	時間 （시간）	段落（단락）	寫作手法（작문 기술）
作者對吃冰的感受 (얼음을 먹는 것에 대한 작가의 감정)		(前言)	
		(正文)第 3～9 段	
		(結語)	呼應首段(首尾呼應) (첫 번째 단락에 응답)

---------繪製心智圖第一階段----------

2.作者在第一段直接寫出"吃冰的滋味" 是用甚麼修辭來強調讀者的印象呢？
(첫 번째 문단에서 저자는 직접 "얼음 먹는 맛이 무엇입니까,"라고 썼습니다. 독자의 인상을 강조하기 위해 어떤 수사법이 사용됩니까)

3.作者認為吃冰對人而言有何重要性？(저자는 사람들을 위해 얼음을 먹는 것이 중요하다고 생각합니까?)

4.請問在課文第 3～4 段中，作者從哪些特色比較現在和過去的冰品？

(본문의 세 번째와 네 번째 단락에서 저자는 현재와 과거의 얼음 제품과

어떤 기능을 비교합니까?)

	價格	選擇性	口味	外表	內容物	品質
早年冰品						
現代冰品						

5.請問第 5～6 段中，作者描寫兒時的台糖冰品有哪些特色？(5-6 단락에서

▲以 google 翻譯為班上韓國學生製作學習單（不專業韓文版）。

學生補上不足的部分。

挑戰題則結合基測作文題目，書寫〈夏天最棒的享受〉，讓學生既能參考課文的寫法，也能抒發自己的看法，寫出與作者不同的見解，並思考自己的抉擇為何、如何有條理地敘述。但對我最大的挑戰是，有些學生缺乏對自己的認識及觀察，對任何事物印象皆不深刻——大概是因家庭文化緣故，生活經驗不多，對身邊事物觀察均不細膩，也無法察覺自己的感受——這些都需要時間多方引導，從而學習收集書寫題材，細膩觀察同學之間的互動，累積學校生活的經驗，加上多練習書寫學習單，才能漸漸地增加書寫作文的能力。

◆ 實作 MAPS 問題設計之後

在出題方面，經過種子教師研習後，我已比較知道如何出題引導學生繪出心智圖，另外也會參考備課用書的題型加以變化，不過剛開始嘗試出題還是會有敘述不完整的問題，此時於課堂上操作時，可以利用口語補充，並在下一課學習單的題目敘述修改不足之處，同時也讓我更知道學生的盲點和難點為何。

學習單的題目不只局限在讀與寫，多元的展現方式也能看見學生不同的能力，例如：〈聲音鐘〉一課的 Q2-3 是文轉圖的題目，不僅讓學生耳目一新，也讓學生展現美術天分，學生紛紛表示喜歡這一題，不再只是文字書寫而已。

繪製心智圖時，由於有些學生在國小已經由老師教導得相當純熟，因此不必再多費心力引導，但也有學生還是會不知所措。據我的觀察，部分學生仍舊困在要有統一標準心智圖的認知，認為畫出來的心智圖要和別人一模一樣，或是害怕漏掉重點。此時我會降低標準，並公布優秀作品給低成就的孩子參考，甚至會在黑板上直接示範題目畫在哪裡，或者要求畫出結構圖就好。此外我也藉此進行寫作教學，讓學生知道作文架構可以如何安排。

若是時間有限、進度落後，我則會調整成不畫心智圖，改由其他表格代替，就像政忠老師提供的各種圖例：泡泡圖，描述事物性質和特徵／雙泡泡圖，比較和對照／樹狀圖，分類／流程圖，次序／多流程圖，因果關係／分支圖，局部和整體／圓圈圖，定義一件事／橋樑圖，類比……。只要能夠幫助學生理解，都是可以使用的方法，不一定只局限在心智圖，這也使學生學習到更多幫助閱讀理解的工具與方法。

跟著政忠老師不斷自我精進，每次學習都有不同的新視野及新感受，這也是我想傳遞給學生的最終精神——不斷學習，不斷成長，追求更好的自己！

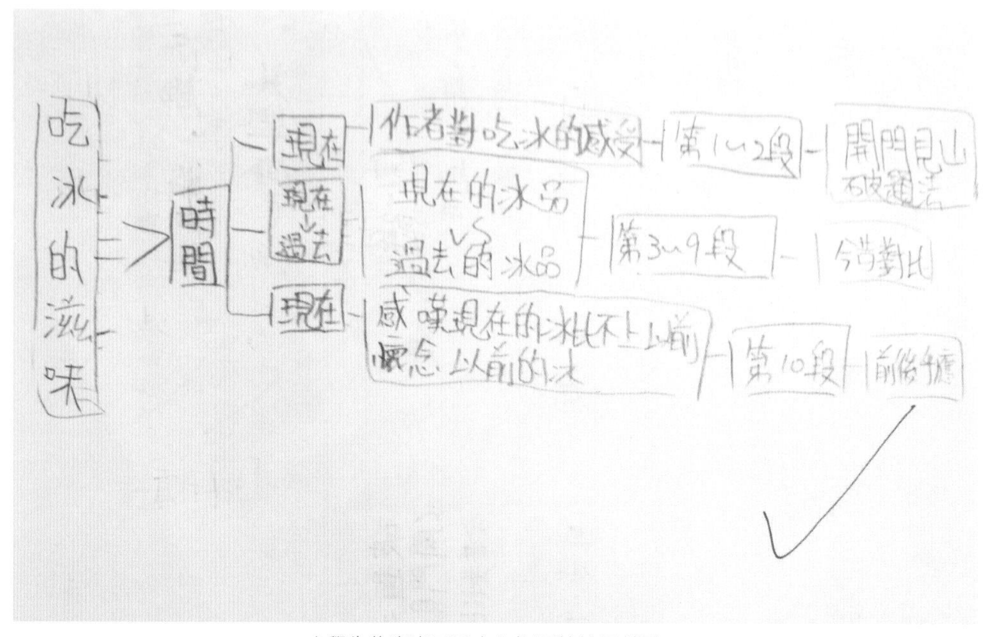

▲學生能畫出三層次心智圖就給予鼓勵。

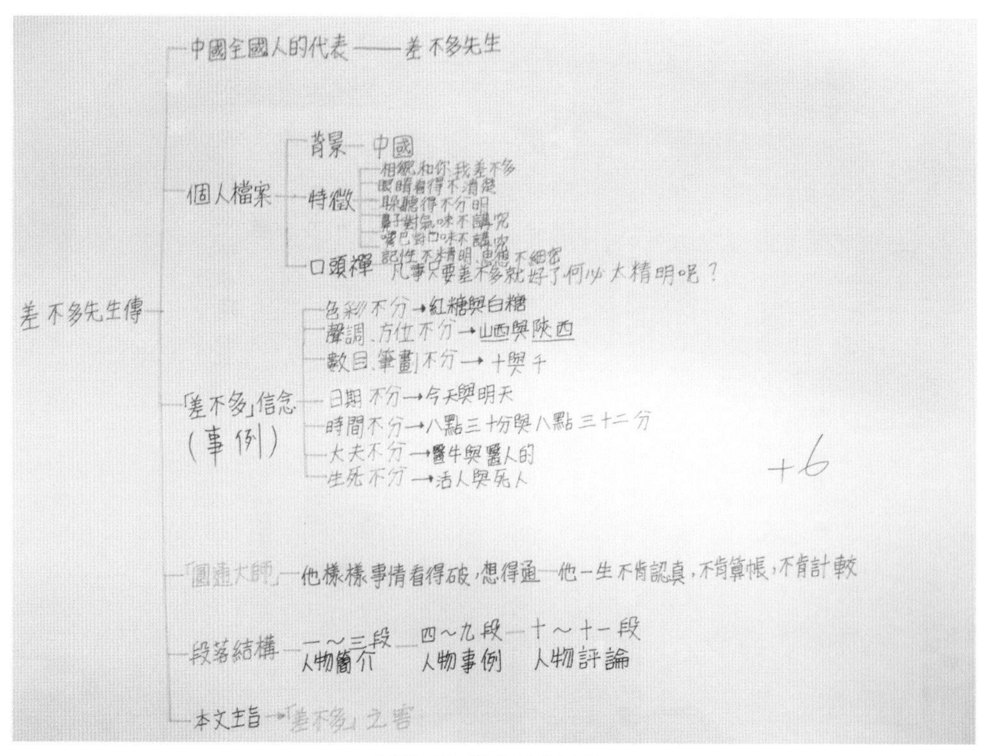

▲學生利用顏色區分內容。

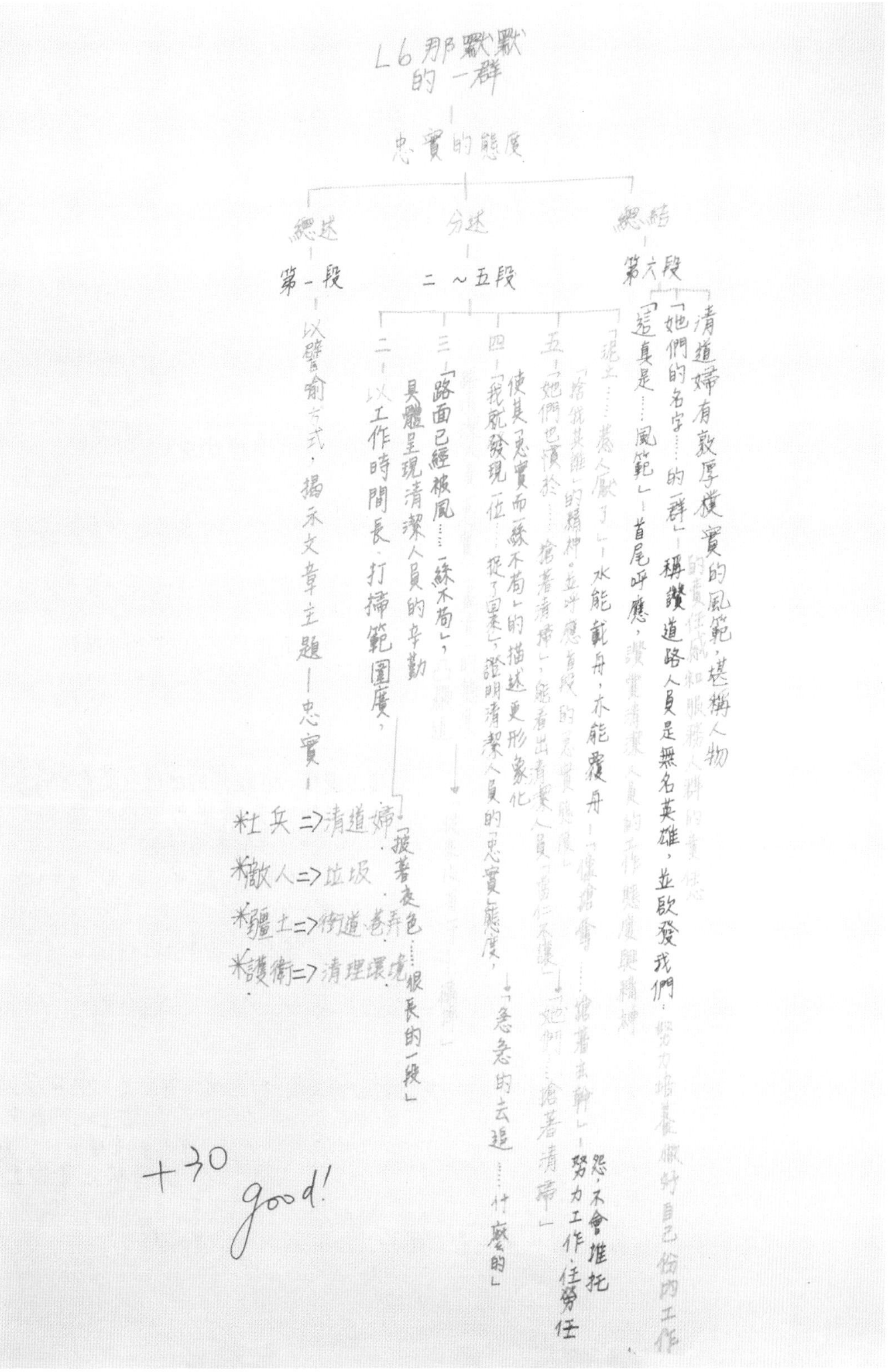

▲學生用心畫的心智圖，第一層用藍色，第二層用紫色，讓架構更清晰。

◆反思與收穫——做中學，學後做

感謝心源教育基金會，讓我再次參加了第三屆MAPS種子教師研習，如同第二屆一樣的精實，雖然不像第二屆限時交作業刺激緊張，但收穫一樣豐富，不會因為聽過三次而有老生常談的感覺，每一次學習都是耳目一新，不禁讓我對於第四屆有了更大的期待與想像。

回想第一次參加種子教師研習時，是抱著期待及興奮之情，雖聽過政忠老師演講，雖為之神往不已，但在實作上總是有無法切中核心的空虛感，總是覺得自己有些「眉眉角角」沒注意到，導致頻頻卡關，一再挫敗，例如：面對提問單的問題設計不知該如何下手、該往哪裡去？即使參考了備課用書書商網路上的學習單，又覺得缺了什麼，不是太難就是太簡單，不然就是覺得與我的觀點有扞格。而這次幸虧在同事明桂老師的分享下，讓我有了機會參加「大叔手把手」的MAPS種子教師研習，有了同伴的支持，讓我更有勇氣參加工作坊的研習。因為一個人走得快，但一群人走得久，若是在過程中遇到了疑難雜症或生出半途而廢的念頭，就會有人拉你一把，聽你訴苦，討論卡關的難點，這樣一來，卡在困境迷宮的時間會縮短一些，也不會因撞牆期太長，消磨了許多嘗試改變的熱情。

這次參加不僅僅再次複習了三層次提問，更發現彼此之

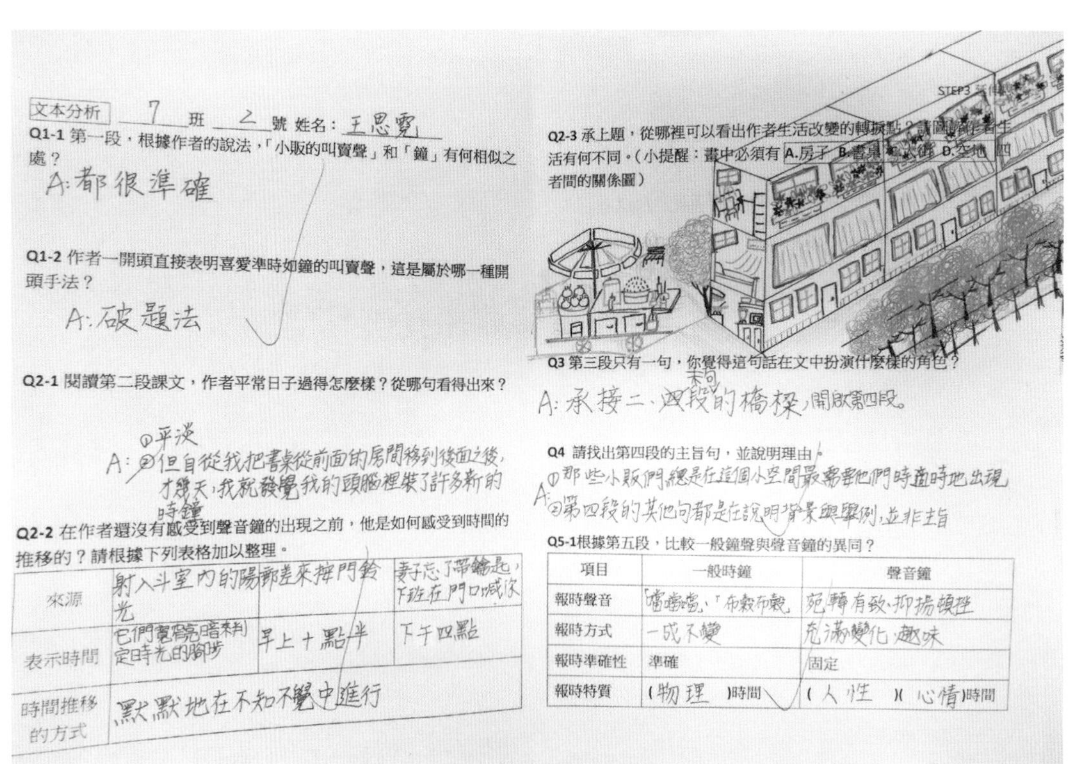

文本分析　7 班　2 號　姓名：王思雯

Q1-1 第一段，根據作者的說法，「小販的叫賣聲」和「鐘」有何相似之處？

A:都很準確

Q1-2 作者一開頭直接表明喜愛準時如鐘的叫賣聲，這是屬於哪一種開頭手法？

A:破題法

Q2-1 閱讀第二段課文，作者平常日子過得怎麼樣？從哪句看得出來？

A: ①平淡 ②但自從我把書桌從前面的房間移到後面之後，才幾天，我就發覺我的頭腦裡裝了許多新的時鐘

Q2-2 在作者還沒有感受到聲音鐘的出現之前，他是如何感受到時間的推移的？請根據下列表格加以整理。

來源	射入斗室內的陽光	郵差來按門鈴	妻子忘了帶鑰匙，下班在門口喊叫
表示時間	它們會隨亮暗來判定時光的腳步	早上十點半	下午四點
時間推移的方式	默默地在不知不覺中進行		

Q2-3 承上題，從哪裡可以看出作者生活改變的轉捩點？請畫出作者生活有何不同。（小提醒：畫中必須有A.房子 B.書桌 C.人 D.空地 四者間的關係圖）

Q3 第三段只有一句，你覺得這句話在文中扮演什麼樣的角色？

A:承接二、四段的橋樑，開啟第四段。

Q4 請找出第四段的主旨句，並說明理由。

A: ①那些小販們總是在這個小空間最需要他們時適時地出現 ②第四段的其他句都是在說明背景與舉例，並非主旨

Q5-1根據第五段，比較一般鐘聲與聲音鐘的異同？

項目	一般時鐘	聲音鐘
報時聲音	「噹噹噹」、「布穀布穀」	宛轉有致，抑揚頓挫
報時方式	一成不變	充滿變化，趣味
報時準確性	準確	固定
報時特質	（物理）時間	（人性）（心情）時間

▲多元的題目讓學生展現多元的能力。

間的連貫性要能夠互相呼應，一層一層加深該課的核心主旨及概念，讓學生能夠如同 Bruner 的螺旋式教育理論一般，不斷深化學習，進而增進學生的語文素養。政忠老師常強調，課堂學習不是一堂堂虛華的歡樂派對，教到〈愛蓮說〉就來煮蓮花大餐，教到〈背影〉就來吃橘子，而是該扣合文本中所要傳遞的人情義理，透過國文教學提煉出國文課文最精萃的文學性，我們該引起動機的是學生對於文學的好奇與感知，是日常生活之上的精神昇華，如此學生的眼界才能因我們的提點而變得更廣更遠，欣賞到文學之美。

而 MAPS 便是為我提供了上述這種鷹架。以往我的學習單總是停留在擷取訊息的層次，有時會達到統整解釋，但要再深化到省思評鑑的部分總是力不從心。問完學生觀點——你認為？之後呢？然後呢？似乎少了一些更深入的探討，但經過三次洗禮後，讓我看到了一些方向。雖然一路走來跌跌撞撞，無法達到盡善盡美的境界，但我相信高雄英明國中郭進成老師說的：「小改變，多練習。」就如同我們在課堂上所傳授給學生的道理一樣，我們期待學生練習，也要期許自己多學習、多練習。

期待每一次的練習，期待每一次的進步與收穫，相信我們努力種下的每一顆種子，會在點點滴滴的心血澆灌下，開出一朵朵燦爛的花。

◆隨手札記

【國中領域】

2

江筱潔／師與生，共成長

彰化縣立彰化藝術高級中學國中部

山中大叔導讀

盡信書，是教學的「見山是山」階段，依樣畫葫蘆，沒有了自己的靈魂。不如無書，是教學的「見山不是山」階段，千山我獨行，只看見自己的靈魂。信書也無書，是教學的「見山又是山」階段，博採百家，修練自己的門路，看得見精彩的他人精髓，又保有自己的靈魂。

筱潔老師一一走過這趟尋訪教學諸山的路，正踏上修自己的道，又納別人的所見所聞，他日必走成自己的桃李成蹊。

◆ WHY? 老師，你為什麼要改變？

熱情有餘，方法不足

在遇見山中大叔前，初出茅廬的我滿懷教育熱忱，希望能夠帶給孩子們豐富、充實的知識。但礙於經驗不足，我依樣畫葫蘆仿照過去在求學歷程中的經驗，講求多背誦與多考試。但是三個國文班一路上下來，我開始感受到教學的僵化與無趣。孩子昏昏欲睡，我也講述得欲振乏力。久而久之，當我意識到自己產生了「唉，又要上課了」的心態時，我知道自己不能不改變了。

過去的我，自認為邁步於正確的教學道路上，卻忽略了時代正在更迭、教育已經變革，而莘莘學子們早已不是過去的樣貌；過去的我，總認為教學中的困境，主要來自於孩子及其家庭本身，但如此思維卻容易落入無所作為而徒留抱怨的框架中。抱怨的循環一旦久了，同溫層若逐漸加厚了，就會更加堅信自己沒有錯，都是學生或家長的錯，如此一來，教育能夠改變的力量就更少了。

於是乎，在教學的困境上，「我還能做些什麼？」是我這一兩年不斷思考的問題。我的想法從：「我不能做些什麼→我還能做些什麼？→我可以做這些……」一步步有了改變。我發現，當老師把對孩子的期待先放回自己身上，去思

▲偕同夥伴到爽文國中觀課，彼此教學相長。

考身為老師的自己還能做些什麼時，孩子的「改變」才有發生的可能。

因此，我多方學習不同的教學理論、教學策略，把握每次在研習場域中學習的機會，只期望自己有朝一日能成為受歡迎且具教學成效的教師——這是我心中理想教師的樣貌。可是長時間下來，我總有見樹不見林之感，我學了這麼多教學方法，卻往往只是曇花一現，無法深刻實踐在課堂上，最後徒留耍花招之感。這樣的我，不禁捫心自問：「我真的走在正確的教學道路上嗎？」帶著這樣的疑惑，直到遇見大叔，遇見MAPS教學法，我才如同迷航的船隻遇見了守護的燈塔，找到了適合自己的方向。

初見驚豔，再見依然

「大開眼界」是我遇見大叔的第一印象。記得首次到大叔的課堂觀課，我對於他處之泰然、運籌帷幄、談笑自如感到驚豔無比，相對地，卻也讓我感到心驚膽戰——到底是具備著什麼樣專業與特質的老師，可以經營出如此成功且自信的一堂課？但是僅止一次的觀課，不足以讓具有質疑想法的我，產生改變的信心與動力。於是乎，我又找了其他科內、科外的夥伴一起觀課數次。我發現大叔在教學上的態度始終內外如一，也讓我開始相信這些公開授課，都不是一場場為了秀而秀的演出，而是樸實無華的日常課堂樣貌。這些風景，一點也不枯燥。至今，我依舊會找校內夥伴以及長官們一起觀課。

大叔有次突然問道：「這次觀課，你覺得有什麼差異？」我當下反應不及，尚無法深思，單就提問深度跟運課熟練度簡單予以回應，但在開車回程的路上，我不斷回想還有哪裡不一樣，發現我遺漏最重要的一點，就是他「態度始終一致，用心依舊如初」，正如夢N的主題曲〈莫忘初衷〉。從我第一次觀課迄今，已經六、七年了，將近兩千五百多個日子，大叔真的是說他做的，做他說的，也唱他所做的。

正因如此，我衷心信服並願意實踐MAPS教學法。如果說MAPS教學法教會我理論與技巧，那麼政忠老師、二水國中賴靜慧老師則是讓我看到為人師表的理想典範，在成為好老師的路上，我受到兩位老師不少的薰陶。從爽文觀課→參與夢N研習→參加第二屆MAPS，我為了學習三層次提問出征，改變教學的故事才正要開始。

◆ HOW? 老師，你要如何改變？

夥伴共學，意外收穫

「你不需要很厲害才開始，你要開始才會很厲害。」因為大叔這句話，我報名了第二屆MAPS種子教師工作坊。我發現厲害的師長們，會高度密集出現在MAPS種子教師工作坊中，值得我去尋訪挖寶。

在第二屆MAPS種子教師的分享中，我聽見來自臺中沙鹿國中黃浩勳老師的備課分享，也讓我打破了依賴備課用書的思維，他展現出身為國文老師應該具備的專業素養與教學態度，讓我省思自己做的還是太少。我也看見來自臺中豐東國中的許童欣老師，她對學生的關愛與用心，以及在國文專業上的耕耘，很值得我向她學習。

起初，我參加種子教師工作坊，是為了MAPS教學法而來，但是在此遇見諸多優秀師長們，是我意外的驚喜，亦增添了我更多教學的能量。更重要的是，在三天的種子培訓中，我們齊聚一堂，為的是在教學上能勇於突破自我，也期許自己能給孩子們更多帶得走的能力。彼此的初遇，正如一場欲將教學活化的「暖身」活動，三天相處的日子，則奠基了教學理論與攜手努力的「基礎」，也在培訓結束後的日子裡繼續勇於「挑戰」自我，一起「合作」，彼此「教學」相長。

適時修正，持續進步

沒有一次到位的教學，只有願意不斷修正的教師。在教學的過程中，我發現教師也需要打破追求完美的框架。「不會就學，不懂就問，錯了就改。」所以在設計MAPS提問單時，我也盡量時刻提醒自己，不要過度追求完美，才不會因為挫敗而裹足不前。當你覺得迷惘困頓時，一個人埋頭苦幹，絕對比不上一群人共同前進來得快。因此，夥伴的互助合作便十分重要，彼此共備可以激盪出不同的火花。

在我操作的課堂上，第一個班級卡關的地方，會成為我在第二個班級教學上格外注意之處，如果來得及，就趕快利用下課時間修正。過去的我，很害怕辛苦設計的學習單孩子們看不懂、不會寫，現在的我，卻會坦然接受孩子卡關之處，並請孩子給予我建議，讓我知曉未來可以修正的方向。以下就暖身題、基礎題、挑戰題的操作經驗，一一分享之：

▲暖身題

暖身題的概念，是從新舊經驗連結與猜測想像去設計題目。我一開始的設計，生澀且不成熟，但只要持續練習下去，設計題目的思維脈絡會愈發清晰。以〈視力與偏見〉一課為例，在分析此文本的過程中，我發現課文題目雖提及「偏見」，但是文中白人老先生的行為卻不僅只停留於偏見，而是進一步有了歧視的行為。因此我連結孩子在公民課上曾經學過的舊經驗──「刻板印象、偏見、歧視」此三者，先讓孩子複習這些概念，同時釐清「刻板印象、偏見」其實有正面、負面意義之分，再請孩子從生活中回憶有沒有上述這些行為是他曾經歷過或看過的，並進一步思考面對這些刻板印象、偏見、歧視，他又可以從哪些部分去改變。此外，我還希望藉此帶領孩子連結到後面的基礎題與挑戰題。

▲學生課堂討論的樣貌，是我教學的動力。

不過一開始，我在設計暖身題的提問時，也會流於空泛。例如：在〈吃冰的滋味〉一課，我問孩子：「喜歡吃冰嗎？有沒有什麼冰品是令你愛不釋手的？請你將它畫下來。」後來我檢討反省，總覺得提問的層次不足，因此如何可讓提問設計更有深度與層次，是往後我在設計學習單時，一定會去思量的問題。萬一真的腸枯思竭，則會去參閱他人或是政忠老師分享的提問單。

▲基礎題

在嘗試 MAPS 前的教學，我大多仰賴備課用書備課，縱使覺得部分文本教起來不甚順暢，但囿於備課用書的「標準答案」，常常也就這麼稀哩呼嚕教過去了。但這些疑問又會默默積累於心中，形成更大的疑惑——「如果我在教學上都無法說服自己了，又怎麼可能說服得了孩子？」但自從學習 MAPS 教學法後，我發現它能夠協助我做好扎實的文本分析，因為基礎題中所有的問題，幾乎都是扣著文本核心提問。

基礎題的核心概念，本就是以認識架構、統整主題、檢索訊息為主。然而，作者在創作文本的過程，大多是有意識進行鋪陳，因此教師若能多次閱讀文本後，按圖索驥，根據作者埋下的線索找出文意間的關聯處，像偵探般抽絲剝繭，備課將會變得很有趣。而這些在備課中發現的問題，也可以成為課堂上和學生共同討論的話題，激盪出不一樣的火花。在備課的過程中，我會運用MAPS的心智圖概念入門，先掌握住文章的重點，並試著將複雜的文本化為簡單的大結構，也同步記錄自己在備課的過程中所遇到的難點、疑點、亮點。

透過MAPS教學法，可以讓我更有意識備課、更有意識運課。因此，心智圖設計出的第一層，便成為我基礎題的第一題。我同樣以〈視力與偏見〉為例，將文體結構區分為四大段落：背景、發展、轉折、結尾。接著將自然段逐一濃縮、切割為意義段，並針對背景段，請各組孩子將文意濃縮為一句話，爬梳與統整主旨。第三部分，則進行訊息檢索，請孩子從段落中找出白人老先生歧視黑人的觀點與行為。

在設計基礎題的過程中，我發現只有方向正確了，教學才不會徒勞無功甚至事倍功半。我不敢說自己每次的提問設計都十分精準，但是在過程中，我感受到自己能力的增長，開始意識到課堂的教學重點為何、文本的重點為何、如何協助孩子搭鷹架學習。當教師在一堂課中，無法清楚知道該堂課的重點是什麼，這樣的教學往往不是給予學生過多的知識，就是給予過於發散的知識。

過去的我總是在每一堂課中盡量塞給學生知識，深怕他們學得不夠多，學得不夠廣，卻忽略了全部都教，反而就沒有重點。而今我逐漸領悟到，唯有化繁為簡，並清楚知道自

▲跨小組合作，給予他組建議，彼此共好。

己未來三年課程地圖的教學要如何設計、引導，教學才能有層次、脈絡、系統、步驟。一如MAPS從暖身→基礎→挑戰，它是有層次、脈絡的進階學習，才能協助學生將學習的馬步扎穩，若是（老師）只練拳卻不練功，（教學）到老將是一場空。

而在進入基礎題時，我會為小國一們搭鷹架，直接給予大結構，請孩子填入對應的段落。爾後當他們開始積累學習到不同的文體結構時，就讓他們自己試著區分段落。不過值得注意的是，有時候我們認為孩子在學習或閱讀上會卡關的地方，其實並不一定會如此，反而是我們認為很簡單的地方，孩子卻卡關了。身為優勢的閱讀者，過去我總是很難理解何以有些孩子讀不懂簡單的白話文本，直到後來我在某次共備營上，學到了透過閱讀策略去協助孩子理解文本的方法。所以在備課時，我會爬梳文本，將之區分，觀察文意之間的主要句子與補充句子。從國一開始，帶領孩子練習區分主要句、補充句，更重要的是，讓孩子在口說發表過程中說出為什麼，然後全班進行探討。最後，在基礎題完成之後，也讓孩子自行繪製心智圖，並鼓勵他們嘗試不同的結構切分方法。

總結上述，我發現透過MAPS教學法，能夠讓我抓住大方向，從課文的段落結構中去掌握重點與主旨，而在其他研習場合所學到不同的閱讀理解策略，則從細部協助我帶領

▲運用閱讀策略找出主旨，全班共同修正。

孩子有步驟區分出段落中的重要資訊、次要資訊。可以說，MAPS 教學法是兼容並蓄的教學法，我以此為主軸，輔以其他教學策略，兩者相輔相成，在不同的文本上遍地開花。

▲挑戰題

挑戰題的設計概念是讀寫合一、觀點探究以及跨域延展。我覺得挑戰題是拉高提問、教學、跨域此三層次的一大挑戰，也是我頗感吃力卻又覺得迷人之處，因為它可以提升學生的學習視野及格局，也可以讓教師本身不斷挑戰自我。因此我常會去觀看政忠老師分享在社團裡的學習單，參考並觀察政忠老師設計題目的思路為何，最後再試著長出屬於自己的版本。

當然，一開始長出來的挑戰題總是歪七扭八，有羞於見人之感。一樣以〈視力與偏見〉為例，我請孩子去探究：「何以黑人老先生不在一開始時，便馬上告訴白人老先生自己黑人的身分呢？」並接著連接第二題：「若你是輔導員，面對白人老先生的困擾，你會怎麼回應呢？」在設計這兩題的思維背後，我希望孩子學習到同理心、包容，以及處事的智慧。

第三題，我則是讓他們觀看了約莫八分鐘林書豪談論種族歧視的影片，從名人事蹟中，藉由不同的文化背景，讓他們感受地球另一端種族歧視的實際狀況，並請他們寫下心得感受。在這一課的挑戰題上，我自省提問設計並沒有切中要

▲口說發表可以運用不同形式，嘗試即進步。

點，未來該如何改善呢？

我初步設定自己要增加閱讀的廣度及深度，多方觸及不同的學科及知識，但是也時刻提醒自己，一如政忠老師所說：「不管如何跨域，還是要回歸國文專業的本質，而非被其他領域喧賓奪主。」另外，綜觀過去所設計的挑戰題，我發現自己在設計讀寫合一的部分著墨較多，亦可反思在設計題目上有無「偏食」的問題。若是偏食了，是否還是可以結合寫作，扣緊會考作文的寫作核心？這也是未來我可以努力著墨的方向。

回歸自身，融合開創

至於在分組的操作上，我沒有固定的分法，通常會視該堂課孩子的上課狀態、班級氛圍隨機調整。有時前後、左右兩兩一組，或是四到六人一組。若秩序好，就讓孩子自己找夥伴；若狀況不佳，就由老師進行調配。小組怎麼分都可以，唯前提是必須先約法三章——老師具有最終調整的權力。在分組的過程中，也一定會遇到孩子消極被動、不願意討論，此時我便會再加入較多小組競賽活動，例如：設定簡單的問題，但縮短討論秒數以製造緊張感，或是加入大十字、抽彩棍的遊戲，將問題或討論融入遊戲中，轉換上課的氛圍。簡言之，我將 MAPS 教學法中的小組分法及成員加分機制視班級狀況調整，進一步檢擇出適合自己班級的方式。

我認為「教無定法」，重要的是教師自己有沒有掌握住教學的大方向，而 MAPS 的三層次提問，可以協助老師在備課、教學的過程中聚焦，引導孩子反思，尤其修正了我過去無意識的填鴨教學，使我轉化為能夠知道自己要去哪裡，並帶領著孩子們前往的老師。至於在分組的成效上，我發現分組合作教學若想要成功，需要具備的基礎條件是有效的班級經營與良善的教師引導技巧。

在班級經營上，首重同儕合作氛圍的融洽，若身為導師，則有先天優勢，可以從新生班級便開始觀察與著手，甚至結合輔導相關的技巧，讓分組合作更進一步昇華，使孩子帶著終身合作的精神成長。而教師的引導，則須注重在回應上如何激發孩子提問、學習的動機，尤其是在孩子回答錯誤、焦點發散時，如何不刺傷卻又能給予他勇於回答的肯定。我認為這真的需要不斷注意與練習，而我也還在這條道路上持續修正、努力。

◆ WHAT? 老師，改變後你的收穫是什麼？

以終為始，一起成長

在教學的道路上，一路跌跌撞撞，我曾經做過很多看似徒勞無功的努力，也曾因沮喪、挫敗而暗自垂淚。然而這些努力何時能開花結果？我其實沒有肯定的答案。但我始終相

▲孩子願意用心書寫學習單，就是最好的回饋。

信，唯有教師願意從自己的課堂上開始改變，孩子才有改變的可能，課堂的風景也才會有不同的面貌。有人說：「學習，本就是做自己不習慣、不適應的事。」我認為改變也是。很少改變是舒服、愉悅的，但是只要願意開始改變，並堅持下去，這些不適、不順，甚至是挫折，最終會化為甜美的果實，成為教師在課堂上賣力教學的動力。

我很喜歡把孩子教懂、教會的感覺，並且樂在其中，更重要的是，師生間在互動過程中一起攜手努力，產生了信賴、包容、接納，這些都是我身為師者的養分，我以此為樂，並以此為榮。只要在教學的過程中，對孩子抱持著善意的回應，我相信老師所得到的回饋，絕不會是惡意的。面對每個孩子，我相信他們各有屬於自己表現的立基點。因此在課堂上，我會針對不同的孩子、不同的問題給予不同的獎勵。

當教師放下每個孩子都要達到相同水準的想法，蹲下來和孩子在相同的高度去欣賞他每次一點點的進步時，課堂的氛圍將會開始改變，孩子也會相信老師是真心願意等待他的成長，師生間的默契將會逐漸增溫。所有的教學，都是帶領著孩子成就他，並給予他能帶得走的能力。我期盼並且相信著，教學定能相長，彼此攜手成長——孩子，就是我們最棒的老師。

【國中領域】

3

黃浩勳／帶著 MAPS 勇敢去旅行

臺中市立沙鹿國民中學

山中大叔導讀

浩勳老師，網路人稱浩浩神人，是多年以來走進我的教室觀我的課而寫下最長紀錄回饋省思文的老師。

而且，是在十年前。

那時的我的課堂，我的 MAPS，自然不可與今日此時並論，但這篇浩勳老師的 MAPS 課堂實踐歷程又見證第二個十年磨一劍。

只不過不僅是我的今日把示君，更是浩浩神人的。

誰都沒有義務把自己未曾試的霜刃無償展現，但我們都可以選擇成為彼此協助彼此解決課堂裡不平之事的夥伴。

壹、前言

「某某某，你怎麼了？上課為什麼趴著？」老師焦躁地問。「因為你上課很無聊啊。」學生坦誠地回答。

你是否遭遇過這樣的場景呢？我碰過，就在我教書第三年，上孟子〈生於憂患，死於安樂〉的時候。當時口沫橫飛正講到「管夷吾舉於士」，說著管仲與齊桓公的恩怨情仇，附帶說明管鮑之交的動人友情，自以為精彩，冷不防受到上述打擊，令人好生失落。但我旋即化悲憤為力量，決定在下一課〈定伯賣鬼〉扳回顏面。

我將〈定伯賣鬼〉的故事情節切割為幾個分鏡，分組讓學生文轉圖，畫出分鏡的故事情節並上臺報告。圖，畫得很有趣；課，上得很快樂；學生，笑得很開心，但重點是：下一堂課呢？總不能每一課都畫畫吧？卻又變不出新把戲，只好繼續認真備課，然後口沫橫飛講著內容豐富又扣合考試的課程，但心中卻戰慄著下一個趴下的學生也抬起頭說：「老師你上課很無聊。」

缺乏系統又能符應國文教學本質與大考趨勢的課程設計與教學方法，是我那些年的痛，因此陸續翻閱書籍、參與研習，直到五年前開始我接連前往爽文國中觀了三次政忠主任的課，發現這就是我理想中國文課該有的樣子，接著這兩年

▲第一次嘗試的教學改變：學生繪製〈定伯賣鬼〉情節分鏡圖。

參加了二次 MAPS 種子教師的研習，才初窺 MAPS 教學法的堂奧。

本文記錄個人履行 MAPS 教學法的過程與感受，其中將簡介我所理解的 MAPS 教學法的核心精神與原理，接著分別介紹 MAPS 教學法運用在〈定伯賣鬼〉與〈生於憂患，死於安樂〉的實踐過程，最後分享學生的迴響與個人感受。

◆ 貳、我所理解的 MAPS 教學法之三層次提問設計與文本分析

MAPS 教學法內涵豐富，處處精華，且因每位教師教學的風格、所處的場域、面對的學生、學校的文化等各有不同，MAPS 教學法的流程及元素可因時因地因人而制宜，但其核心精神在於文本分析及三層次提問設計，萬變不離其宗，無論怎麼變化調整都由此出發。本段就聚焦介紹我對此的理解，並輔以圖片參照說明。

一、文本分析

教學進行前，教師應進行文本分析。主要分析文本在形式上的「架構」以及內容上的「主題」與「訊息」。「架構」可以從文本類型的寫作架構進行分析，例如：抒情文本、記敘文本、議論文本、說明文本等；亦可透過文本自然段結合成意義段，再結合成更大的意義段後形成架構。接著透過擷取重要的「訊息」，再藉由訊息之間的關聯性，統整為「主題」。最後觀察作者在文本形式上還運用了哪些重要或具特色的寫作手法。

二、基礎題

完成上述的文本分析，理解作者透過文本所呈現的觀點後，接著進行「基礎題」的設計，其設計焦點在於讓學生透過一題串連一題的基礎題，如同上述從「作者觀點」認識「寫作架構」，並在擷取重要「訊息」後，透過訊息的關聯性統整為不同的「主題」。在此學習到的相關知識或能力，則成為接下來完成挑戰題的重要鷹架。

三、暖身題

若只針對基礎題進行教學，其實也完成了傳統的授課內容，然而這樣的內容忽略了文本與學生之間的連結，因此需要設計「暖身題」。暖身題的設計焦點主要是透過對文本進行「猜測想像」，連結學生的「新舊經驗」，在文本的「內容」上連結學生的「生活」舊經驗，在「形式」上則連結學生的「知識」舊經驗。透過暖身題的教學，一方面預告學生

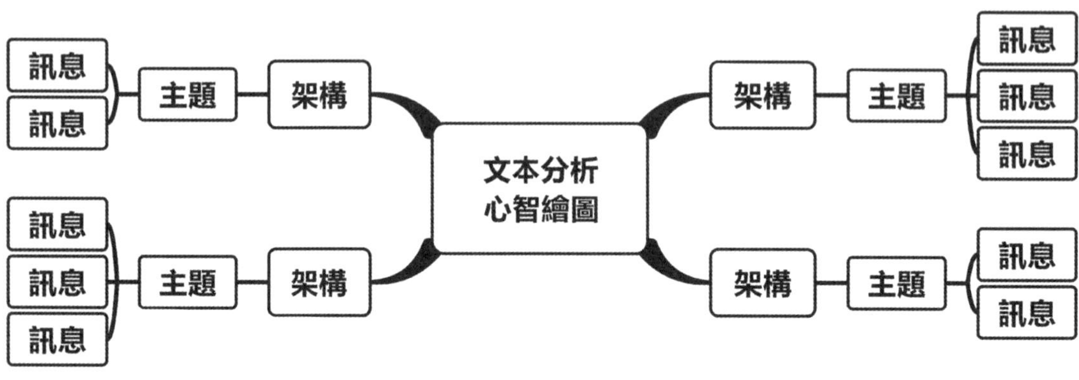

▲文本分析示意圖。

這一課的學習重點，以及在作答過程中了解自己可以進步的地方，形成知識上的縫隙，進而引發學習動機，另一方面教師也收集到學生起點行為的資料，可作為後續調整提問設計的參考。

四、挑戰題

學生在暖身題之後，了解接下來的學習重點，也透過基礎題理解作者在文本中的內容觀點以及形式架構。接著在「挑戰題」中，便能進一步開展對於內容的「多元觀點」，包含了學生自己的觀點或是感受，以及連結其他文本對於類似內容的其他觀點，以期建立屬於學生自己本身的想法。關於形式上的寫作架構，則透過「讀寫合一」的方法，讓學生利用習得的架構，書寫相關的內容。透過挑戰題的教學，學生能表現出自己的感受與想法，並且學會新的寫作架構。若是透過文本學習到的內容與形式的相關知識或能力，可應用在其他學習領域，則可嘗試進行跨域延展的問題設計，以期更符合真實的生活情境。

要補充說明的是，挑戰題與暖身題亦有連動關係，挑戰題可視為暖身題的深化，可以讓學生看見自己經過基礎題的學習後成長的樣貌；暖身題亦可參照挑戰題進行設計，展現以終為始的特色。

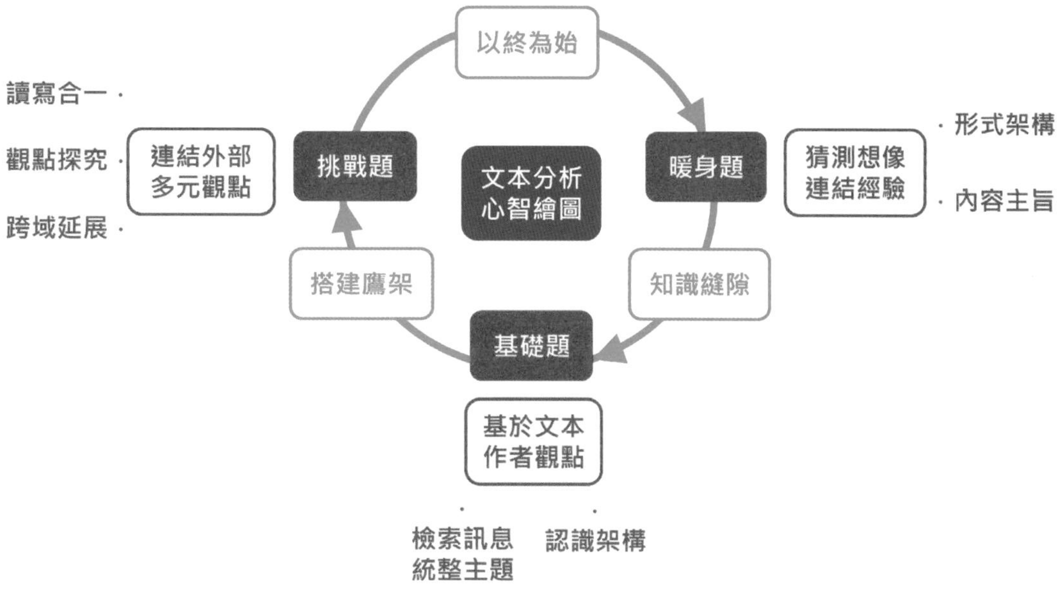

以終為始
暖身題
猜測想像
連結經驗
．形式架構
．內容主旨
知識縫隙
基礎題
基於文本
作者觀點
檢索訊息
統整主題
認識架構
搭建鷹架
挑戰題
連結外部
多元觀點
讀寫合一．
觀點探究．
跨域延展．
文本分析
心智繪圖

▲ MAPS 三層次提問設計示意圖。

以上介紹我所理解的MAPS三層次提問設計與文本分析。古代作戰的鐵則是「三軍未發，糧草先行」，軍隊才無後顧之憂，有體力馳騁戰場，而MAPS的教學鐵律或許是「提問未發，分析先行」，文本分析是教師備課的第一步，更是提問設計的先決條件，有深刻又具脈絡的文本分析，才能設計出完整又具連結性的三層次提問，顯現MAPS提問設計的重要特色——有意識的提問設計，知道問什麼（What）、怎麼問（How）又及為何而問（Why）。由此可知，教師進行文本分析的用心程度決定了教學的深度與廣度。

◆參、MAPS三層次提問實例一：〈定伯賣鬼〉

一、文本分析

在形式上，〈定伯賣鬼〉屬於記敘文本，重點在記錄事件發生的前因後果及過程，而事件過程的精華在於定伯屢次遭遇危機卻總能化解，並透過互動或對話刺探鬼的弱點，進而化為轉機，成為最後結局成功賣鬼的關鍵因素。因此本文採用「前言」、「危機」、「轉機」、「結局」、「結語」作為主要「架構」，再透過「主題」的統整以及「訊息」的擷取，進一步整理內容，讓學生更熟悉記敘文本的寫作架構。

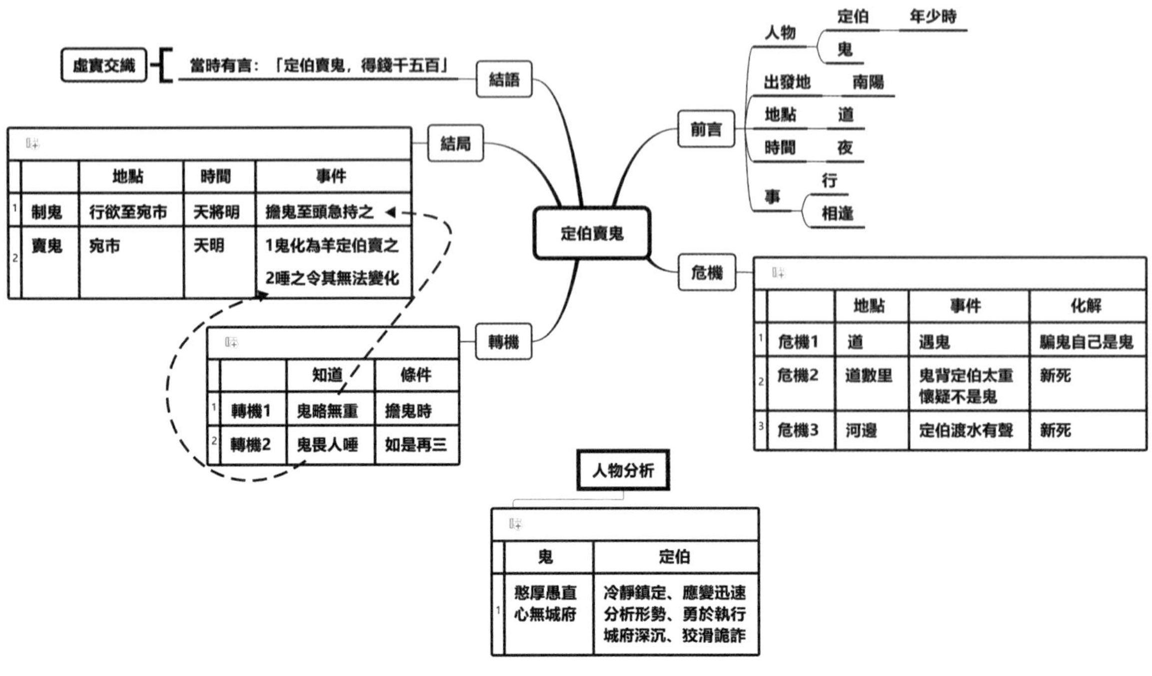

▲〈定伯賣鬼〉的文本分析。

在內容上，主要讓學生理解定伯如何化解危機，並進一步製造轉機，最後成功賣鬼的過程。接著帶領學生進一步思考，面對危機的處理方式與應該保持的態度，再給予學生實際處理危機的練習機會。另外，本文屬於志怪小說，充滿奇幻色彩與趣味性，須帶領學生留意此特色，且類似主題在會考多次出現，亦可讓學生進行類文的補充閱讀。

二、暖身題

首先，從會考曾考過的志怪小說〈李寄斬蛇〉切入，學生閱讀文章前半段大蛇為害地方的部分，並與學生核對文言的內容。其次，給予鋪陳後續情節的鷹架，讓學生預測面對大蛇的危機，以及後續可能的發展內容。接著，讓學生各自說明預測內容。再來，給予文章的後半段，和學生核對文言的故事過程與結局，並對照學生的預測結果。最後，討論李寄面對危機卻能成功斬蛇的方法與原因。

在暖身題裡，學生依據情節鋪陳鷹架，猜測想像志怪小說〈李寄斬蛇〉的後續情節。透過閱讀另一篇志怪小說，體會此種文學類型的特色，過程中連結學生過往對故事發展脈絡的知識經驗，以及處理危機的生活經驗，最後帶出〈定伯賣鬼〉的學習主題。

東越閩中，有庸嶺，高數十里，其西北隰地有大蛇，長七八丈，大十餘圍，土俗常懼。**東治**都尉及屬城長吏，多有死者。祭以牛羊，故不得福，或與人夢，或下諭巫祝，欲得啖童女年十二三者。都尉、令、長並共患之，然氣厲不息，乃請求人家婢子，或有罪家女養之，至八月朝，祭送蛇穴口，蛇出吞嚙之。累年如此，已用九女。

後續情節

人　事　時

地　物

▲〈定伯賣鬼〉暖身題：續寫〈李寄斬蛇〉。

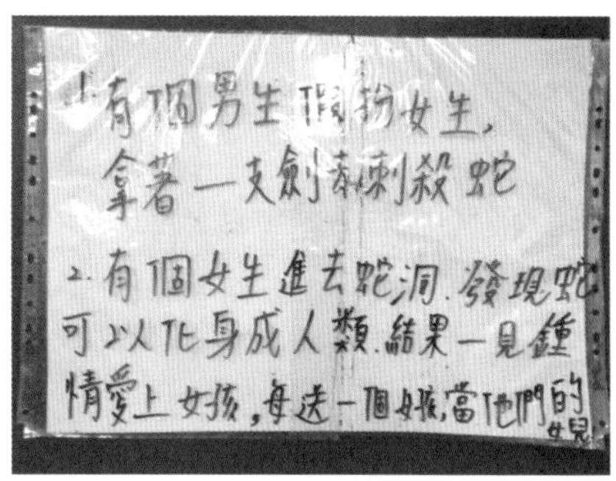

▲〈李寄斬蛇〉續寫成果。

三、基礎題

首先，呼應暖身題，透過「人」、「事」、「時」、「地」、「物」分析首段的「前言」，呈現故事的前因。其次，定伯與鬼相遇，發生許多會讓鬼發現自己是人的「危機」，讓學生找出危機後，再透過「地點」、「事件」、「化解方式」進行整理分析。接著，是「轉機」的部分，讓學生思索定伯最後能成功賣鬼，是因為定伯在什麼「條件」下，「知道」了鬼的哪些特質。再來，是「結局」的部分，可以分為哪兩大部分，如何下「標題」，各自在什麼「地點」、「時間」發生了什麼「事件」，與前面「轉機」的部分又有什麼關聯，文末作者如何呈現「結語」。最後，依據人物於文中表現的言行，分析人物的形象與特質。

在基礎題裡，學生進入學術情境，讓學生採用不同的閱讀策略，分析本文的「架構」、「主題」、「訊息」，理解〈定伯賣鬼〉的前因後果及過程，並分析人物呈現的形象，也藉此深化對記敘文本的認識。

代國公郭元振，開元中下第(落榜)，自晉之(前往)汾，夜行，陰晦失道。久而絕遠有燈火之光，以為人居也，逕往投之。八九里有宅，門宇甚峻。既入門，廊下及堂下燈燭熒煌(閃耀耀煌)，牢饌(祭品)羅列，若嫁女之家，而悄無人。公繫馬西廊前，歷階而升，徘徊堂上，不知其何處也。俄聞堂中東閣有女子哭聲，嗚咽不已。公問曰：「堂上泣者，人耶鬼耶？何陳設如此，無人而獨泣？」曰：「妾此鄉之祠有烏將軍者，能禍福人，每歲求偶於鄉人，鄉人必擇處女之美者而嫁焉。妾雖陋拙，父利(以……有利)鄉人之五百緡(成串的錢)，潛(偷偷)以應選。今夕，鄉人之女並為遊宴者，到是，醉(灌醉)妾此室，共鎖而去，以適(嫁)於將軍者也。今父母棄之，就死而已，惴惴哀懼。君誠人耶，能相救免，畢身為掃除之婦，以奉指使。」公大憤曰：「其來當何時？」曰：「二更。」公曰：「吾忝(自謙詞)為大丈夫也，必力救之。如不得，當殺身以徇(為達目的而犧牲生命)汝，終不使汝枉死於淫鬼之手也。」女泣少止，於是坐於西階上，移其馬於堂北，令一僕侍立於前，若為儐(接待賓客的人)而待之。

▲〈定伯賣鬼〉挑戰題：續寫〈郭元振除妖〉。

▲分析定伯遭遇的危機及化解方式。

四、挑戰題

首先，讓學生思考從〈定伯賣鬼〉裡，學習到面對危機時該保有什麼態度，以及有哪些處理危機的方式。其次，呼應暖身題，閱讀〈郭元振除妖〉的前半段，與學生核對文言的內容，確認學生理解妖怪為害村落的危機。接著，讓學生應用先前學習到的危機處理方式，思考如果自己是郭元振，如何除去妖怪，保護女主角及拯救村落，並透過學習到的記敘文本寫作架構加以鋪陳呈現。再來，學生分別發表思考結果以及背後的原因。最後，提供文章的後半段，核對文言的內容後，與學生的成果兩相對照。

在挑戰題裡，關於內容的部分，帶領學生討論危機處理的方式與態度後，提供同樣是志怪小說也是描寫危機處理的另外一篇文本，透過文章續寫及後續揭曉的方式，呈現學生的讀者觀點以及原作者的多元觀點，深化學生對於危機處理的理解，以及對志怪小說奇幻趣味的印象。關於形式的部分，讓續寫練習結合所學習的記敘文本寫作架構，加深印象以鞏固學習。最後讓學生繪製本課的心智繪圖，呈現最終的學習成果。

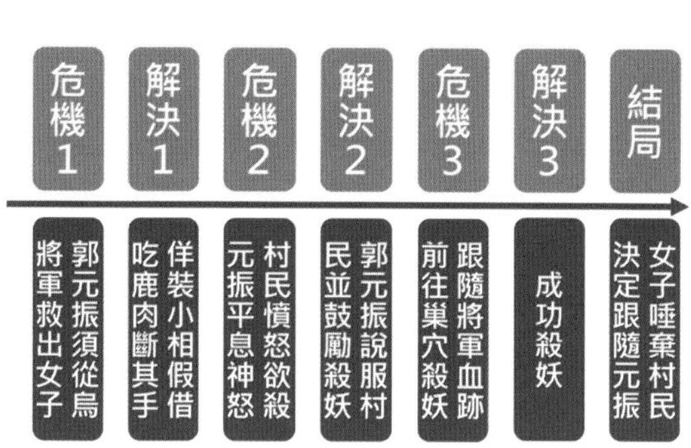

▲〈郭元振除妖〉的故事情節。

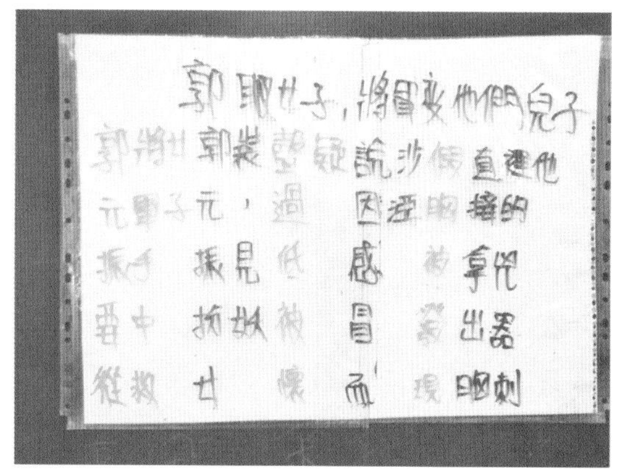

▲〈郭元振除妖〉續寫成果。

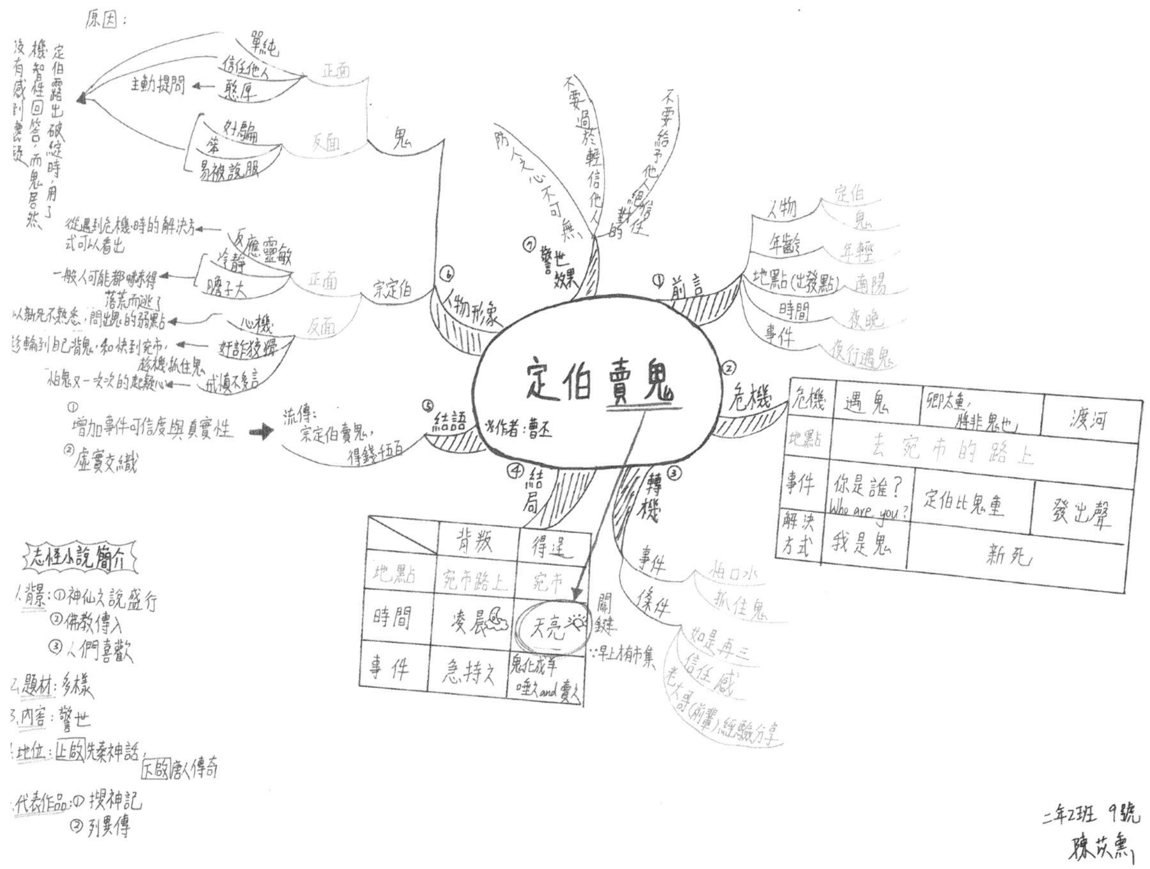

▲〈定伯賣鬼〉學生心智繪圖。

◆肆、MAPS三層次提問實例二：〈生於憂患，死於安樂〉

一、文本分析

在形式上，採用議論文本的重要元素「論據」、「論點」、「論證」進行「架構」分析，再經由統整「主題」以及擷取「訊息」，呈現「論點」與「論據」之間的關聯，試圖透過本文讓學生更熟悉議論文本的寫作方式，並以此架構練習寫作。

在內容上，主要讓學生理解關於「憂患」與「安樂」，孟子各呈現了哪些積極意義與消極意義，以及最後導致的結果，並用哪些例子作為佐證。再一步引導學生思索，自己會基於什麼理由而贊成或反對孟子的說法，最後形成苦難經驗對人生是否有好處的觀點。

二、暖身題

首先，從現代的生活情境切入，以沈雅琪老師的〈今天的剛毅，來自一路上經歷的磨鍊〉為文本，採用填空的方式，讓學生推論作者面對不同的苦難經驗，分別學會了哪些能力，以及為這些過程下了什麼結論。其次，播放「舜發於畎畝」的動畫，讓學生分析舜與沈老師的故事有哪些共同的元素。接著，回到學生自身，請他們回想自己有哪些知識、

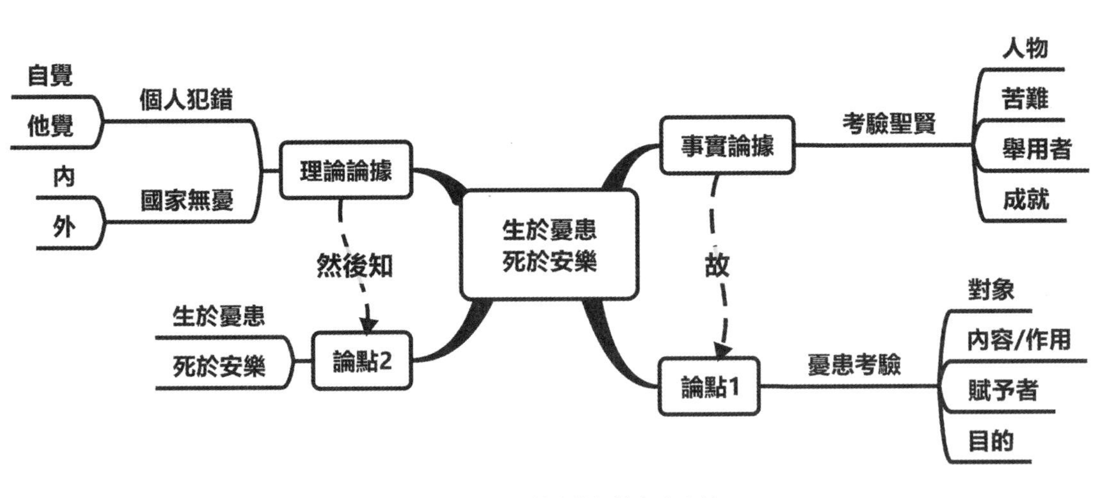

▲〈生於憂患，死於安樂〉的文本分析。

二 高中時，我在學校當工讀生，被分配到總務處幫忙打公文。當時我根本不會打字，只好趕緊找讀台北商專的姐姐，請她教我打字。剛開始(符號在哪都不知道)(很痛苦，很慢)，是慢慢上手後，連注音輸入法我都可以打得飛快。現在我打一篇文章不用幾分鐘，就是那時候訓練出來的功力。

三 我還曾經到牛排館端盤子。店裡生意太好，才一個禮拜，我雙手的手腕就肌腱發炎，連抬都抬不起來，只好放棄這個打工機會。我因此了解(每樣工作都有辛苦)，也知道不能(邊端邊講話)(當服務)，不然有可能會吃到口水牛排(服務生的辛苦)之處

四 到服飾店賣衣服時，我得面對陌生人介紹衣服，要觀察客人的喜好，要打量客人的大概尺寸，還要學會抵抗殺價，常常要看人臉色。客人總覺得花錢的是老爺，我常一不小心就遭人白眼。這個工作讓我學到(察言觀色很重要)(很多應對進退的眉角)

▲推論文章填空處的句子。

2 本課與上文沈雅琪的文章想談的道理相似，請據此猜猜「生於憂患，死於安樂」的意思。

在活著時經歷過許多痛苦的事情，將它轉換成回憶，死後覺得自己活得精采 在憂患中奮鬥則生，在安樂中墮落則亡

3 本課屬於「議論文」，過去我們學了<音樂家與職籃巨星>、<為學一首示子姪>這二篇議論文，請猜猜本課會出現哪些議論文的元素呢

正反例

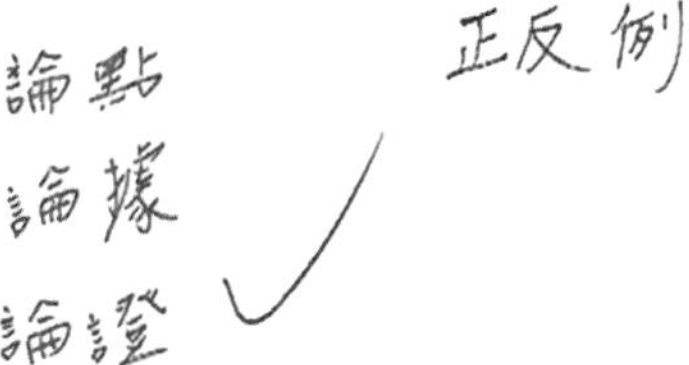

▲詮釋課文題目的意義及回憶議論文元素。

1-5 回到自己身上，你現在擁有的能力，包含會做的事或所知道的知識，有哪一樣和作者相同，是經過類似的經驗才學會的呢?請描述那個能力與經驗。

畫圖；① 要有豐富想像力 ② 要有對畫圖熱愛的心 ③ 要會如何搭配顏色

一開始不會搭配顏色，顏色隨便亂配，ex：頭髮用綠色，皮膚用紫色，結果變別人笑，最後經過老師指導，我也學會

▲回憶自身苦難經驗所帶來的成長。

二、基礎題

1 文章開頭列舉六位聖賢的故事，是屬於議論文裡面的 ☐論點 ☑論據，利用下列表格分析整理課文及注釋的內容，表格可自行增減，重點在抓到上位概念，詳細內容可在課本畫線就好，可參考暖身題 1-2

人物	地點	舉用之人	職位	背景(工作)
舜	畎畝	堯	成為天子	耕田
傅說	版築	殷高宗	成為宰相	築牆
膠鬲	魚鹽	周文王	成為賢人	賣魚商人
管夷吾	監獄	鮑叔牙	成為宰相	囚犯
孫叔敖	海邊	楚莊王	成為宰相	逃亡
百里奚	市場	秦穆公	成為大夫	奴隸

2 接著這個段落：「1 故天將降大任於是人也，2 必先苦其心志，3 勞其筋骨，4 餓其體膚，5 空乏其身，6 行拂亂其所為；7 所以動心忍性，8 曾益其所不能。」是屬於 ☑論點 ☐論據

2-1 請用畫線的方式，表示此段落與第 2 題表格的關聯。

2-2 請以「考驗」為主軸，利用下列表格整理此段，分析出上位概念，若句子太長可填號碼。

考驗(發起者)	考驗(重擔 責任)	考驗(心理 想法)	考驗(自律忍耐)	考驗(最後目的)
1.天	1.重大任人	2,5,6	7	8

3 我們看第二段的前半段：「人恆過，然後能改。困於心，衡於慮，而後作；徵於色，發於聲，而後喻。入則無法家拂士，出則無敵國外患者，國恆亡。」是屬於 ☐論點 ☑論據

若要將此段落分為兩大部分，你會怎麼區分?你區分的依據是什麼?

個人／國家

4 接著我們看第二段的後半段：「然後知生於憂患，而死於安樂也。」是屬於 ☑論點 ☐論據

同樣用畫線的方式，表示此段落與第 3 題段落內容的關聯

5 回顧前四題，你會發現本文的二大段落都是由「論據」串接到「論點」，你認為串接兩者之間的關鍵字分別是哪些字/詞?

所以(故)，然後

▲〈生於憂患，死於安樂〉基礎題。

能力，也是經過類似的經驗才學會的。再來，讓學生依據上述三種苦難的經驗，推論本課題目〈生於憂患，死於安樂〉的意義。最後，根據學過的〈音樂家與職籃巨星〉和〈為學一首示子姪〉，寫出記憶中的議論文元素。

在暖身題裡，學生猜測想像苦難可能帶來的積極意義與結果，以及這些苦難故事的呈現方式，還有課文標題的意義。另外也連結了學生關於自身苦難的生活經驗，以及關於議論文本的知識經驗。

三、基礎題

首先，關於六位聖賢的故事，讓學生判斷這是論點或論據後，自行統整出主題，找到相對應的訊息，再整理成表格。其次，論點與論據需要緊密呼應，因此在學生判斷緊接著的段落是論點後，讓他們畫線呈現論點與論據之間的關聯，再將論點整理成表格。再來，面對第二段前半部，先區分出個人層次與國家層次的界限後，採用同樣方式，判斷論據與論點後畫線表示兩者之間的關聯。最後，讓學生找出本課承接論據與論點之間的關鍵字詞。

在基礎題裡，帶領學生進入學術情境，讓學生採用不同的閱讀策略，分析本文的架構、主題、訊息，理解作者關於生於憂患、死於安樂的觀點，也深化對議論文本的認識。

▲學生上臺說明呼應關係。

四、挑戰題

首先，孟子在課文裡並未說明「曾益其所不能」的具體內容，因此讓學生結合自身經驗以及觀看相關影片，思索苦難能為我們增加哪些具體能力。教師除了對於表面較難理解的答案提出好奇外，並進一步帶領學生共思要習得這些能力的關鍵前提是什麼。從黑板上眾多的答案，我們找到共同的元素是「正向的態度」。

其次，面對課本的反例「死於安樂」的部分，亦是日常生活常見的問題，同樣請學生思考避免死於安樂的方式。教師除了綜合學生的意見外，於此可運用「反話正說」的策略，讓學生推論出作者暗示讀者的方法，也就是透過找到能勸諫自己的人以及設定假想敵來讓自己避免死於安樂。

再來，完成課本所附〈齊人有一妻一妾〉的閱讀測驗，帶領學生綜合分析孟子主要的寫作特色。最後，透過閱讀Eva和Milo的〈生命中的那些苦難，真的值得我們去感謝嗎？〉結合議論文的寫作架構，讓學生寫出對於「生於憂患，死於安樂」的想法。

在挑戰題裡，關於內容的部分，帶領學生看見在此主題下的多元觀點，其中包含學生自己和同學的讀者觀點，還有同主題裡其他文本的觀點，據此對孟子沒有說到的內容進行補充或是進一步延伸反思。關於形式的部分，學生分析寫作

7.閱讀下列文章，最後說一說你同意「生於憂患，死於安樂」嗎？請說明你的想法(論點)並提出支持你想法的證據/理由(論據)

不同意，「憂患」和「安樂」是否對自己有益處，完全取決於「自己」。當自己想要有個永遠安逸舒適的人生，那不論處於憂患或安樂，最後也就自甘墮落了，反之，若自己意志堅定，勇往直前，就算是在「安逸」的舒適圈，也能有所成長，根本就不用盲目的追求所謂的「苦難」，其實，最大的敵人永遠是「自己」。

▲學生對於生於憂患、死於安樂的看法。

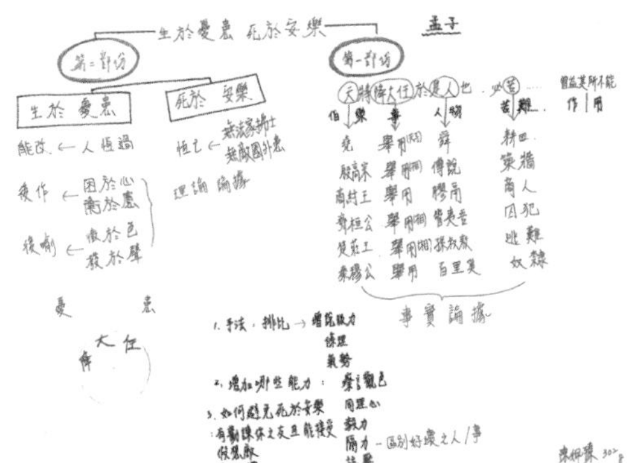

▲〈生於憂患，死於安樂〉學生心智繪圖。

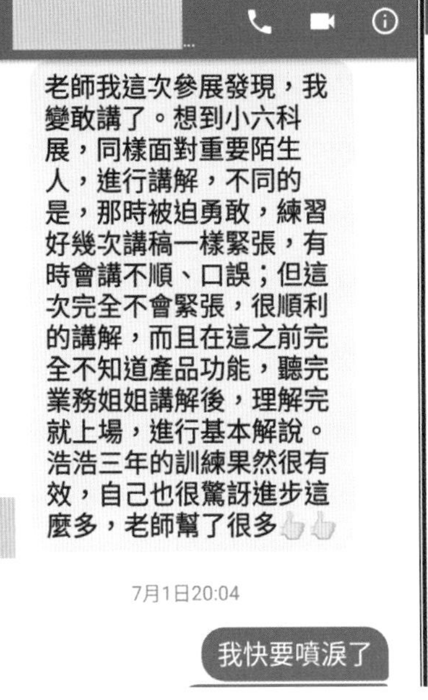

貼文

貓避登几上，鼠亦登，貓則躍下。如此往復，不啻百次。

眾咸謂貓怯，以為是無能為者。

哦？浩浩教的"大鼠"，很熟悉有些事...不服氣...想證明自己，想增加自己的實力，想變得更強。
我不怕難，我不怕過程，我不怕辛苦，我只怕我撐不了太久。
不是怕累，是怕等不到證明自己的那一天，就等不及了。
我怕我無法像那隻貓，安安靜靜，不急不徐，等時機到了，自然而然的展現出來。不管旁人如何斜眼看他，如何閒言閒語，如何主觀評價，仍靜靜蹲著，做他自己，不受干擾。

留言……

貼文

我怕我急著想證明自己，等不及，等不了，需要時間來證明的一切。
所有委屈都好委屈，要能獨自嚥下是件多麼不容易的事。但，哭就輸了。
再多吞幾口，每多吞一口就成長一點。
一切交給時間，希望我能像那隻貓，撐過對我而言以太空漫步速率走的時間，安安靜靜，不急不徐，等待那個不知還要多久的證明我的時刻。

#真心佩服那隻貓餒
#我要去貼尋貓啟示拜牠為師

讚 留言

你、Iris Chen和其他19人

留言……

▲學生的訊息。

手法以及所帶來的效果後，再結合議論文的寫作架構，讓學生表達對「生於憂患，死於安樂」的看法，以讀寫合一的方式收束本文。最後學生繪製本課的心智繪圖，呈現最終的學習成果。

◆伍、學生的迴響

接受MAPS教學法三年的學生，在畢業後的夜晚傳來訊息，說著自己從小學科展時上臺發表會發抖，講話不知所云，到現在能協助父親，在食品展時不疾不徐地對著往來群眾說明自家製麵機的功能與優勢，她把成長歸功於三年來國文課的訓練：不斷思考老師丟出來的問題，經過思考之後，有條理地發表對文本的理解與觀點。我從中看見學生在畢業後，展現了解讀文本的知識與口語發表的溝通能力。

另外一位學生，在高中生涯裡不知道在人際互動上遇到了什麼挫折，在需要自我鼓勵的時候，她想起了以前國文〈大鼠〉裡的那隻獅貓。那個時候我們思考著：獅貓在與大鼠搏鬥之際，最難熬的時刻是什麼時候呢？或許不是要克服忽然被丟進一片漆黑陰森房間裡的恐懼，也不是要忍受著躲避大鼠時跳上跳下的體力煎熬，而是當獅貓有遠見地執行策略時，房間外面的人卻搖頭嘆氣，認為終將失敗收場——若大家都不看好你所堅持的事情時，你該如何自處？這位學生遇到了類似的挫敗，於是想起國文課裡的獅貓，而獅貓給了她無懼的勇氣。我從中看見學生在畢業後，展現了勇於面對挫敗的態度。

兩位學生運用了知識、能力、態度，來適應生活或解決問題，這過程，像極了素養，而 MAPS 是符合素養導向的課程設計與教學方法，確認無誤。

◆陸、結語

本文在前言呈現了我在十三年前的挫敗，以及隨後這些年來對自我教學的修正與嘗試，最後找到與自己契合的 MAPS 教學法，力求建立一套有意識、具脈絡、能實踐的課程設計與教學方式。因此在簡介完 MAPS 的核心精神與原理後，呈現二課具體實踐的過程，其中一課正是十三年前的挫敗之處，而另外一課則是教師生涯嘗試教學改變的第一次，在十三年後寫下今昔的對照，沒有馬齒徒長的遺憾，而有自我成長的欣慰，對我個人意義非凡。而在學生畢業之後能收到學生自發的回饋，更讓自己肯定走在這條教學精進的路上或許辛苦但卻值得，然後我可以告訴十三年前那位學生：「我的課不再那麼無聊囉，謝謝你當初的坦誠以對。」

行文至此，我想以觀政忠主任的課堂紀錄其中一部分作為尾聲：

「觀課後我想起了一首詩：『十年磨一劍，霜刃未曾試。今日把示君，誰有不平事？』近來出現許多精彩的教學方法，都源自基層教師的默默耕耘，細觀這些教學方法都經過長時間的蘊釀與累積，不斷在試誤中重新嘗試，漸漸淬鍊成最適合他們教學現場的方法，也最符合教師個人風格的展演。所以當我們看見他們上課時令人驚豔的風采時，別忘記他們背後所付出的努力，以及他們血淚交織的歷程，請對這些老師們抱持高度敬意，因為他們十年所磨出來的一劍，沒有義務把示在我們眼前，甚至拿來幫助我們解決在教學上的不平之事。而當我們汲取他們的經驗，轉化到自己的教室時，發現呈現出來的結果不如預期時，請別急著批評及否定，請繼續勇敢而堅強的嘗試，因為他們磨了十年，而我們可能才磨了一個月、一星期甚至是一堂課。」

期待大家一起磨出一把稱手的教學之劍，雖然履行教學精進的承諾，這過程是辛苦的，但當看見學生帶著你傳授給他的 MAPS 勇敢去旅行的時候，你會發現這一切都值得了。

【國中領域】

4

蔡明桂／一寸燈光，照見初衷

雲林縣立斗六國民中學

山中大叔導讀

老師在教學現場的不安與徬徨，往往具體而微地以沒有章法的大量資訊拼湊而成的講義示現。

明桂老師點燃了三層次提問設計這盞燈，提高了光亮，照亮了自己前行的路，袪除了不安與徬徨，隱隱然指出了一個方向，一條應然如此的路。

學生的路也因此被指出，不同的各自的方向因此明晰，不安與徬徨示現的抗拒與冷漠被袪除了，在 MAPS 點起的那些燈火裡，找到了光亮，燃起了學習。

◆ 回首向來蕭瑟處

回想剛出道教書的那幾年，就像初領駕照、新手上路那般心情，緊張焦慮、慌亂不安。弔詭的是，站在講臺上，在三十幾個學生面前，又要表現出自信、幹練的樣子。雖有一年實習，但是協助各處室業務已分身乏術，偶爾有幾堂觀課、幾次教學演練，點狀分布在實習生涯中，對於帶班、教學的樣貌尚未能連成線、構成面，一切僅能在腦海中模擬、想像。

一面想像，一面複製著印象中好老師的形象——大量補充、反覆熟練、嚴管勤教、犧牲奉獻……。那時，下班後的日子不是留在學校剪剪貼貼，製作講義、考卷，就是前往高師大教學碩士班進修，再不然就是躲進咖啡店批改注釋小考和作文，一廂情願地相信：認真勤勉就是教學品質的保證。彼時年輕尚無家累，可以專注在周詳的備課與大量的批閱作業、考卷，甚至運用額外的時間，免費幫學生補課、加強，提升學生的成績。初入教學現場的新手教師因而擁有了小小的成就感，也憑藉這樣的信念與作為，安撫自己在教學上的亂無頭緒。

那幾年就是這樣走過來的。

隨著人生的進展，嫁為人婦，我從鳳甲國中調來斗六國中，時間圓餅圖突然被「家庭」占去一大塊。在學校與家庭之間彷彿有個按鍵，放學時間一到就得按下去切換身分，不容留連，所以我只能把握在學校的時間有效備課、有效教學。更何況隨著時代改變，我深刻感受到一成不變的課堂跟不上社會快速變遷的腳步，傳統教學法已無法符應大考更趨多元且生活化的題型。

我知道改變勢在必行。

雖知改變勢在必行，但終究未能成行。因為當時的我像初學雜耍的孩子，日夜練習拋接手上的球，雖然只有家庭、學校兩顆球，但已手忙腳亂心慌。日子就在這樣團團轉之中飛快過去了，甚至連聽聞政忠主任號召「我有一個夢」——全國教師專業成長工作坊，在中正大學隆重啟動，雖是心嚮往之，卻因孩子年幼無法抽身而扼腕不已。

所幸這場夢沒有停止，夢N的列車持續在全臺各地巡迴，遍地開花。猶記第一次參加夢N雲林場，在環球科大，來自四面八方的各科老師齊聚一堂，大家為追求更好的教學前來，為實踐夢想而努力。我親眼見識到翻轉教學已是沛然莫之能禦。

這次的夢N課堂讓我大受震撼，在層層叩問中引發學生學習動機、激盪學生思考能力，在澄清統整中展現教師專業能力，也在對話過程連結師生感情，沉浸於這樣美好氛圍中的我明白，這是我嚮往已久的課堂風景！大叔在課程末了走進教室，笑臉盈盈地與學員擊掌相勉，可惜當時我實在沒有勇氣伸出手，只敢偷偷在心裡許願，要挑戰自我、活化課堂。

◆千呼萬喚始出來　猶抱琵琶半遮面

雖然這股翻轉的浪潮已風起雲湧，而我那時才決定起步，但也慶幸已經有許許多多先行者早就走在前頭闢出路徑，而且無私分享教學講義或教學點子。我選了當時以為門檻最低，現在才知極有學問的「講義製作」開始。學思達老師在網站上無私分享的講義和鄭圓鈴教授的閱讀加油站，是我最常使用的資源，加上備課用書上提供的提問單，我拼拼湊湊，默默地開始自以為的翻轉。

後來才知道，這份東拼西湊出來的、密密麻麻的講義，其實透漏出我的不安。由於深怕自己少教了什麼、學生少學了什麼，所以「上窮碧落下黃泉」，鉅細靡遺蒐集補充資料。哪知道翻轉不只是教材教法的改變，更是教學思維的改變。不知是幸或不幸，這一屆擔任導師，只教自己班和隔壁班，由於穩固的師生情感基礎，學生多半能接收到老師的用心。在勤勉的教與學之下，這些內容龐雜的、不成熟的講義，竟然是學生畢業後津津樂道的美好學習回憶。但沾沾自喜沒多久，這個自我感覺良好的美夢，立刻被一桶冷水狠狠潑醒。

導師班畢業後，學校安排我接手了三個國三的班級，本打算複製先前的模式，夢想復刻往日的美好經驗，沒想到這份見面禮——用心編輯而密密麻麻的講義，竟然換來他們的抱怨。一開始我以為這是磨合的必經過程，時間久了他們就會習慣，沒想到，抱怨無效轉而無聲抗議，先是眼神逐漸冷漠，再來是對於課堂提問也只稀稀落落回應，接著出現幾個異議分子帶頭不寫。在平時分數的利誘威脅之下，課堂雖仍勉強維持著正常運行，但猶如動力不足的老爺車，耗油毛病多跑不快。我光有翻轉的熱情，卻沒有可行的技巧、完善的配套方法，翻轉也只是美好的想像而已。眼看師生間對彼此的期待無法對焦，遂以接近會考為臺階，用傳統講述撐過了國三下學期的那些日子。「我本將心向明月，奈何明月照溝渠」，這是我教學生涯挫折感最強烈的一年。

但也感謝這個挫敗，讓我下定決心參加政忠老師的MAPS種子教師工作坊，這個工作坊需要三天初階研習，兩天進階回流，參加一次論壇，還要回到課堂實踐，並定時上傳成果，分享實踐經驗。這些條件在別人眼中或許是一道門檻，但對當時苦無對策的我而言，這樣有系統、有組織、有實作的研習反而是福音。於是拉了同事張涵瑜相伴壯膽，我們就義無反顧報名了。

三天精實燒腦的MAPS工作坊，除了帶回滿滿的感動外，還有具體可行的做法。政忠老師用條理分明的脈絡，介紹了MAPS教學法架構，更聚焦於三層次提問設計，毫不藏私地傳授三層次提問的精髓，讓人知其然，更知其所以然，我終於明白藉由好的提問能讓學生從被動聽講轉為主動求知。他也強調：「設計問題是能力，取捨問題是素養；問出一個好問題是能力，問出下一個好問題是素養。」回想我自己過去嘗試的課文提問，毫無章法，龐雜瑣碎，深怕遺漏了文本透露的任何訊息，結果，過多補充反而無助於學生梳理文章脈絡，現在想來實在汗顏。

在工作坊中，政忠老師除了分享關於提問設計的邏輯，提點設題應留意的細節之外，也一再鼓舞在座的大家：「你不用很厲害才開始，而是開始了才會很厲害。」慨然傳遞出他手中的教育聖火，這是強調熱情也強調方法的火把，受到這分感召，我暗自承諾會延續手中的火炬，照亮孩子學習的路。於是乎，「結束是另一個開始」——工作坊的結束，便是課堂實踐的開始！

◆ 衣帶漸寬終不悔　為伊消得人憔悴

新學期開始，接手國一新生，擔任導師。在兵荒馬亂的開學之初，我一邊安頓班級，一邊循著政忠老師三層次提問設計的概念，有意識地設計題目：透過「暖身題」給學生猜測和想像，藉由「基礎題」引領學生梳理文本觀點，最終以「挑戰題」帶著孩子讀寫合一、跨域延展、觀點探究。挾著工作坊帶回來的熱情和能力，加上MAPS社群中匯聚許多前輩夥伴的分享、討論成果，所以第一課〈夏夜〉和第二課〈吃冰的滋味〉均能順利以三層次提問為架構，產出提問單。

然而成功的課堂，光是備妥提問單還不夠，還要培養師生互動的默契，訓練學生討論、發表以及繪製心智繪圖的能力，光是想像就覺得步步艱辛。幸好有一些困難，是老師自以為難，實際操作卻未必很難。例如：在分組加分的誘因下，組長多能協助組員進入狀況，而且有班級經營相輔相成，課堂很快就能步入正軌。至於討論、發表、繪圖等各項能力，對於某些學生倒也不陌生，原來國小階段已有不少老師在提問、討論等能力耕耘扎根，若再提供一些同儕作品供學生觀摩學習，他們的進步顯而易見。在起步的階段，雖然課程進度稍慢，但卻走得踏實篤定，誠如政忠老師說的：「教完不等於學會，而學會遠比教完重要。」

到了第三課是〈善用時間的方法〉，章法結構及文意內容淺顯易懂，我試著將教學重心轉移到挑戰題。先設計題目讓學生回顧自己做這些事需要花多少時間，引導學生覺察自己的時間觀念。再播放YouTube影片，用ORID的模式引導

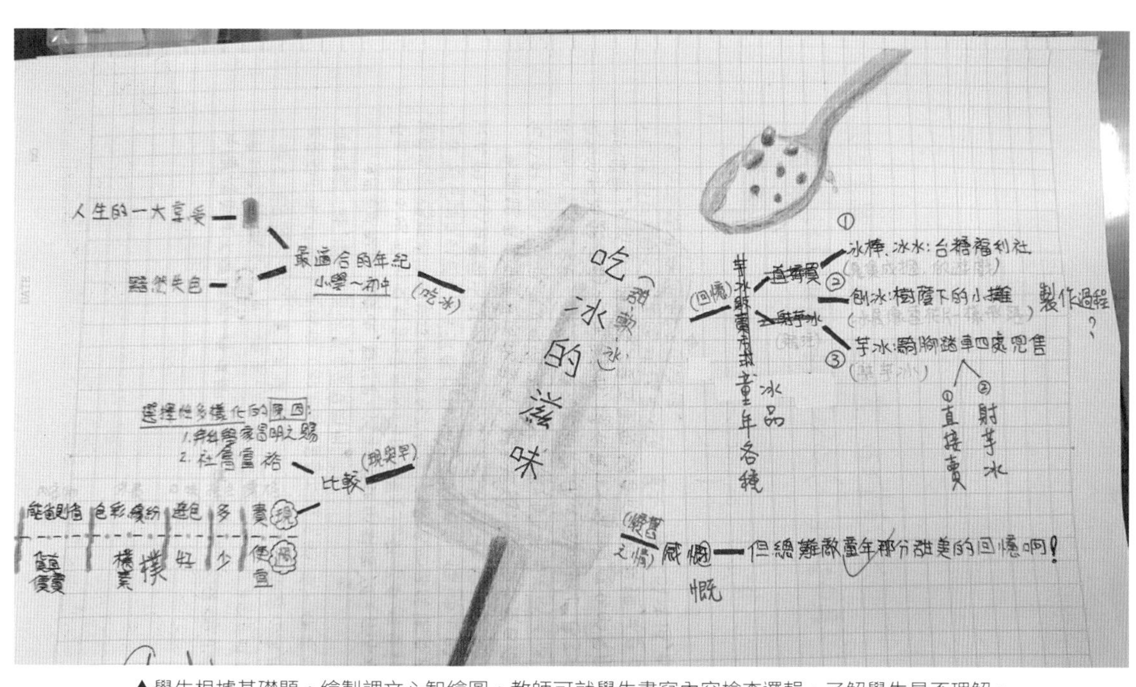

▲學生根據基礎題，繪製課文心智繪圖，教師可就學生書寫內容檢查邏輯，了解學生是否理解。

學生發現影片中欲說明的道理：「優先完成重要的事」。最後，用時間矩陣教學生區分生活中「重要且急迫」、「重要但不急迫」、「不重要但急迫」、「不重要且不急迫」等事。預期透過活動引導，使學生對於這課主旨「把時間花在我們覺得重要的事上，是運用時間的關鍵祕訣」有更具體感受。在此，課程活動設計緊扣學生的生活，剛升上國中的他們，有感於時間的壓力，卻未能妥善規劃，因此面對月考焦慮不安。利用挑戰題則可以帶著學生走出文本，走進生活，讓國文科學習不只是文字句讀，也是生活素養。

教完第三課之後，離月考只剩下不到一週的時間，但還有「語文天地——閱讀策略指導」還沒上。情急之下，我先請學生閱讀課本，畫線摘要閱讀三層次中的各種策略：「初步閱讀、全文概覽階段」，可以閱讀標題、擷取訊息、連結經驗。「深度閱讀、段落理解階段」，有摘要重點、聯想想像、自我提問等技巧。「統合閱讀，全文統整階段」，則應掌握觀點、分析比較、反思評論。概覽這些策略的重點之後，請學生拿出第一至三課的提問單，要各組從每題的提問中，找出對應的策略。例如：學生指出在〈夏夜〉這一課暖身題：「夏夜給你的感受是什麼？請至少寫出三個形容詞。」使用了「連結經驗」的技巧。又例如：在〈吃冰的滋味〉基礎題：「根據文本第三、四段，請就價格、選擇性、口味、外觀、影片中教授說：「雖然對於廣大的宇宙來說，我們不過是一個小小的過客，但我們有能力去完成任何事情，如果，我們能夠明智的使用時間。」教授所謂「明智的使用時間」是什麼意思？

分清楚事情的輕重緩急，了解事情的重要性，重要的事先做。

看完這段影片，請你寫下 100 字心得。

這段用生活中常見的物品以有趣的問答來表示如何分清楚事情的輕重緩急，首先教授拿高爾夫球比喻成最重要的事，再拿碎石來表示其它重要的事，接著用沙子表達出瑣碎的小事，最後倒啤酒，提再怎麼忙都要抽空給自己娛樂的時間，我覺得看這段影片時感觸很深，邊看邊審思自己的日常，就像爸爸常說的：「時間就像一首樂譜，散漫的過日子就像沒有優美的旋律，而踏實的過每一刻，就像樂章能引人入勝，就看你怎麼譜出屬於自己的旋律。」

good! 10/2

片來源：
tps://www.youtube.com/watch?v=FzW1GmBS3JU&list=PLPRufLWwZy5NBVhgt9GoNFmtKeUyfg86m&index=13

▲學生提及觀賞影片讓他感觸很深，邊看邊審思自己的日常。

▲學生省思放學後到就寢前把最多的時間花在哪裡，並寫在便利貼發表於黑板。透過此活動，學生發現時間花最多的項目是「補習」，而且多數人認為這是重要且急迫的事。

4. 看完這段影片，請你寫下 100 字心得。善用時間才能快樂生活

古人說：「分秒不過空，步步踏實做。」，一分一秒都不能浪費，要腳踏實地的做事，想要善用時間的話，要擬定工作計畫表，利用幾分鐘的時間，把一天的工作行程和時間，妥善的做規畫和安排，按照計畫表一步一步的進行，這樣的好處是做事情時，就不會亂了腳步，還可以學習自我管理，所以善用時間很重要不僅可以在那一分一秒好好利用，還可以用利用剩於的時間做其它的事，時間就像一列高速列車一直像前奔，一去就不回，無論用再多的金錢也買不回來，如果白白讓時間溜走，那是十分浪費阿。

Good! 10/3

▲觀看影片之後，學生明白擬定工作計畫、確實自我管理，才是善用時間的方法。

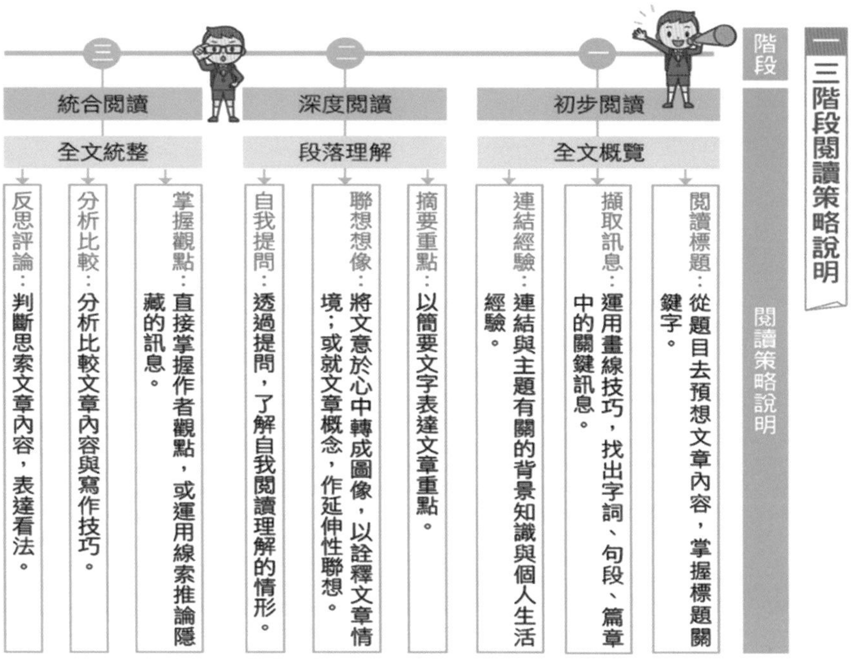

三階段閱讀策略說明

階段		閱讀策略說明
一 初步閱讀	全文概覽	閱讀標題：從題目去預想文章內容，掌握標題關鍵字。
		擷取訊息：運用畫線技巧，找出字詞、句段、篇章中的關鍵訊息。
		連結經驗：連結與主題有關的背景知識與個人生活經驗。
二 深度閱讀	段落理解	摘要重點：以簡要文字表達文章重點。
		聯想想像：將文意於心中轉成圖像，以詮釋文章情境；或就文章概念，作延伸性聯想。
		自我提問：透過提問，了解自我閱讀理解的情形。
三 統合閱讀	全文統整	掌握觀點：直接掌握作者觀點，或運用線索推論隱藏的訊息。
		分析比較：分析比較文章內容與寫作技巧。
		反思評論：判斷思索文章內容，表達看法。

▲康軒版第一冊「語文天地——閱讀策略指導」三階段閱讀策略說明。

內容物、品質等面向，比較早年冰品與現代冰品的差異。」這個題目則需要分析比較的能力。

學生從實作的過程，清楚了解到「閱讀策略」不是紙上談兵，而是真實具體發生於閱讀的過程，活用閱讀策略便能提升理解能力。記得那節課的尾聲，我是這樣理直氣壯跟學生說的：「老師把閱讀策略落實在每課教給你們了哦！」心裡想的是：「滴水穿石，有意識地把閱讀策略設計在提問中，必能精熟學生的閱讀理解能力。」

第五課〈論語選〉正巧有實習老師欲入班觀課一週，這是學生上國中後首次遇到文言文，也是我第一次「被觀課」，而且是完整一課，對於師生而言，都是新的挑戰。話雖如此，心裡的期待卻大過於緊張，我好奇實習老師對於MAPS教學法的看法，也好奇學生的表現如何。根據實習老師的觀課紀錄回饋：

「學生對於文言字句的字義猜測很有反應，能積極回答問題。」

「教師針對上臺學生給予正向回饋。」

「教師請全班比較兩組的翻譯有何差異，並針對不夠精準的翻譯再次詮釋。」

「教師針對學生的答案再進一步追問，刺激全班思考。」

……

透過這些回饋，我發現自己正逐步實現那時在夢N研習滿心羨慕的課堂樣貌——「以提問設計為經，以師生互動為緯，編織出激發思考的課堂」。雖然這只是一個小小的觀課經驗，卻是人生成就的解鎖。

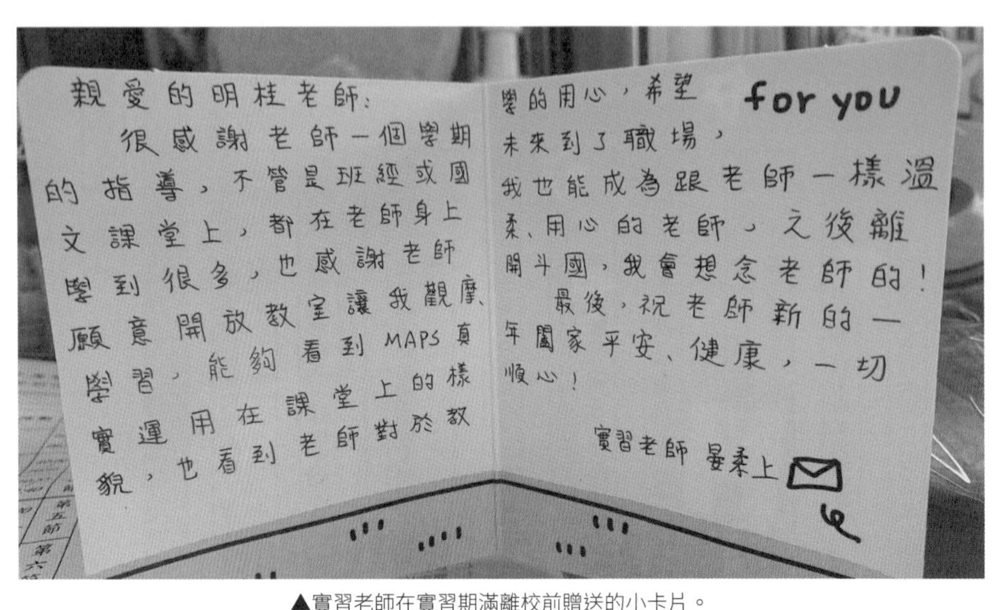

親愛的明桂老師：
很感謝老師一個學期的指導，不管是班經或國文課堂上，都在老師身上學到很多，也感謝老師願意開放教室讓我觀摩、學習，能夠看到MAPS真實運用在課堂上的樣貌，也看到老師對於教學的用心，希望未來到了職場，我也能成為跟老師一樣溫柔、用心的老師，之後離開斗國，我會想念老師的！
最後，祝老師新的一年闔家平安、健康，一切順心！
for you
實習老師　晏柔上

▲實習老師在實習期滿離校前贈送的小卡片。

學期末，學校同事偶然看見學生們的筆記本，對於學生能逐課畫出心智繪圖，感到不可思議（就跟當年我讀《我的草根翻轉：MAPS教學法》，也覺得爽中學生自己畫出心智繪圖是不可能的任務一樣）。其實江湖一點訣，幕後功臣是基礎題的提問，透過精心設題，把心智繪圖的架構以文字勾勒出來，通常第一、二題問出課文主要架構，接著逐題問出第二層結構及其細節，學生只要按圖索驥，就能正確無誤還原文章脈絡，而且透過繪製心智繪圖，等於課後又再次梳理文本，對於文意就有更深的掌握。三層次提問像剝洋蔥，透過解構，層層貼近文章核心；也像是鷹架，從暖身、基礎到挑戰，層層建構學生閱讀理解能力。

◆問渠哪得清如許　為有源頭活水來

經過一學期的實踐後，依約在寒假進行回流進階培訓，

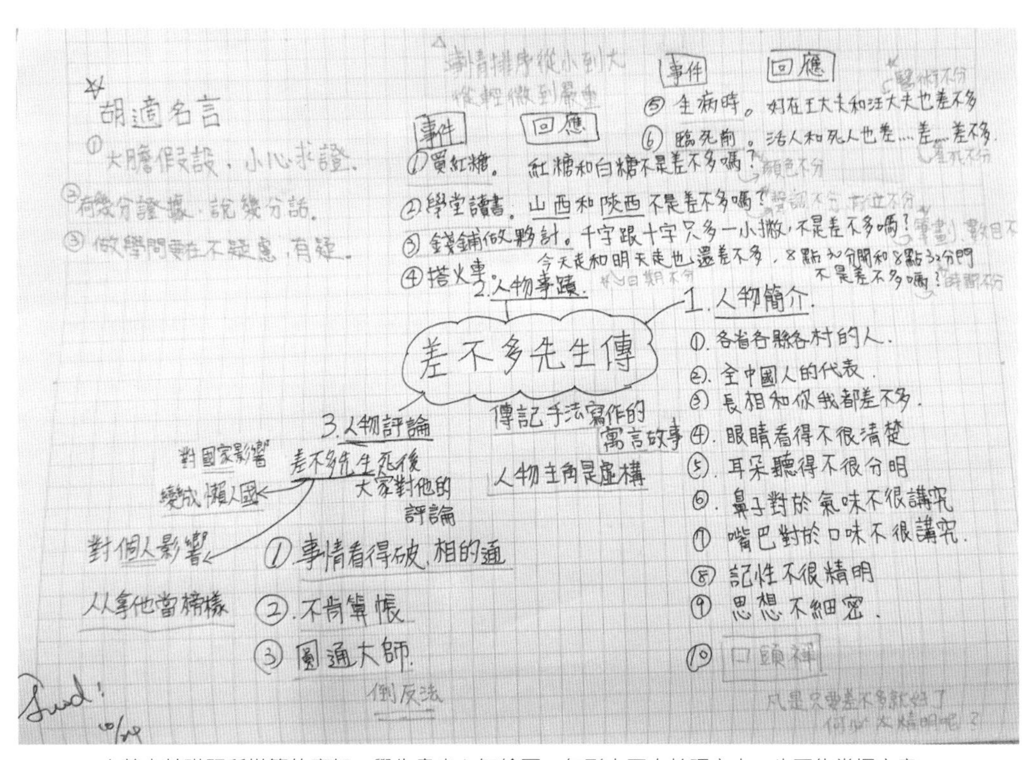

▲藉由基礎題所搭築的鷹架，學生畫出心智繪圖，無形中再次梳理文本，也更能掌握文意。

聆聽彰化二水國中賴靜慧老師對於文本分析的方法，以及桃園慈文國中吳韻宇老師剖析各種層次的閱讀技巧，韻宇老師提醒：「你能有意識閱讀，才能有層次提問。」深刻領悟到為師者對於閱讀，必須有犀利的眼光，就像庖丁手中握有那把銳利的刀。而現階段的我，除了持續刻意練習，也和校內同事成立共備社群，一起切磋討論，一起跳入三層次提問設計的坑。

下半學年，除了進行校內共備，也和夥伴定期前往樟湖生態中小學共學，一方面不斷溫習三層次提問，另一方面也隨著政忠老師的不斷進化，再次開展自己的視野，例如：政忠老師會在暖身題加入了更多新舊經驗的閱聽，與更多延伸知識的閱讀。針對基礎題，他採更大段落的題組設題，也運用參照減省抄寫的時間，或者加入更多元的閱讀理解策略。到了挑戰題，則是有更多圖像組織的運用、更多素養導向的設計。每次研習完畢，心裡總有一種「為有源頭活水來」的舒暢，不知道是山上的空氣特別清新，還是研習的收穫充實所致！

除了國文課，我也在晨讀時間，將三層次提問設計的概念運用在讀報活動上。如歲末（二〇一九年十二月二十六日）即將發生日偏食，《中學生報》三六七期提前刊登關於日偏食的報導。當日早自修讀報前，我先向學生探詢是否知道最近有一場天文迷引頸企盼的活動，話題一出，便引來踴躍回應。趁著氣氛正熱烈，布幕投影出暖身題：「日食的情況有哪三種？」「什麼條件下會發生日食？」喚起學生在國小自然課所學的先備知識；接著發下報紙，指定學生閱讀報紙第五版「歲末迎接天文盛宴，臺灣下週有日偏食」；繼而以兩道基礎題檢核學生是否讀出關鍵：「臺灣為什麼不容易看到日食？」「如果你想觀測日食，用哪些方法才不會傷害眼睛？」最後，以一張天氣圖，讓學生推測當日下午在雲林看到日食的機率作為挑戰題收束。運用簡單的提問，讓學生的閱讀聚焦。於是在這場天文盛事中，我的學生既能湊熱鬧，也能看門道。

這一年來，實踐不曾間斷，備課已成日常，有意識的提問設計成為課堂中的標準配備。在自學和共學交叉進行之下，沒有學生能在課堂中游離；並輔以小組加分機制，強化學生學習動機。我逐漸感受MAPS教學法「真實偉大的樸實無華」、「真實力量的溫和蘊藉」。一開始雖然辛苦一些，但是步上軌道之後，運作熟練，產生慣性動能，課堂的學習動力源源而生，彷彿應驗了牛頓的第一運動定律。

▲學期尾聲，邀請學生觀摩彼此的文青筆記本，並在欣賞的筆記本首頁貼貼紙，代表按讚。

◆卻顧所來徑　蒼蒼橫翠微

一學年尾聲，我邀請學生填寫關於國文課的回饋單，期待從孩子的表述中，了解他們眼中的國文課。結果有接近九成的學生認為課堂中的討論氣氛踴躍與非常踴躍，還有一些學生進一步表示：

「老師的國文課很有趣，會用人生經驗和歷史典故讓我們更了解一些道理，也會和我們討論題目，有些同學甚至說出我意料之外的答案。」

「老師講義的題目都一針見血，命中文章要點。」

「老師問的每一個問題我都有認真思考。」

「老師教得很好，吸引我專心聽講，並積極回答問題。」

……

面對國一新生，雖然感覺他們什麼都不懂，但他們的成長給了我不少驚喜，而今，我的 MAPS 上路屆滿一年，這些回應讓我更加肯定自己正朝著理想中的課堂邁進。

狄更斯說：「這是一個光明的時代，也是一個黑暗的時代；這是一個最好的時代，也是一個最壞的時代；這是希望的春天，也是充滿絕望的冬天。」雖然目前社會氛圍對教師不如過去友善，教學的現場比起過去多了更多挑戰，但這個開放且多元的社會卻也是讓教育百花齊放的沃土。加上資訊傳播發達，各領域自發性、自主性的研習及共備社群琳瑯滿目，教師對於專業成長的渴求不言而喻。扣緊學科本質，呼應生活素養，就能展現教學專業，也唯有展現專業，能讓教師贏回應有的尊嚴。

我特別喜歡政忠老師在《老師，你會不會回來》這本書末尾的比喻：每一個老師都是載著叫作「學生」的乘客到達學習目的地的司機，能不能不要只是逕自朝著目的地前去，而不管乘客是否上了車，或不管乘客是否昏睡？這讓我想起，曾經是那個新手駕駛的我，戒慎恐懼，摸索著陌生的路徑，招呼著陌生的乘客，拿捏不定車速緩急，招架不住乘客千奇百怪的問題……。但心裡總有個信念：用心駕駛，安全到站。如今，早已駕輕就熟的我仍時時提醒自己，莫忘初衷，這趟我來回走了十八年的路，是每個學生的第一趟，也是無法重來的一程。身為司機的我，要關心他們是否上車，盡責介紹每個重要景點，與乘客共賞沿途美好風光，適時回應某些乘客的需求，讓這趟旅程不但有知識的傳遞，也充滿人情和溫度。

目前仍在路上的我，期許自己盡可能點亮車前的大燈，照亮文本，繼續帶孩子看見文本的已知，探索生活的未知，勇闖人生的路。

◆ 隨手札記

【國中領域】

5

林冶靜／勇敢蛻變，堅定前行

嘉義市立蘭潭國民中學

山中大叔導讀

MAPS 教學法來自於草根，起點是為了解決中小學沒有經過分流篩選的常態班級的各種學習困境，一路發展演變調整至今，不僅扶了弱，也被證明可以拔尖。

回顧最初，那些篳路藍縷，那些胼手胝足，那些克難校正，那些去蕪跨越，都來自於一顆想要幫助孩子的熱血真心。

即使蛻變萬千，最難的還是原始初心；能夠堅定前行，最需要的還是初心原始。

冶靜老師，一個資深美少女教師，秉持著熱血初心，始終不忘原始，讓 MAPS 的草根真性情，在教學現場感動學生，鼓舞自己。

◆緣起——幡然醒悟，勇敢出走

「蝴蝶，蝴蝶，生得真美麗。頭戴著金絲，身穿花花衣。你愛花兒，花兒也愛你；你愛跳舞，花兒有甜蜜。」蝴蝶華麗的身影，曼妙的舞姿，都來自於蛻變。而你不用懷疑，你真的沒看錯，走過教職二十七載後，我幡然醒悟，勇敢出走，決心打掉重練，習得一套有系統的教學法，期間內心的掙扎，可想而知，時時得進行著與自己生命的拔河。

自覺平凡，能力有限，體力有限，每每想放棄時，「靜海造就不出好的水手」及「生命像一股激流，沒有岩石和暗礁，就激不起美麗的浪花」，迴盪耳畔。回首一路走來的日子，學習及實踐的歷程非常珍貴，因此，我一一記錄，見證曾經努力陪著學生共同攜手走過。以下是我的實踐紀錄，分享予願意為孩子付出的先進後輩們，願 MAPS 教學法成就每一個孩子，帶給孩子在學習路上滿滿的幸福能量。

◆首部曲——渴望蛻變

毛毛蟲最大的心願，就是蛻變成為最美麗的蝴蝶。

「媽媽，客人要大熱美，妳來按啦……」，高分貝不安的聲音言猶在耳。暑假的某一天，我到超商點了最夯的酷冰沙，還有最愛的熱咖啡，此時店長正整理架上貨物，櫃檯只有一個妹妹，應該是國中生，她手忙腳亂，發出求救訊號，喊著店長媽媽回來處理。店長媽媽忙著清點貨物，告訴孩子只要按咖啡機上的按鍵就好了，酷冰沙加牛奶，大熱美也是按鍵就完成了。但這個妹妹還是慌了，她真的很想讓我完成購物，卻像無頭蒼蠅般慌了，大呼小叫，求救信號不斷，希望媽媽過來解救這一切。媽媽態度堅決，直說就按咖啡機按鍵就完成了，妹妹超害怕又沒把握，食指在咖啡機上的按鍵猶疑，忐忑中我也不知這兩杯飲品是完成了嗎？比例是正確的嗎？我接過來後有深深的體悟，我想她是心有餘力不足，不是不願意，而是不會。如果她有經過學習，如果店長媽媽平日有指導她方法，她今天絕對是自信且從容地完成這次交易，我不禁想到教學現場的孩子也是如此吧！

每次學生考試成績不好或上課反應不佳時，先數落一下學生，之後再檢視自己的教學（有良心的老師），這是我在學習 MAPS 教學法之前的情景。但學習 MAPS 教學法之後，我終於懂得學生學不會或考試成績低落，應是先檢視自己的教學，而不是一味責備學生。如同我前面提到超商的小女孩，不是她不願意做好工作，不幫大人分憂解勞，而是媽媽認為理所當然應該都要會才是——在教學的現場，我都這麼賣力教完了，你們應該都會才是，否則對不起老師喔！

事實是如此嗎？當然不是！

從開始接觸MAPS教學法，參加政忠主任親授的工作坊，我除了佩服政忠老師教學的功力、備課的用心、規劃課程的縝密度（P1－P4）及讓學生全方位學習的方法外，讓我更佩服的是他從頭到尾進行的都是有意識的教學活動，從what、why及how三個面向進行，清楚明白自己的教學活動設計背後要讓學生學習的目標是什麼。透過老師的設計，學生能完整認識且透析每一課，從共學到能自學。當然政忠老師的講述能力一流，也是我要學習的目標。

參加三天的MAPS教學法工作坊後，反思自己的國文教學，我該努力改變，我該努力翻轉，如果在教學上連我自己都懵懵懂懂，一味認為學生會寫測驗卷、得到高分就好了，學生如何真正學得會呢？如何有一〇八課綱強調的素養能力？當然改變並非一蹴可幾，需要有人指引正確的方向，需要有夥伴的同行，需要有學習的動力及改變的決心毅力，這些我都懂，政忠老師常說知易行難──沒錯，道理人人都懂，但要確實去實踐才知箇中滋味，如人飲水冷暖自知。

改變需要勇氣，我也不知道自己是否有能力翻轉成功，內心忐忑不安，我腦海中浮現羅伯特．佛洛斯特〈未走之路〉這首詩：

「金色的樹林裡有兩條路岔路，可惜我不能沿著兩條路走……我選了一條人跡稀少的行走，結果後來的一切都截然不同。」

是的，目前我正選擇一條人跡稀少的路，期待能開花結果，能自在遨翔在國文教學的天地裡。我經常回想政忠老師所說「不用很厲害才開始，要開始才會很厲害」，同時也把他在我們參加研習時送給我們的嘉勉卡片擺在案頭，時時激勵自己堅定前行。我相信由陌生到熟悉過程是煎熬，但煎熬中會淬煉出最亮麗的火花。

萬事起頭難，我像毛毛蟲一樣，努力前行，努力覓食，先從基本功做起，先把基本的概念透過工作坊，透過專書《我的草根翻轉：MAPS教學法》，透過相關教學影片，一一啃進我的腦中，增加功力，也如政忠老師說的，目前是在學習開車之前教練的講解，這個過程十分重要，忽略不得。

毛毛蟲最大的心願，就是蛻變成為最美麗的蝴蝶，期待羽化成蝶，展翅高飛。為了這個目的，我自己設定了MAPS學習地圖，激勵自己奮力不懈。

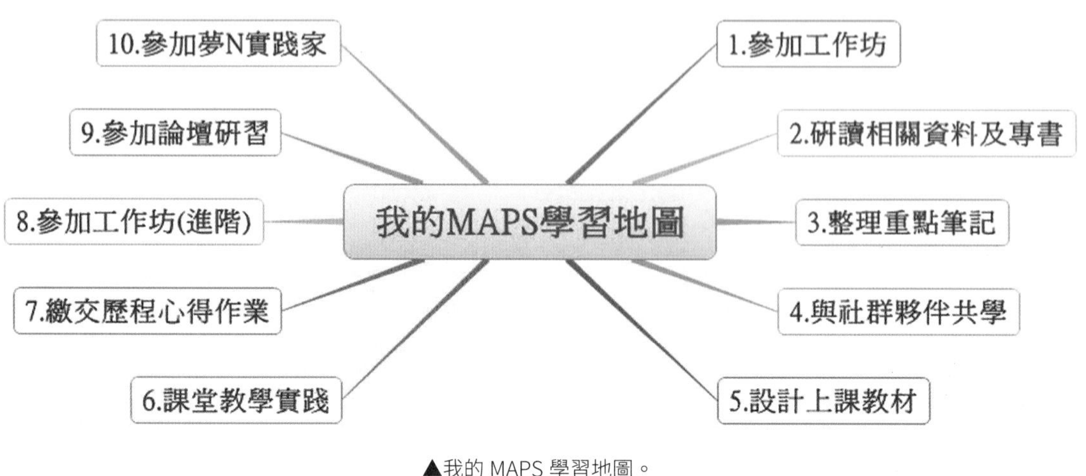

▲我的 MAPS 學習地圖。

◆二部曲——MAPS 教學開麥拉

當全力以赴要跨出生命中的第一步，開始進行 MAPS 教學時，我卻在教學現場慌亂了，發現自己不熟悉每一個步驟進行的細節，因而自亂陣腳，到底暖身題、基礎題要發幾張？自己的流程對嗎？不得已在兵荒馬亂中完成最初的幾堂課，真所謂「臺上一分鐘，臺下十年功」，我想起世界麵包冠軍師傅吳寶春當年參加比賽準備二百分的故事，的確如此，又像開車，愈熟悉愈能操控自如，游刃有餘，深刻體會到萬事起頭難，於是我開始細想每一個細節，我要幫助自己快速進入正軌。

首先，檢視分組上課的文具是否齊備？計分時是否能快速給分？再來是（因應新舊班級的不同）小組成員的組成及座位安排是否恰當？小組討論完發表答案是否順暢？接著是 MAPS 教學流程提醒（課前的形音貼貼、形音前測、暖身題、小組共讀、基礎提問、心智繪圖、口說發表、同儕評論、老師點評、挑戰題提問等）是否周全？最後是在上課前再次檢視提問三層次是否合於原則（暖身題：猜測想像、新舊經驗，基礎題：認識架構、訊息與主題，挑戰題：讀寫合一、觀點探究、跨域延展）？林林總總，每一項都很重要。

「凡事豫則立，不豫則廢。」教師如果要進行 MAPS 教學，一定要用心備課，才能進行有意識的文本分析，完成題目的設計，也要熟悉及掌握每個教學步驟，在紙上談兵之後，確切去執行。「知易行難」的道理在教學現場尤其讓人感受深刻，要掌控好教學現場的節奏，有多困難！面對學生的發表分享，提問的技巧，有多重要！再多美好完備的理論，如果不去實踐，怎知箇中滋味呢？怎知一場教學的背後，有多燒腦啊？「不用很厲害才開始，要開始才會很厲害」，我期待自己愈來愈熟悉 MAPS 教學法。

再次開麥拉剛開始的幾堂課，我不知學生是否感受到我的忙亂、我的忐忑不安，也許我故作鎮定，掩飾得很好。上課前我真的很努力備課，將教學流程在腦中 run 了一次又一次，但真的難抵現場學生的「功力」，尤其是國一，從分組就有意見。還有「貼貼樂」，我一直告訴他們貼了就很快樂，可是天不從人願，有幾個裝死，偏偏說他都找不到。我記得那是第一課〈夏夜〉。這時候要有忍者的精神，要面帶微笑告訴他們慢慢來一定找得到，但我其實很是著急——時間的壓力，但真的急不得。

再來是每一課的「國字注音前測」，這群被制約的小鴨子，你一言我一語，表示老師還沒有教，怎麼可以測驗——原來是少了自學的練習。一回生，二回熟，此時絕不能讓步，要堅持下去，於是我當場於「貼貼樂」後宣布明天的測驗。從第一課的哀鴻遍地到第五課〈論語選〉，學生真的改變了，「貼貼樂」也是，走到第三課，可以互相幫忙了。

「小組共讀」方面，學生表現很棒，小組誰也不讓誰，一組一組的天籟在教室迴盪著，我當下很感動。至於「白話文補充注釋」及「詞性解釋單張」更是之前老師霸占講臺，學生是客人的教學法所無法想像的，小組在小組長的帶動下討論，學生努力寫出一題一題的補充注釋、一格一格的詞性及解釋，雖不一定精準，答案也許錯誤甚至無法產出，這些在初期實施時都會遇到，但小組之間的互動怎不令人感動！此時已沒有課堂的客人，只有主人！也許有幾位學生不是那麼專注，但透過教師巡視組間，提醒再叮嚀，學生也慢慢步入正軌。當答對時或能成為其他組參考答案而響起的歡呼聲，我看見學生臉上的那道光（成就感＋榮譽感）！

至於最精彩、最重點的「暖身題」、「基礎題」、「挑戰題」及「心智圖」，也是在跌跌撞撞中開始，我印象很深刻的是學生等待答案時的眼神，就像嗷嗷待哺的雛鳥一樣。當我說出每一題要在組內討論再口說發表或以小白板呈現答案時，現場又是哀鴻一片，他們太不習慣討論，太習慣等待老師的答案，然後精準寫到學習單上。當下我又拿出黑玫瑰（我的綽號）堅持的決心、賴皮的精神，用我的內力開始發功，逼使每一組學生熱絡討論——因為不討論就扣分（絕招），我先卸下他們的心防，告訴學生勇敢說出答案，錯了真的沒關係，因為他們還不習慣這樣的上課法，也不習慣發表，錯了不知怎麼辦，擔心被取笑，甚至被海K一頓，種種擔心寫在臉上，所以心理建設——建立學生的自信心——是我要同時上的第一堂課。

學生在戰戰兢兢中完成第一課〈夏夜〉的暖身題、基礎題、挑戰題，畫心智圖時，更是小心，不敢出手，我鼓勵他們不要害怕，老師會示範、引導，又不是娶媳婦（本校是男校），最後終於產出成果，真的是一回生，二回熟。當畫到第六課〈那默默的一群〉，學生已慢慢學會方法，從解讀基礎題來完成心智圖，而且會利用不同顏色畫出層次，不再只是「一筆走天下」。學生真的透過學習改變了，雖然答案不一定是最棒的，雖然心智圖也不是最完整的，但其中迸出的火花，彌足珍貴，我將之一一珍藏，化成每一次上課的動力，眼見學生國文課忙到不可開交，我真是太開心了。

因為有這樣的心情，所以每日的每節課，我都抱著感恩的心情來謝謝這群可愛的學生，不管教學的成效如何，因為有你們的陪伴，教學這件事才會存在，也變得有意義。雖然開始是困難的，因為有你們的陪伴，面對困難時，給我信心，給我堅定的力量，讓我有勇氣攜著你們的手走下去。因此，在每節課程結束，我會大聲謝謝每位同學的幫忙，「我們又

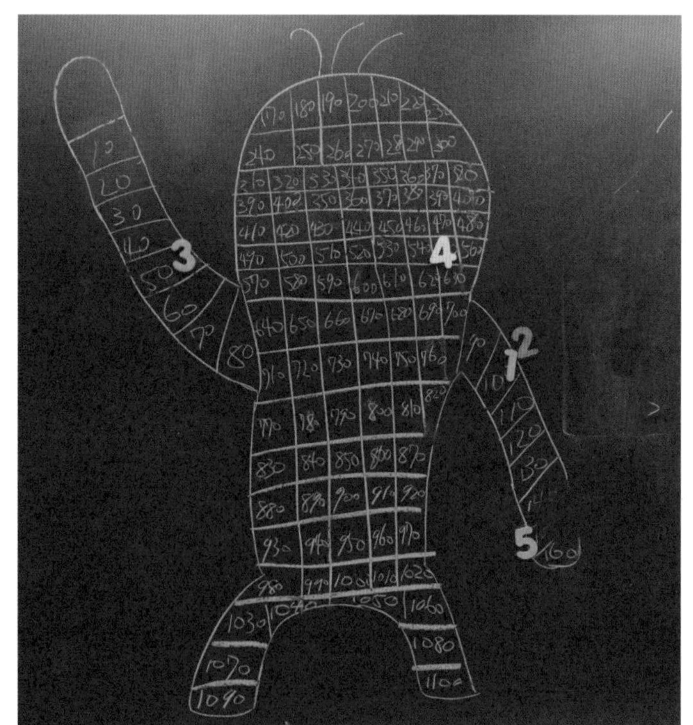

▲學生的創意——海螺計分圖。

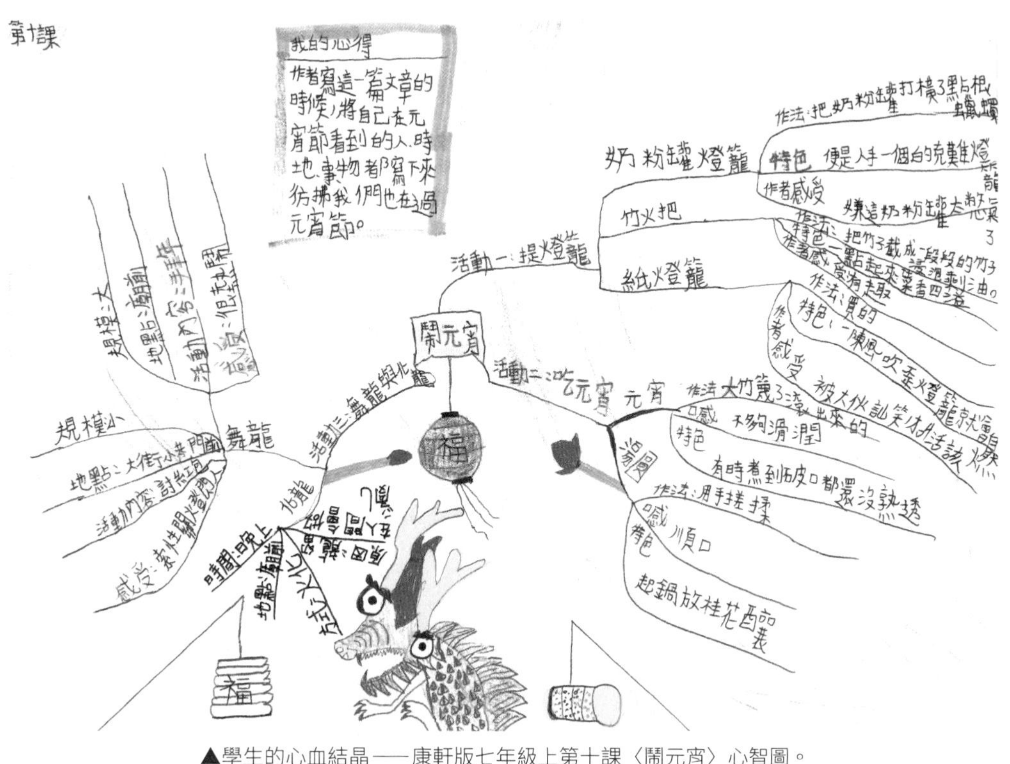

▲學生的心血結晶——康軒版七年級上第十課〈鬧元宵〉心智圖。

往前邁進一步了！」

學生的潛力無限大，端看我們如何去挖掘，如何去引導，許榮哲、歐陽立中《桌遊課：原來我玩的不只是桌遊，是人生》一書中言「把金屬元素鎂丟進水池，兩者之間起了劇烈化學反應，平靜的水面冒出熊熊火焰」，就是這種感覺，給學生機會及舞臺，所迸出無法預期的火花，每每讓我感動不已。洪蘭教授在《聯合報》民意論壇〈學習的方式決定了效果〉一文中提到：「要教學成功，老師一定要先引起學生注意，引發他去深度處理這個訊息，把表層的淺腦波轉化成如海嘯的大波，一直衝到前額葉皮質去，這個記憶便留下來了。」「端看我們做老師的如何因材施教，引發他們大腦的深度處理。」時刻提醒著我：不是學生學不會，關鍵在於老師的教學方法。

所以在進行MAPS教學時，我努力備課，務求針對每一課的核心主旨設計出好問題來問學生，並於教學後看學生的課堂反應，隨時修正自己的提問。目前持續努力中。我再次肯定MAPS教學法實在太符合一〇八課綱精神——教出可活用的知識、培養適應未來生活的能力。

MAPS教學實踐開麥拉，開啟一段段精彩又刺激的旅程，挑戰自己，挑戰學生，我真是開心極了。

◆三部曲——魔鬼藏在細節裡

寫作此篇心得感想時，MAPS的教學實踐已接近一學期了，時間過得真快，想想九月時懷著義無反顧的心，一路衝鋒陷陣，不達目標誓不干休，如同運動品牌Nike的名言——Just Do It，也如臺語諺語所言「路無行袂到，事無做袂成」，很多事一定要親身經歷過，其中的酸甜苦樂、箇中滋味才是最真實的，而所有的困難及疑惑，在教學現場都是要去面對與解決。

在實踐過程中，我深深體會「魔鬼藏在細節裡」，魔鬼不會告訴你，只待我們用心去體察、發掘這些很重要的細節，一一加以破解，實踐的旅途才會更順暢。但事情往往沒有這麼容易，蔡淇華《寫作吧！你值得被看見》提到一篇文章，標題是〈本事，一天一百次的墜落〉，強調遇到困難唯有勇敢去面對，即使是教學之日常，這就是本事。我也期盼自己經過一次一次的試煉，練就一身好本事。然而靠自己單打獨鬥是不夠的，要有夥伴的支持，小組聚會共備更顯重要，這樣路才走得長久，也能共同檢視細節，共同討論該如何處理問題才能解套。

目前我在實踐過程中遇到的疑惑或困境，所謂的魔鬼藏在細節裡，如下所列：

一、學生處理每課的形音貼貼時，通常會將課文瀏覽一次，便於找到相關的形音位置貼上，此步驟是否會與暖身題中猜測課名的內容有所重疊，讓問題失去暖身的效果？

二、寫基礎題之前除了處理「詞性解釋單張」或「白話文課外補充解釋」外，教師是否須針對每一段自然段再稍作講解？或與學生共同找出段落大意加以寫出？還是讓學生自行討論？

三、學生對詞性的了解不是那麼清楚，尤其是國一，是否教授文言文之前，要先教詞性，學生才較易了解？還是透過文章的實作，邊寫出詞性邊學習？何種效果較好？

四、進行MAPS教學，時常感到時間的壓力。每週國文的節數是固定的，所以在教學上永遠被時間追著跑，較無法從容完成，是目前我遇到最大的困難。

五、學生最後還是要面對學校段考的壓力，評量如果可以結合教學出題，應是最美好的結局，然迫於現實，我還是得填鴨一下，實出於無奈。為了讓學生不輸在起跑點（段考基本分），總是要挪出時間帶孩子「貝多芬」（背多分），可惜了上課的寶貴時間。

六、基礎題所提問的每一問題和心智圖有絕對關係嗎？基礎題所問的問題，繪製心智圖時都要呈現出來嗎？課本中重要的訊息，也一定要於心智圖中畫出來嗎？我覺得有其困難，但或許是因為我個人對心智圖與基礎題之間的連結關係尚未徹底明白。

七、寫基礎題時，我會讓各組學生先討論，暫時不填寫答案，這是按照政忠老師教的方式，每題核對完答案後再寫在基礎題的紙本上，我可以體會其用意，但學生卻反應這樣做會記不住當下所討論出來的每一題答案，是否可改變成讓學生將每一題討論出來的答案先行寫在紙本上？這樣會影響學習的效果嗎？

八、當學生完成基礎題及挑戰題，交給老師後，批閱時需要定出分數或等級嗎？

九、小組中偶有不合作分子，成為全組公敵，影響全組的學習，這是我們在分組活動中最不喜歡、不悅的事，該如何處理最恰當？該成員如自行一組，會影響教學運作嗎？其計分的方式又應為何？

十、有時不免自我懷疑，設計的提問問題是否合乎 MAPS 的教學，抑或是只合乎我對教學的期待？更重要的是，全課的重要訊息或脈絡、主旨是否都透過提問讓學生學到了？對此，我總是信心不足。

也許目前我所碰到的疑惑或困境，再實踐多一些時日或與夥伴多一些共備，問題即可迎刃而解。時間是最好的解藥，但最重要就是不放棄，實踐的路也許不那麼順遂，只要我堅持下去，加倍努力，痛苦會過去，美會留下，英國首相邱吉爾曾說：「我沒有路，但我知道前進的方向。」「勇氣就是不斷失敗，而不喪失熱情。」逆境是學習成長的最佳時機及養分，我選擇勇敢跨出這一步，我堅信花朵自會綻放。

謝謝一路陪伴我的學生，沒有他們，一切都是空談。每一節課，學生的表現是好是壞，都是我要去探究、了解、反思的，我打從心底謝謝這群可愛的孩子，從貼貼樂到心智圖，一路過關斬將，熱血沸騰參與其中，讓我好生感動。孩子們，我要在此大聲說：「謝謝你們，有你們真好！」願你們在老師循序漸進的引導中，成為具有閱讀素養的學生。

以前上國文課時，我經常會看著手錶，嘀咕說時間怎麼過得這麼慢；現在上國文課，我也會看著手錶，卻是惋惜時間怎麼會過得這麼快。這就是 MAPS 教學的神奇魔力。以前要被觀課，我是絞盡腦汁，緊張到不行，苦思如何設計才有最好的表現，很怕丟了這張老臉；現在有老師來觀課，我安步當車，泰然自若，因為我是有備而來，觀課老師隨時可以亂入，這就是 MAPS 教學的神奇魔力。辛苦備課，設計提問，燒腦再燒腦，再苦再累，看見學生努力討論、爭取回答的教學現場，及完成一份一份的學習單，就覺得一切都是值得的。

魔鬼逃哪去？看我黑玫瑰尚方寶劍的厲害，披荊斬棘，勇往直前，就對了。

▲課堂中學生認真參與討論的風景。

▲課室的主人——學生，樂於發表，勇於接受挑戰。

▲每位學生都是 MAPS 教學法中的最佳男主角。

▲學生彼此分享作品成果的美好時光。

▲各組學生上臺分享心智圖，其他組舉星星牌給予評分。

▲師生同樂共學的美妙交流——猜謎語。（〈鬧元宵〉）

▲各組學生上臺分享心智圖。（〈聲音鐘〉）

▲教師檢視各組學生的心智圖繪製情況。

◆收播曲——知己知彼，排憂解難

在試行一年後，我真的很想了解學生對 MAPS 教學法的想法，所以我參考了教育部分組合作學習問卷，略加修改，想從以下這幾個層面——「學習動機與態度」、「合作技巧與同儕互動」、「師生關係」、「課程學習方面」、「我最感興趣的課程」、「我最感困難的課程」，來知道學生的學習情形，尤其是學生深感困難的部分，了解個人或者全體的問題，並尋求解決之道，希望對學生未來學習有所助益。所以這份問卷對我而言十分重要，所謂「知己知彼，百戰百勝」，也如同中醫把脈——望聞問切，最後對症下藥，才能排憂解難。

這份問卷是後測，對象是學生，未來有機會想朝前測及家長的部分進行，施測的題目也許不是很成熟，還有修正空間，且待時間醞釀，如同熬煮一鍋好湯，都需要經驗的累積。

問卷的統計結果頗令我驚豔，學生在「學習動機與態度」方面的表現大部分都很棒，有強烈的學習動機及良好的學習態度；在「合作技巧與同儕互動」方面，都能與同組的成員產生良好的互動且樂於分享，遇到困難時會提出解決的方式，各組小組長也能發揮領導能力，為了全組的榮譽而努力；在「師生關係」方面，學生都能感受老師的關心及協助；在課程方面，也能透過數據，讓老師發現學生的問題所在，尤其是「最感興趣的課程」及「最感困難的課程」分析，除了作為個別輔導學生之用，也可作為老師下次設題時的參考；「學生整體心得、收穫、感謝」，是令我最感動的，可看見學生在整年活動中，對老師、同儕的回饋，其中有抱怨、有稱讚、有疑惑、有感謝，但絕大部分是對 MAPS 教學法正向的肯定。學生的肺腑之言、真摯的心，十分珍貴，都是日後我進行此教學法的動力來源。

◆不滅——翩然舞姿，堅定前行

走筆至此，回顧這一年來的試行，令我想起「經驗，是磨出來的」，還有「行動，行動，持續行動，一有想法先行動再說，然後從行動中汲取更多經驗」這幾句話，是的，教學的經驗是累積而來，沒有行動一切是紙上談兵。但先決條件是要有正確的方向，否則徒勞無功。

再者，要有勇於嘗試的精神，如挫敗了，修正腳步繼續前行，永不放棄。這一年來，是我的蛻變，有別於過去二十七年的教學法，有意識地知道自己在教學現場如何與學生共同成長，這種經驗太特別了，我深深感受無窮樂趣、無限可能。

6. 我的親山之旅

請同學參考玉山國家公園網站，規畫一天來回或兩天一夜的登山計畫，其中包含交通、食宿、景點簡介、時程規畫（出發時間、各景點停留時間、車程時間、返家時間）、費用估算、注意事項等。

食宿：排雲山莊、
圓峰山屋、
荖濃溪營地

交通：①嘉義搭乘阿里山森林火車或嘉義縣公車至阿里山後，再雇車至塔塔加；或自行開車沿台21線新中橫公路至塔塔加後，再步行到塔塔加登山口。

②南投水里搭乘員林客運班車或自行開車沿台21號新中橫公路到和社左轉到東埔溫泉，到東埔溫泉後，步行30分鐘至東埔登山口。

簡介：海拔3952公尺，有東北亞第一高峰美稱的玉山主峰、玉山東峰、玉山北峰、玉山南峰、玉山西峰。

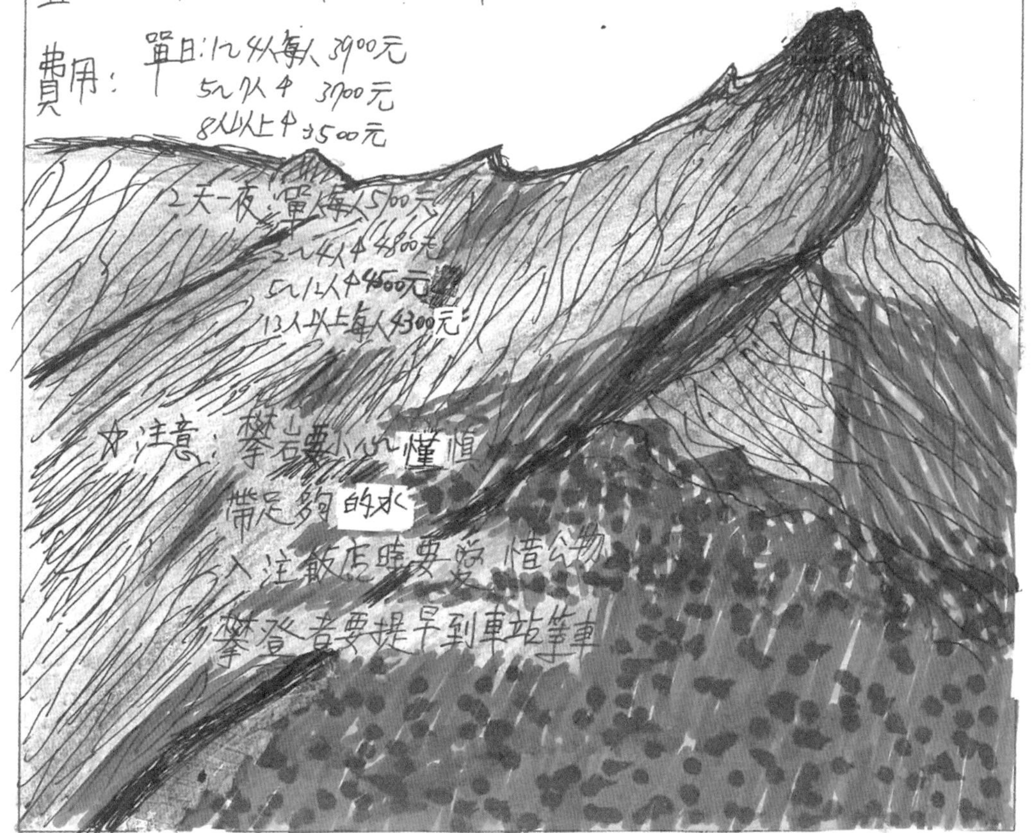

▲學生完成康軒版七下第十課〈玉山——迎接臺灣第一道曙光〉挑戰題：我的親山之旅。

我在《飄移的起跑線》上讀到一段話：「生命本該充滿問號。有時，你會找到一個句號；有時，你會得到一個驚嘆號；更多時候，你可能無言以對。但你得持續問下去，因為：當你問出一千個問題，你就同時創造出一千個答案。」過去我像漂流在海上許久的船隻載浮載沉，隨波起伏，現終於定錨，而且知道如何有系統、有方法航向目標，也如同毛毛蟲終於破繭而出，羽化成蝶，雖沒有最美麗的雙翼、最曼妙的舞姿，但可以是最勇敢的、最堅毅的蝴蝶，任狂風暴雨也改變不了前行的意志。期盼自己在MAPS國文教學能更上層樓！

這就是我的蛻變。

有個故事是這樣說的：

「有座山上住著老和尚和小和尚二人。有一天，老和尚帶小和尚下山化緣，他們走了很遠的路，回到山腳下時天已經黑了，小和尚看著遠處若隱若現的山門，擔憂地問老和尚：『師父，天已經這麼黑了，路這麼遠，還有懸崖峭壁、毒蛇猛獸，我們只有一盞小小的燈籠，怎麼才能回到山上的廟裡呢？』老和尚淡淡地說：『看腳下。』」

當我們走著走著，一點一滴經歷累積，目標自然就在不遠處。也許你也是和我一樣正走在改變的路上，以此共勉之。

最後，除了佩服政忠老師推動MAPS教學法的決心及毅力，還有其超級金頭腦外，我更要感謝他不藏私、不遺餘力教導我們這群學員練功。謝謝老師的教導，弟子當不負所望，全力以赴與學生共創未來。還有也要謝謝心源教育基金會的志工們這一年來每一場研習的付出，照顧每一個學員，讓我們在學習上無後顧之憂，謝謝。也謝謝一路上伴我成長的夥伴，謝謝。

教職第二十八年，我腳踏實地走過MAPS教學法，辛苦但值得，我可以大聲說：「我實踐，我驕傲。」

【國中領域】

6

黃鈺心／MAPScience：跨域的滋養，交織出燦爛的化學火花

臺南市立後甲國民中學

山中大叔導讀

世界日趨複雜，變動快速。想靠一領域知識就足以解決問題愈來愈困難，跨域思維成了未來人才的基本標配。

絕大多數的孩子受教育的場所是體制內學校，老師的思維深刻影響了孩子的學習模式，如果老師本身無法跨域思考，那麼老師的能力就會成為孩子學習的天花板。

鈺心老師，來自於師培體制，卻也同時是跨界學習與工作的自然科老師，如何運用原本來自於文科的三層次提問設計思維，跨界創發自然科的教學設計，值得所有單一領域的教育工作者觀摩學習。

◆受挫，讓我更加謙卑

從小看似是品學兼優的乖學生，升高中時幸運考上大家心目中的第一志願，卻也在高手雲集的校園中，失去了對自己的自信；高二開始，對自己在學業成績不如人感到自卑，覺得人生跌到谷底，卻也是這樣的心情，讓我逃避聯考，下定決心拚那一年寒假第一屆學測，幸運地推甄上知名大學。但在校風自由的大學裡，自信心再次遭受打擊，名校迷思讓我誤以為能在這個學系成績稱霸，卻再度發現自己的腦袋不如人，徹底覺悟名校畢業又怎樣，實力厲害的人到處都是。然也是這樣的體悟，讓我在服務性社團（幼幼社）及在不同行業打工（尖石國中夜間課輔、科技公司人事助理、生技公司研發員、大學專題研究、餐飲業外場服務、補習班教師、家教等）中，找到了自己興趣及能力所在：不斷探索自我並於不同職場摸索未來方向後，我決定以「教師」當作一生的職業。

然在這所大學畢業的學生幾乎都是進入科技業當工程師，唸教育學程的學生寥寥可數，師培課程更無法與師範體系之專業訓練相比擬，因此在實習及參與教師檢定考、教師甄試時，充分感受到師範體系出身考生散發的氣勢及扎實的基礎，自己遠遠不如。偏偏好不容易考過教檢，卻在第一次考教甄時，遭遇車禍，右小腿骨折，住院一個月，當年正式教師夢碎。但我仍不想放棄這條自己選定的教育之路，決定勇敢拄著拐杖去到遙遠的三芝國中擔任一年代理教師。

感謝那一年的枴杖教書生涯，讓我更確定了想要當老師的嚮往，確定了自己適合這份職業的決心，那時我發現了自己跟其他教師有所不同，而那一年也奠定了我的教學基礎。

大學時在社團與打工中的自我探索，以及在景興國中實習時與全校最頭疼的學生相處、在三芝國中的偏鄉代理經歷，讓我發現陪伴孩子是我最不會抱怨的事情。看到孩子因自己的教學而散發出閃亮眼神，因自己的付出而展露出發自內心開懷的笑容，還有放學後與學生的談心交流及學習加強，熬夜製作講義，燒腦思索如何讓孩子能更有效學習……，種種都讓我覺得無比值得，即使拄著拐杖在寒風凜冽的路上冒雨前行，仍不以為苦。

◆不同，造就改變的彈性

我想我的不一樣在於我真心將教師當作一生的志業，而非視為鐵飯碗，抑或只是迎合家人期許下的選擇。在教學上我會盡可能使用接近孩子的生活語言，加入生活中可取得的素材，讓他們與教科書上的知識產生有意義的連結，並且以身作則，確實實踐我的教育理念——「絕不放棄任何一個孩子」，用「心」與孩子的「心」互動和交流，期待自己的生命能讓這個世界產生一些改變。

我從小就不愛看自然科學的書，喜歡藝文與心理輔導類的題材，卻踏上理化教師之路，然先前的多元接觸，讓我很有彈性，不局限於某種框架，開放接受各種可能性，樂於將各種的善與好整合在一起。不是師範體系出身的我，求學歷程中在菁英教育下受挫徬徨，總覺得自己不如人，因而能更虛心去學習，想辦法去充實自己的實力，讓自己可以更踏實、更有自信去實踐所選擇的人生志業——「教師」。

在三芝國中代理一年後，我考上了臺南市教師甄試，來到了後甲國中，一待就待了十二年。土生土長的臺北孩子來到了生活步調與風土人情截然不同的臺南，南北教育差異在內心碰撞，讓我開始反思我的教學……原本在教學上與幾乎大部分教師一樣採取傳統講述法，某一天學生突然告訴我：「老師，你很不一樣，你上課很像歐普拉的脫口秀。」因為我強調互動，強調不放棄任何一個孩子，希望班上八成五以上的學生學會才往下一個概念前進，還會找尋各式各樣的方法讓他們去理解理化，因此雖然是講述，但多採取「問答式」教學，鼓勵學生回答，說出自己的想法。

雖然察覺到自己在教學引導上原來和別人不太一樣，但在教學現場上遇到的困境卻仍與其他老師一樣，在課堂上看到好多孩子眼神呆滯，充滿無助感，彷彿是身在教室、心在遠方的囚犯，這景象讓我難受及心疼。希望自己有更多的時間陪伴他們，希望自己可以更有能力幫助他們快樂而有效學習，於是我努力尋找解方。此時教育界翻轉浪潮開始湧動，在網路媒體及社群的資訊刺激下，接觸到可汗的翻轉教室及佐藤學教授的學習共同體後，開始嘗試改變自己教學。二〇一四年一月和八月又分別參加誠致教育基金會等單位合作舉辦的全臺灣翻轉教室工作坊（第一場：臺灣大學／最後一場：成功大學），聽了許多教育界前輩勇敢改變教學的經歷，也參與工作坊了解其運行的模式，並從那時起開始追蹤教育先行者們的社群帳號，期待從他們的無私分享中學到一些寶貴的教學技巧，而我所追蹤的其中一位就是鼎鼎大名的《老師，你會不會回來》Super 教師王政忠主任——這一切的滋養開啟了我正式踏上改變教學的大門。

二〇一五的亂入，正式與 MAPS 相遇

二〇一五年三月，得知臺南市中山國中即將邀請政忠主任到校分享 MAPS，明知這是一場為了國文領域教師所舉辦的研習，我卻按捺不住想要實際了解 MAPS 及親眼目睹政忠主任教學風範的衝動，鼓起勇氣私訊政忠主任是否方便讓身

為理化老師的我「亂入」這場國文科研習。感恩主任的開放、中山國中的錄取，讓我有幸在三月二十六日「翻轉從閱讀開始」研習中正式與MAPS相遇！雖然整場只有我一個理化老師，但也正因我是唯一非國文科系背景，當天下午〈過故人莊〉的實作，我就如同教室裡的白紙（標準D咖P1），依循主任的MAPS教學，畫出生平第一張國文心智圖。

我當下深刻感受到MAPS的教學威力，並看見共備的能量（P3的境界），讓我徹底相信主任所言「三年能將NHK三家出版社九本國文課本內容全部教完並讓學生有效吸收」是絕對有可能，而非天馬行空的狂妄之詞！而那一天政忠主任的分享，讓當時在改變路上孤軍奮戰的我感受到了支持及療癒，好幾次萌生落淚的衝動。政忠主任的傾囊相授及教學熱忱，讓我在教學現場遇到的問題得到解決的方向，也讓我看到了真正的師表風範！期許自己以此為典範前行！

同時我也知曉自己還有很多進步空間，腦中自動不停打轉著，思考如何改進及調整我的教學，積極想將這次所學轉化納入理化教學之中，希望能用更好的方式讓孩子更有學習的「能力」和「態度」，為自己創造「自信」及「付出」的分數！

參加完MAPS工作坊後，我立刻就想要應用在理化教學上，剛好國二下第五章「有機化合物」是偏文本類型的章節，

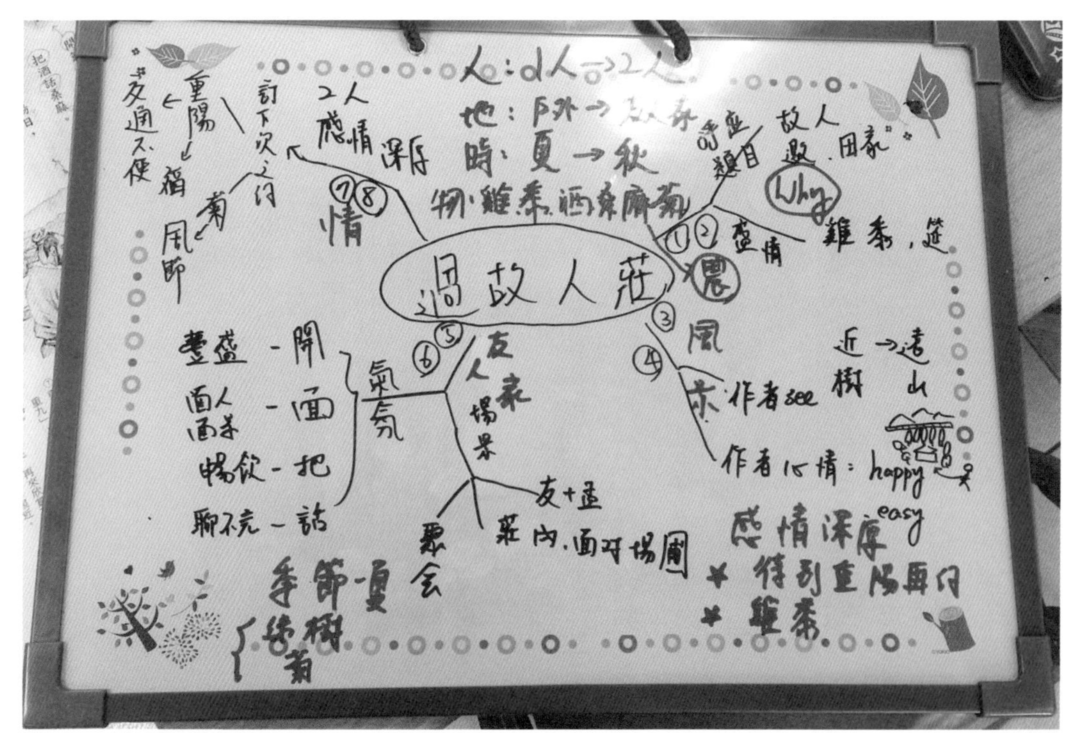

▲我人生第一張國文心智圖。

決定從此切入，冀望學生能藉由我的提問配合「大聯盟小組」合作學習，可以嘗試畫出課程內容結構圖，並獲得更深入的思考。

▲大聯盟分組法

我原本是採用由教師主導而以學生成績排列的S型異質性分組，聽了政忠主任分享「大聯盟分組法」後，轉而採用這種一半決定權在教師，一半決定權在學生身上，有趣又刺激的異質性分組法，只是我將各小組變成「英雄聯盟」，各角色名稱更改為當時漫威英雄電影中知名角色：「鋼鐵人、美國隊長、雷神索爾、奇異博士」，期許小組各角色都能發揮各自長才，成為小組及自己心目中的英雄，也去除角色名稱中階級落差的標籤。之後又突發奇想，將理化每次段考學習內容的關鍵科學名詞列為角色名，例如：國二上第三次段考，各角色名為：「原子、質子、中子、電子」，各組可自選元素週期表上的任一元素為其小組名，讓學生在日常教學活動中親近原本艱深的科學名詞，進而習以為常，不再感覺排斥。

小組教學活動中，也開始採用主任分享的不同角色不同分數之作法：小組提問時，小組可選擇由哪一位成員回答，計分方式為：A咖回答十分，B咖回答二十分，C咖回答三十分，D咖回答四十分，並使用籌碼給分。

▲三層次提問設計

如前所述，我從5-1「認識有機化合物」出發，嘗試拆解課文，由淺入深設計了十五題基礎題及一題挑戰題，我的提問設計如下：

5-1 認識有機化合物提問設計

【基礎題】

1. 19世紀前，有機化合物的定義是？
2. 19世紀前，無機化合物的定義是？
3. 有機化合物與無機化合物有哪些？請舉三個例子。
4. 什麼是有機體？
5. 烏勒合成了什麼，因此推翻了什麼？
6. 為什麼烏勒合成尿素，就推翻了有機化合物必須從生物體產生的觀念？
7. 現在有機化合物的定義是？
8. 現在無機化合物的定義是？
9. 為什麼有機化合物內一定有碳C元素？
10. 除了碳以外，有機化合物內多半含有哪一個元素？
11. 有碳的化合物，一定是有機化合物嗎？
12. 可以用什麼實驗來證明有機化合物內有碳？
13. 竹筷乾餾的方法是？
14. 什麼是乾餾？
15. 竹筷乾餾的固體、液體、氣體產物分別是？

《小組合作》請嘗試將今天的課程整理出一張概念結構圖

【挑戰題】

請根據多力多滋黃金起司玉米片之原料標示：

1. 請寫出包裝內含有的5種有機化合物。
2. 請寫出包裝內含有的3種無機化合物。

▲5-1「認識有機化合物」提問設計。

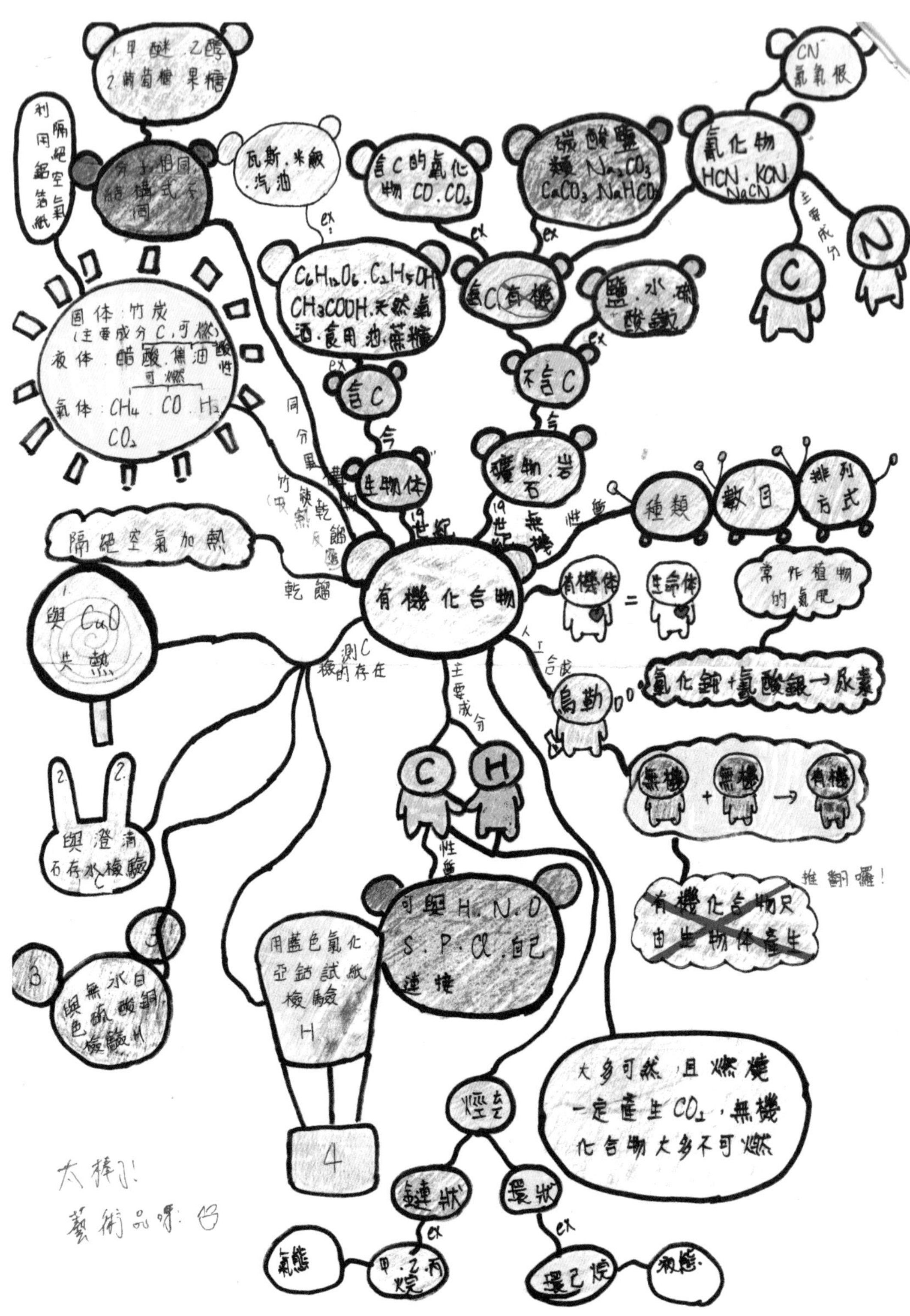

有機化合物
1.甲醚 乙醇
2.葡萄糖 果糖
分子相同結構式不同
瓦斯.米飯.汽油
含C的氧化物 CO.CO_2
碳酸鹽類 Na_2CO_3 $CaCO_3$ $NaHCO_3$
氰化物 HCN.KCN NaCN
$C_6H_{12}O_6$.C_2H_5OH CH_3COOH.天然氣.酒.食用油.蔗糖
含C
不含C
生物體
礦物.岩石
種類
數目
排列方式
隔絕空氣加熱
乾餾
與CuO共熱
檢測C的存在
主要成分
C
H
有機體=生命體
常作植物的氮肥
氯化銨+氰酸銀→尿素
無機+無機→有機
有機化合物只由生物體產生
推翻囉!
與澄清石灰水檢驗C
與無水白色硫酸銅檢驗H
可與H.N.O S.P.Cl.自己連接
用藍色氯化亞鈷試紙檢驗H
大多可燃且燃燒一定產生CO_2，無機化合物大多不可燃
鏈狀
環狀
氣態
甲.乙.丙烷
環己烷
液態
太棒了!
藝術品唷

▲學生所繪製 5-1 概念圖。

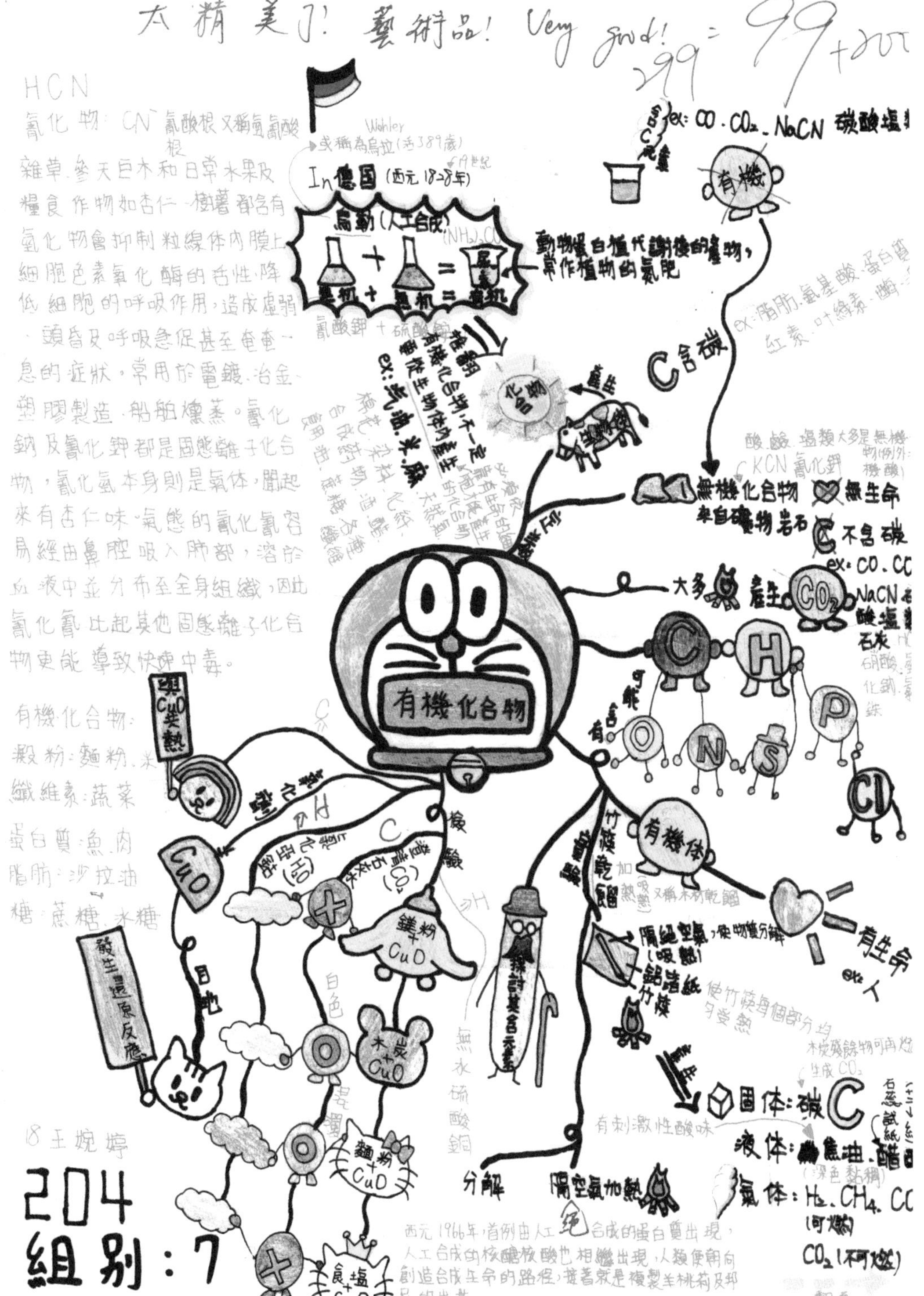
太精美了! 藝術品! Very good!
HCN
氰化物：CN^- 氰酸根又稱氫氰酸根
雜草、參天巨木和日常水果及糧食作物如杏仁、樹薯都含有氰化物會抑制粒線体内膜上細胞色素氧化酶的活性，降低細胞的呼吸作用，造成虛弱、頭昏及呼吸急促甚至窒息的症狀，常用於電鍍、冶金、塑膠製造、船舶燻蒸。氰化鈉及氰化鉀都是固態離子化合物，氰化氫本身則是氣体，聞起來有杏仁味、氣態的氰化氫容易經由鼻腔吸入肺部，溶於血液中並分布至全身組織，因此氰化氫比起其他固態離子化合物更能導致快速中毒。
In德國(西元1828年)
烏勒(人工合成)
氰酸鉀 + 硫酸銨
動物蛋白質代謝後的產物，常作植物的氮肥
ex: CO、CO_2、NaCN 碳酸鹽類
有機
C 含碳
無機化合物 無生命
來自礦物岩石
不含碳
大多 產生 CO_2
C H O N S P Cl
有機化合物
有機体
有生命
有機化合物：
澱粉：麵粉、米
纖維素：蔬菜
蛋白質：魚、肉
脂肪：沙拉油
糖：蔗糖、冰糖
CuO
鎂粉 + CuO
木炭 + CuO
麵粉 + CuO
食塩 + CuO
發生還原反應
隔絕空氣(吸熱)
鋁箔紙
竹筷
固体：碳 C
液体：焦油、醋酸
氣体：H_2、CH_4、CO (可燃) CO_2(不可燃)
有刺激性酸味
分解
隔空氣加熱
西元1966年，首例由人工合成的蛋白質出現，人工合成的核醣核酸也相繼出現，人類便朝向創造合成生命的路徑，接著就是複製羊桃莉及邱尼的出世。
18 王婉婷
204
組別：7

▲學生所繪製 5-1 概念圖。

5-2 認識有機化合物提問設計

【基礎題】

1. 黑色的球有幾個洞？
2. 白色的球有幾個洞？
3. 黑色的球代表的是「碳 C」，為什麼？
4. 所以白色的球代表的是哪個元素，為什麼？
5. 1 個黑球最多可以與幾個白球結合，請用原子模型做出來，並解釋
6. 2 個黑球最多可以與幾個白球結合，請用原子模型做出來，並寫出化學式
7. 3 個黑球最多可以與幾個白球結合，請用原子模型做出來，並寫出化學式及畫出其結構
8. 4 個黑球最多可以與幾個白球結合，請用原子模型做出來，並寫出化學式及畫出其結構
9. 根據已做出的原子模型 CH_4、C_2H_6、C_3H_8、C_4H_{10}，嘗試推導出此結構的規則
10. 請寫出乙烷的化學式、畫出乙烷的結構式、做出乙烷的原子模型
11. 如果碳其中兩隻手一定要綁在一起，請問可以接上幾顆白球？化學式？
12. 請做出「丙烯」「丁烯」的原子模型，及寫出化學式
13. 根據已做出的原子模型 C_2H_4、C_3H_6、C_4H_8，嘗試推導出此結構的規則
14. 「烯」類有沒有「甲烯」？為什麼？
15. 如果碳其中 3 隻手一定要綁在一起，請問可以接上幾顆白球？化學式？
16. 請做出「丙炔」原子模型，及寫出化學式
17. 根據已做出的原子模型 C_2H_2、C_3H_4，嘗試推導出此結構的規則
18. 「炔」類有沒有「甲炔」？為什麼？
19. 以上所有原子模型都只含有哪 2 種元素？
20. 試做出「環丙烷」？化學式？結構式？
21. 有沒有「環乙烷」？為什麼？

▲結合原子模型之 5-2 提問設計。

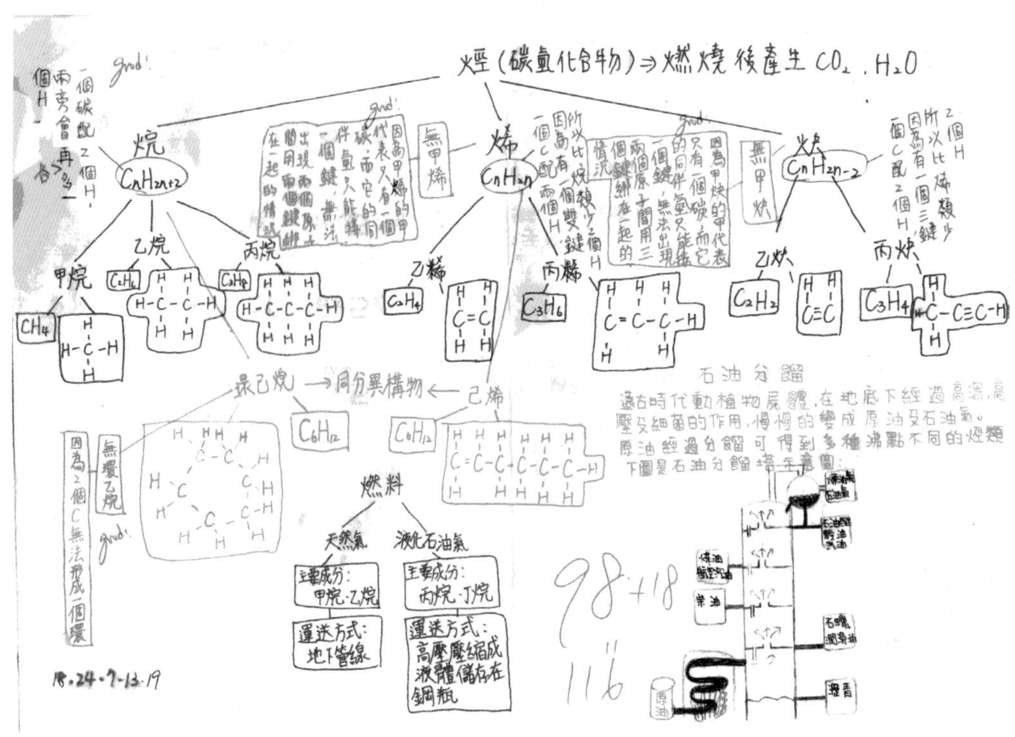

▲學生所繪製 5-2 概念圖。

5-3 結構圖提問單

1. 什麼是「聚合物」？什麼是「高分子化合物」？
2. 什麼是「單體」？
3.「聚合物」依來源可分為哪兩種？
4.什麼是「天然聚合物」？請舉例並解釋
5. 試簡述「蛋白質」的性質與特色，及檢驗蛋白質的方法
6. 試簡述「澱粉」的性質與特色，及檢驗澱粉的方法
7. 試簡述「纖維質」的性質與特色，及與「澱粉」的相同及相異之處
8. 「合成聚合物」可依「連接方式」分為哪兩種？
9. 試簡述「鏈狀聚合物」的性質與特色，並舉例
10. 觀察以下鏈狀聚合物有何相同之處：聚乙烯 PE、聚氯乙烯 PVC、聚丙烯 PP、聚苯乙烯 PS
11. 試簡述「網狀聚合物」的性質與特色，並舉例
12. 請針對各種回收標示號碼各舉 2 例
13.「衣料纖維」可依「來源」分為哪兩種？
14. 「天然纖維」可依「來源」分為哪兩種？此兩種的主要成分為何？
15. 為何動物纖維燒起來比植物纖維臭？
16. 「人造纖維」可依「成分」分為哪兩種？哪一種比較天然？
17. 試簡述「植物纖維」「動物纖維」「合成纖維」燃燒時的氣味、燃燒後的情形，並說明解釋原因

5-3 個人加分挑戰題

1.鏈狀聚合物和網狀聚合物，哪個比較穩定？
2.熱塑性聚合物和熱固性聚合物，哪個比較穩定？
3.塑膠是不是有機化合物？
4.人造絲是_____纖維？
5.以下鏈狀聚合物的性質及生活上的應用：聚乙烯 PE、聚氯乙烯 PVC、聚丙烯 PP、聚苯乙烯 PS

▲ 5-3 提問設計。

5-4 及 5-5 討論題提問單

1. 皂化反應中為什麼要加入酒精及加熱呢？
2. 什麼是「鹽析」？為什麼要鹽析呢？
3. 肥皂及合成清潔劑在生活使用上有什麼缺點？
4. 為什麼「乾燥法」可以保存食物？
5. 為什麼「低溫冷凍法」和「低溫殺菌法」可以保存食物？
6. 為什麼「高溫殺菌法」可以保存食物？
7. 「殺菌」和「冷凍」的差別在哪？為什麼這兩種方式都必須存在來保存食物？

5-4 & 5-5 個人加分挑戰題

1.肥皂是酸性？鹼性？中性？
2.什麼是「硬水」？
3.請畫畫看「去污原理」
4.什麼是「發酵」？
5.要如何製作葡萄酒或葡萄果醋？

▲ 5-4 & 5-5 提問設計。

提問配合大聯盟小組合作學習，結果是全班積極參與，每個人都有事做，程度較差的D咖也幾乎都有機會站起來回答問題為該組搶分，而且小組筆記確實。最讓我驚喜的是，在我完全沒教如何畫概念結構圖的前提下，學生只因著我的提問而嘗試繪製的成果都出乎我意料的好！

課後我詢問孩子對於這樣上課的感想，有的對於自己依課程內容能畫出結構圖感到很不可思議，有的認為因此更容易學習，……。得到學生的正面評價，讓我更有動力繼續堅持下去！於是我繼續設計5-2的提問並配合原子模型實體教具操作，再接再厲進行類 MAPS 的理化教學。

在5-1、5-2課程操作下，學生課堂上熱情參與，為了分數積極搶答，原本在教室裡的「客人」成為主動學習的「主人」，經由小組夥伴的陪伴、討論及協助，人人幾乎都能勇於舉手，自信說出自己的想法，可見其小組教學相長、團結合作之能力養成。因此到了5-3及5-4，我直接發下設計好的提問單，讓小組進行自學，直接給予依循提問單畫出概念圖之任務。

在操作過程中，雖得到學生的正面評價，也看見學生的學習成效更深入，但也遭受到一些成績不錯的學生反彈。他們希望老師像以前一樣給予講義，直接講課給答案就好，認為問答思考實在很麻煩又浪費時間；也有些聰明的學生不懂得互助合作，總覺得自己才是對的。於是我私下與這些學生詳談，告訴他們實施此教學法的原因，並點出他們一直以來的學習問題──不願意思考以至於遇到沒做過的題目就不會寫的狀況！感謝這些學生的真誠反映，讓想打破他們習慣被填鴨框架的我更堅定要繼續下去。

所幸自己如此堅持，這些反彈的學生到畢業前已成為最積極參與課堂的孩子，畢業後回來也是津津樂道對於當時理化課程的享受，坦言上高中、大學之後更能明白老師當初的用意。

二〇一五年的 MAPS 在我心中種下了分組合作學習，及由淺入深、拆解課文內容形成提問鷹架的種子，隨時間慢慢萌芽成長。

二〇一九的再精進，MAPS 種子教師工作坊

二〇一九年七月二十五日，有幸再度參加政忠主任的 MAPS 種子教師工作坊。三階段總共為期七天的種子教師培訓實作課程，在主任的傾囊相授及同組不同領域夥伴的無私分享和開放討論下，讓我對於 MAPS 教學有更深入的了解，特別是在提取訊息之表格設計，明白了藉由適當的鋪陳及提示線索，是可以放手給學生完全空白的部分，讓他們為剩下的課文內容進行標題命名及內容整理，建構上位概念。而在

▲ 5-2 上課實況——小組合作嘗試使用原子模型組成乙醇。

▲上課實況——學生積極搶答，發表小組討論後的想法。

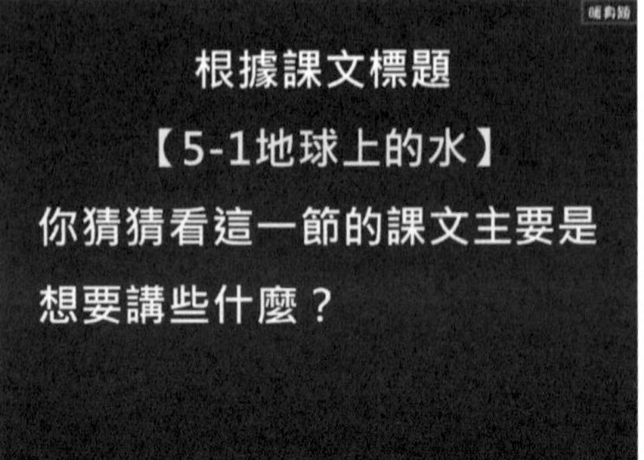

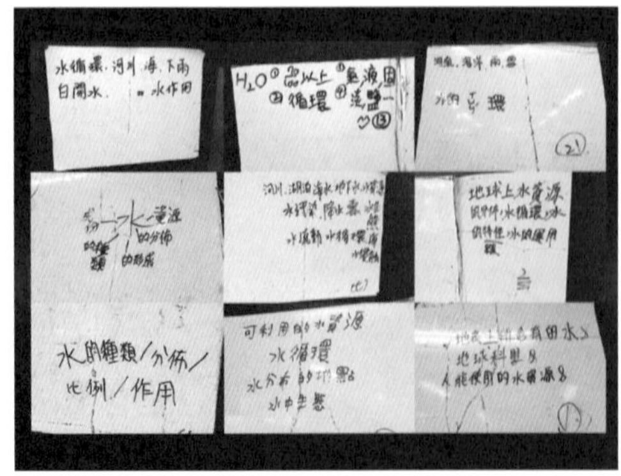

「人可以一個月不吃飯，但不能一週不喝水。」

「地表71%的面積被水覆蓋；而水佔人體組成70%，大腦細胞的90%。」

在八上水溶液的單元，也曾提到水是最佳的溶劑。

除了以上敘述，請你說說看對”水”還有哪些認識及瞭解？(至少三點)

(例：水的特性、型態，因此有什麼樣的作用或功能)

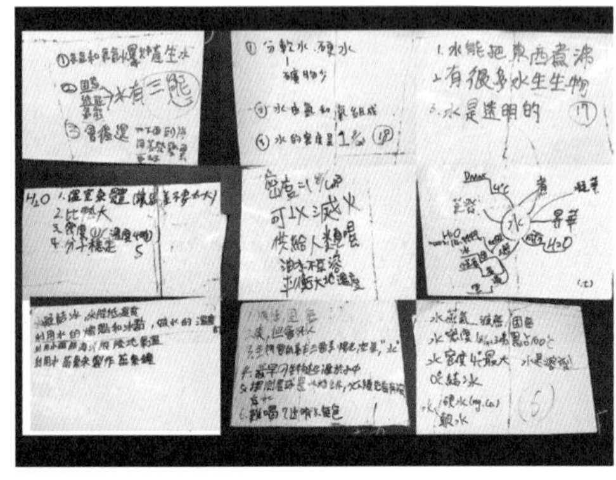

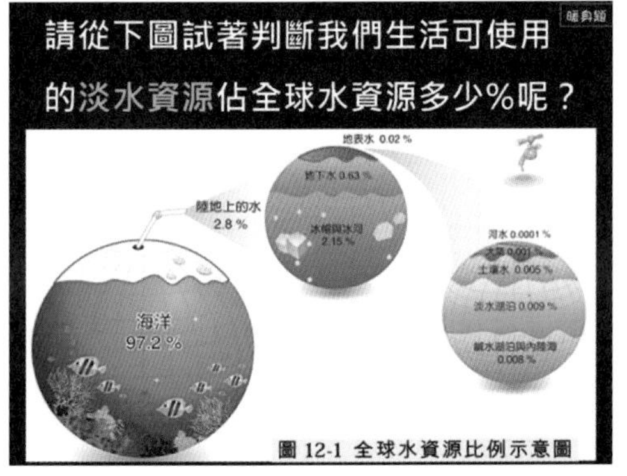

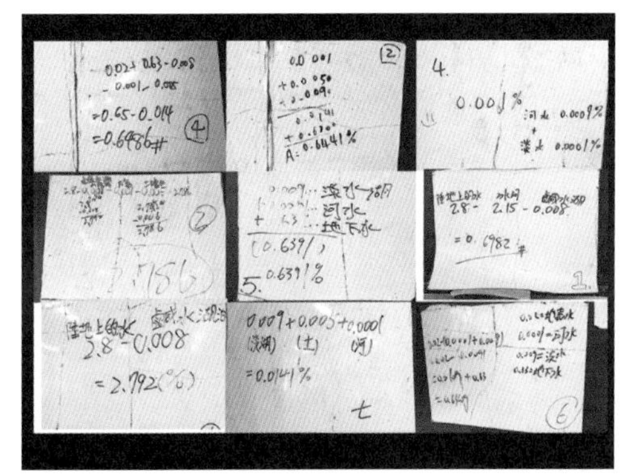

我們生活可使用的淡水資源僅占全球水資源0.64%，

對此數據，你有什麼樣的想法？

(請用50字以內,並以完整的句子描述)

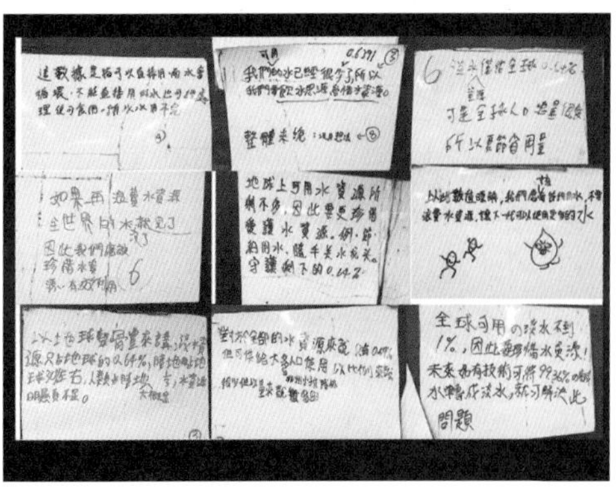

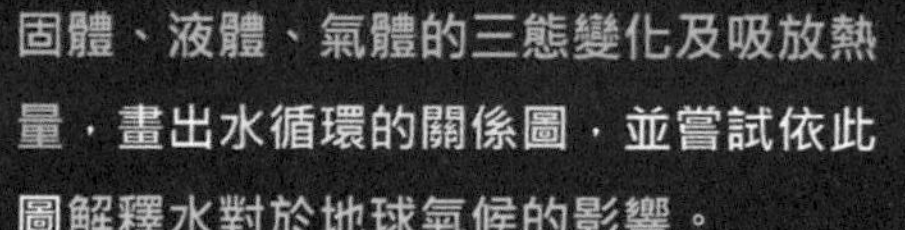

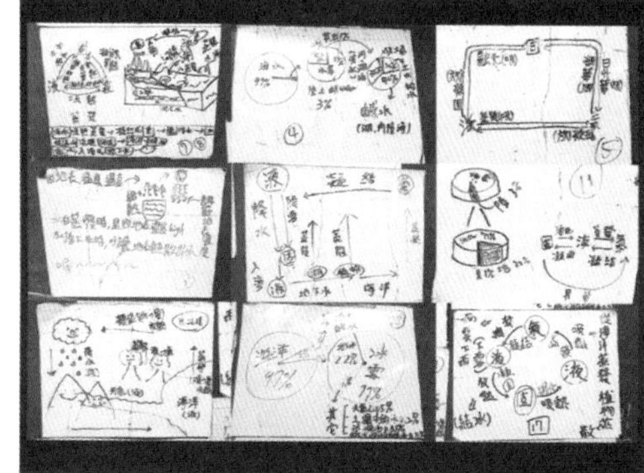

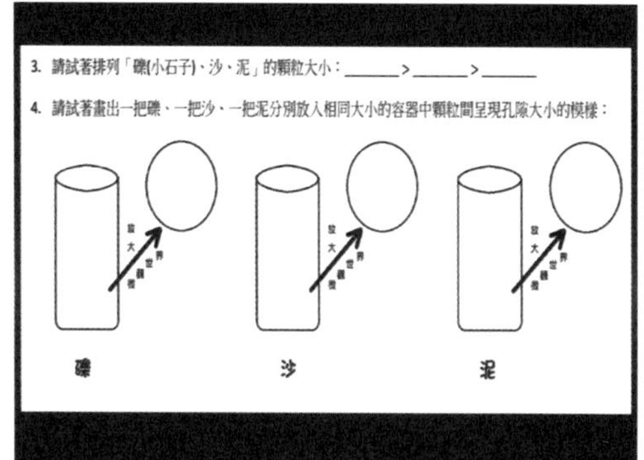

基礎題

1. 請根據課本 P.169 內容，完成下列有關於海水鹽類的表格：

型態				
	種類			其他
	化學式			
	佔比例多寡			
鹽度	______(紅海)		______(______)	

基礎題

5. 在觀察及觸摸「礫岩、砂岩、頁岩」後，請試著將「礫岩、砂岩、頁岩」與「礫(小石子)、沙、泥」做配對，並說明原因

岩石種類	組成顆粒	判斷原因
礫岩		
砂岩		
頁岩		

基礎題

2. 請根據課本 P.170-172 內容，完成下列有關於冰川、湖泊、河川及地下水之比較：

	類型	流動形式	成因(來源、溫度、地形條件等)	
固態				
		短暫停留		
液態				
	地下水			

▲ 2019 年九年級地球科學「5-1 地球上的水」三層次提問設計及學生成果。

2015	2019
基礎題、進階題、挑戰題	暖身題、基礎題、挑戰題
大聯盟分組	**文本分析解構** 根據圖像組織 設計提問＋教學課程脈絡

▲ 2015 年 & 2019 年，我所吸收到的 MAPS。

暖身題設計新舊經驗連結這部分的刺激下，透過夥伴跨域（地理、地球科學）的對話，讓我發現原來理化及地球科學要提取學生舊有學習經驗，除了可以往國小自然、七年級生物尋找，也可以往地理、數學、健康教育等學科連結。

兩次的參與，因接觸的時間長短所吸收到的養分深淺不同，二〇一九年我更了解暖身題、基礎題及挑戰題之細膩鋪陳、鷹架之脈絡化，同時深刻感受到二〇一五年到二〇一九年四年期間，政忠主任也不斷進化，融合各種圖像組織於MAPS教學之中，將整個教學設計規劃得更有系統性及核心脈絡，最終發展出一套屬於MAPS的教育哲學。

利用暑假輔導期間，我將在工作坊裡與夥伴依循MAPS三層次提問脈絡設計的九年級地球科學課程「5-1地球上的水」進行實踐，融合七年級的地理、八年級理化及國文字義理解，結合小組討論、實際岩石探究，可以想見學生們在這一章節的學習將更加深入，並與其他學科進行有效的學習遷移。只是這一章節在一般傳統講述教學下最多一節課就上完了，而我卻用掉了整整五堂課的時間，不由對於學期開始進行MAPS自然科教學之實踐感到徬徨躊躇，同時又感到被文本類型偏向於文科之框架給限制住。

於是學期開始時，我就挑選我能使用的部分內容融入教學之中，例如：在地球科學「天氣」單元中，我模仿MAPS國文的字音字形貼貼，給予學生國一地理的文本，進行相關概念的課文內容貼貼；並給予概念圖的填空，讓學生在我的設計引導下進行課文內容的整理，同時統整與八年級理化相關的內容；而挑戰題則結合我發想的多元評量，讓學生小組合作演出各種天氣型態。

二〇二〇的領悟，徹底解構再出發

二〇二〇年新學年度，我重新從八年級理化開始教起，決定勇敢挑戰自己一直以來逃避面對的文本分析概念圖。雖然繪製每一章的概念圖都讓我燒腦焦慮好幾天，寫了又改，改了又寫，然在這痛苦的過程中徹底解構文本，也徹底解構自己的慣性：仔細思考單元的核心概念、每個概念之關聯，銜接上適當的順序，完成概念圖後，它就像是課程的劇本，讓我能順著概念脈絡的鋪陳思考要加入什麼教學媒材及探究實作，進而完成每一堂課程的教學設計。雖然難度不小，但這樣課前完整且有系統的規劃，讓我上課時游刃有餘，腦袋非常清楚這節課我與學生此時的位置及前往的方向，內心更感覺安穩踏實。當學生與我一起完成這劇本的拍攝後，我將這張概念圖劇本提供給他們作為課程的複習及後設，並在第一次定期考後，鼓勵他們寫出屬於自己的概念圖劇本。令人驚豔的是，在一次定期考的訓練及示範下，不少學生已能自

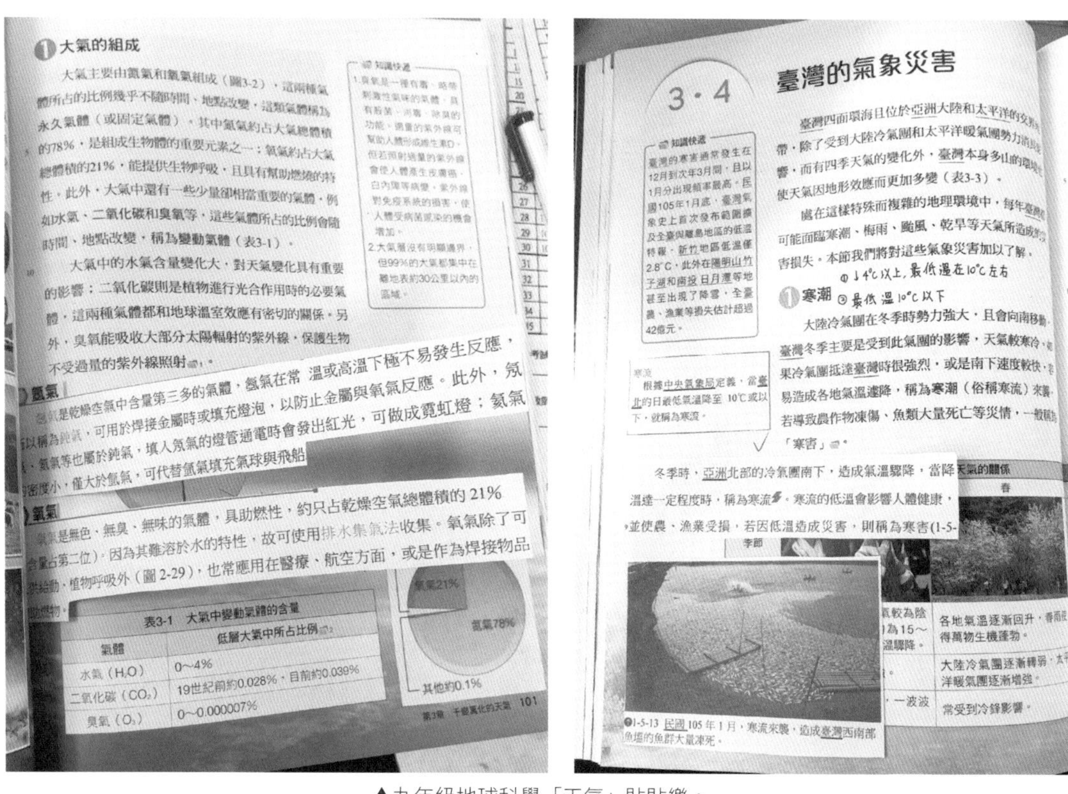

大氣的組成

大氣主要由氮氣和氧氣組成（圖3-2），這兩種氣體所占的比例幾乎不隨時間、地點改變，這類氣體稱為永久氣體（或固定氣體）。其中氮氣約占大氣總體積的78%，是組成生物體的重要元素之一；氧氣約占大氣總體積的21%，能提供生物呼吸，且具有幫助燃燒的特性。此外，大氣中還有一些少量卻相當重要的氣體，例如水氣、二氧化碳和臭氧等，這些氣體所占的比例會隨時間、地點改變，稱為變動氣體（表3-1）。

大氣中的水氣含量變化大，對天氣變化具有重要的影響；二氧化碳則是植物進行光合作用時的必要氣體，這兩種氣體和地球溫室效應有密切的關係。另外，臭氧能吸收大部分太陽輻射的紫外線，保護生物不受過量的紫外線照射。

表3-1 大氣中變動氣體的含量

氣體	低層大氣中所占比例
水氣（H_2O）	0～4%
二氧化碳（CO_2）	19世紀前約0.028%，目前約0.039%
臭氧（O_3）	0～0.000007%

臺灣的氣象災害

臺灣四面環海且位於亞洲大陸和太平洋的交界帶，除了受到大陸冷氣團和太平洋暖氣團勢力消長影響，而有四季天氣的變化外，臺灣本身多山的環境也使天氣因地形效應而更加多變（表3-3）。

處在這樣特殊而複雜的地理環境中，每年臺灣都可能面臨寒潮、梅雨、颱風、乾旱等天氣所造成的災害損失。本節我們將對這些氣象災害加以了解。

寒潮

大陸冷氣團在冬季時勢力強大，且會向南移動。臺灣冬季主要是受到此氣團的影響，天氣較寒冷。如果冷氣團抵達臺灣時很強烈，或是南下速度較快，容易造成各地氣溫遽降，稱為寒潮（俗稱寒流）來襲。若導致農作物凍傷、魚類大量死亡等災情，一般稱為「寒害」。

▲九年級地球科學「天氣」貼貼樂。

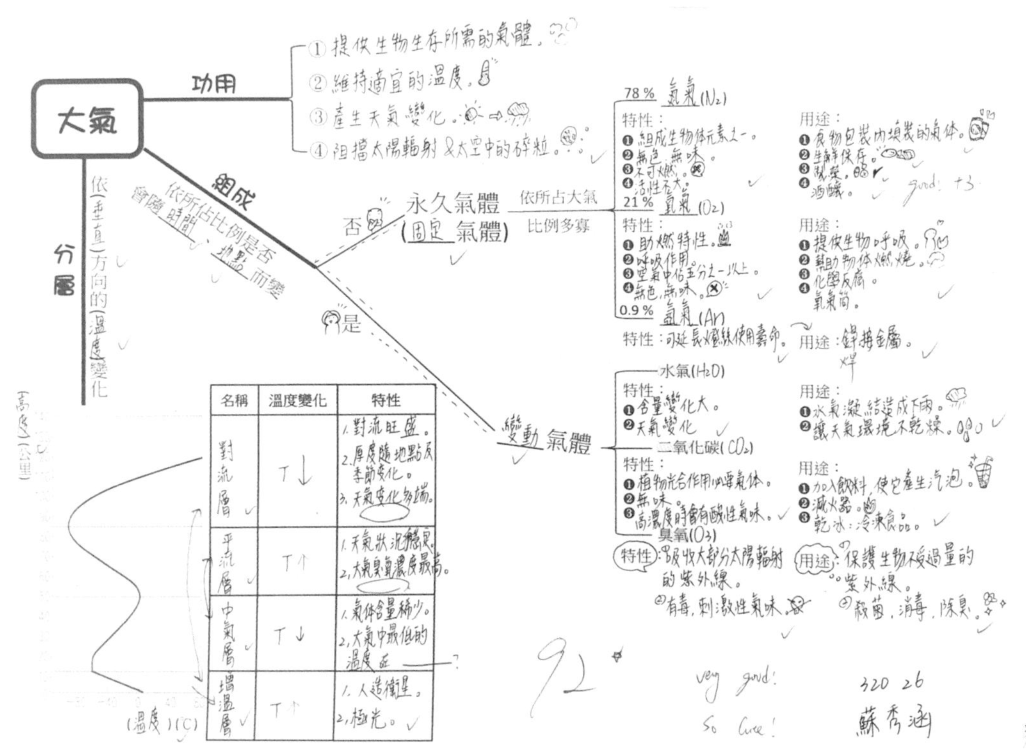

▲大氣分層概念圖。（學生蘇秀涵作品）

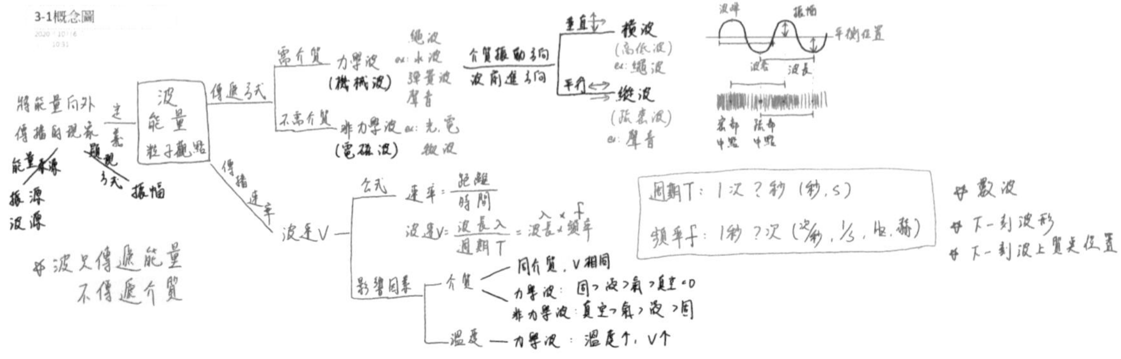

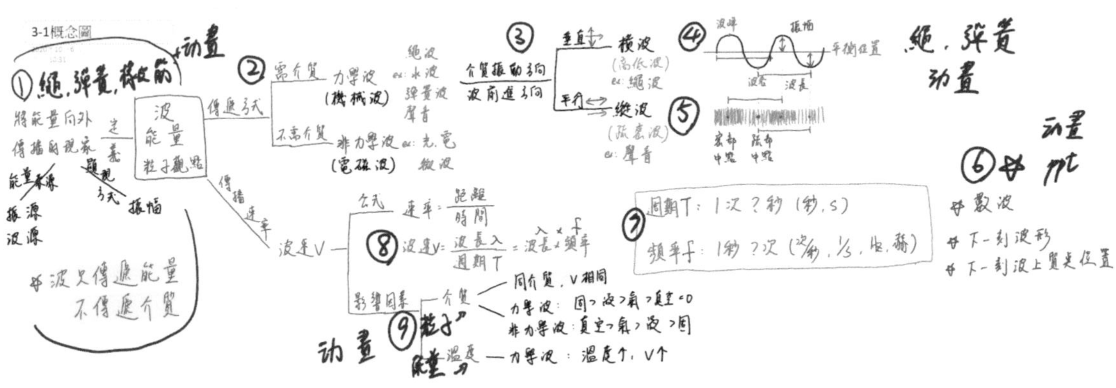

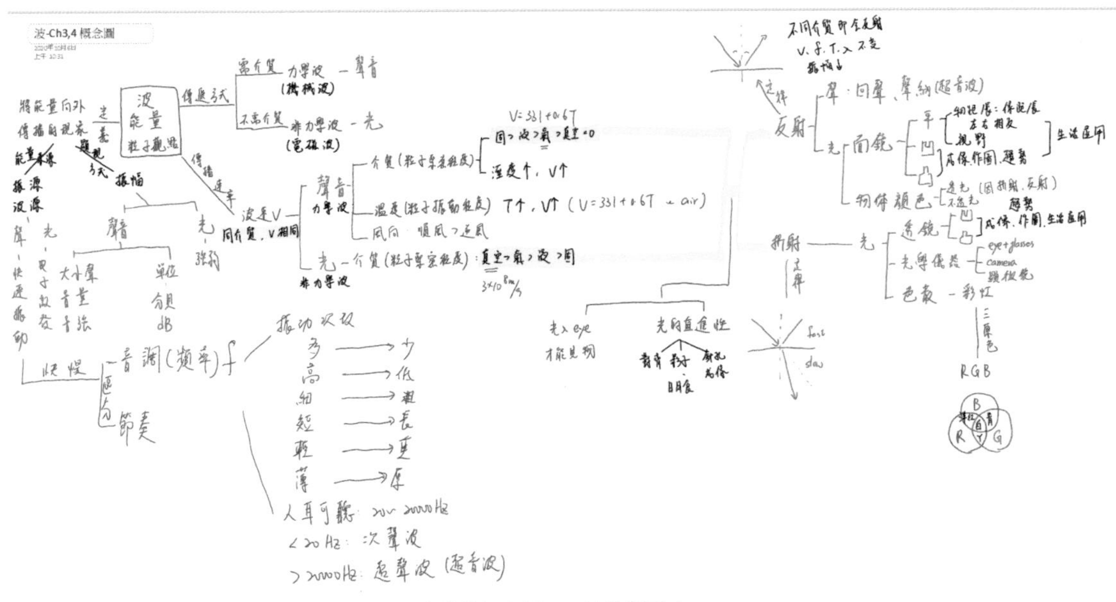

▲我的概念圖——波動與聲音。

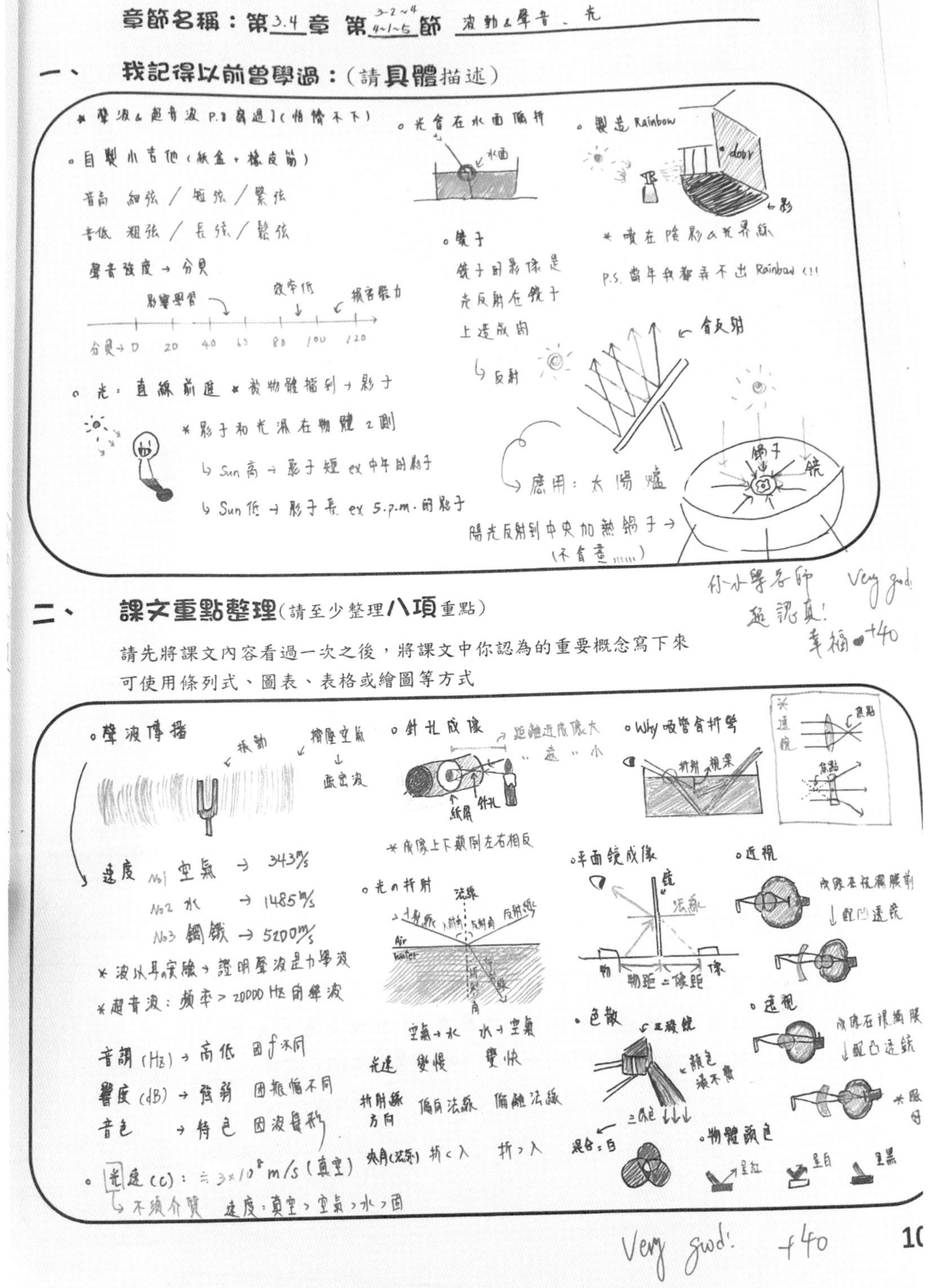

▲學生使用我所設計的預習筆記。（學生劉子昕作品）

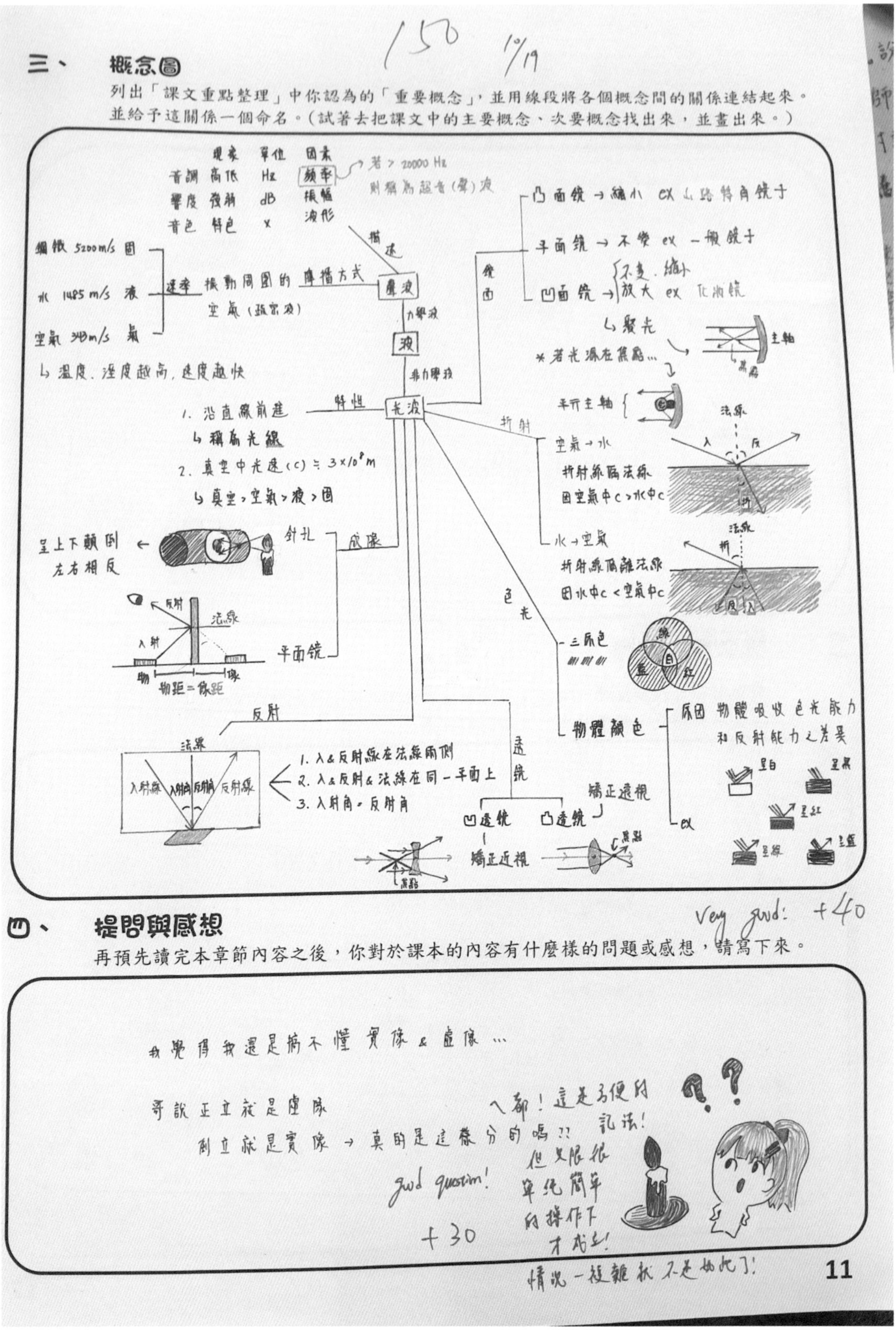

150　10/19

三、概念圖

列出「課文重點整理」中你認為的「重要概念」，並用線段將各個概念間的關係連結起來。並給予這關係一個命名。（試著去把課文中的主要概念、次要概念找出來，並畫出來。）

現象	單位	因素
音調 高低	Hz	頻率
響度 強弱	dB	振幅
音色 特色	X	波形

若 > 20000 Hz 則稱為超音(聲)波

鋼鐵 5200m/s 固
水 1485 m/s 液
空氣 340m/s 氣
速率　振動周圍的空氣（疏密波）　傳播方式　聲波
↳ 溫度、溼度越高，速度越快

聲波 —力學波— 波 —非力學波— 光波

光波 —特性—
1. 沿直線前進 ↳ 稱為光線
2. 真空中光速（c）≒ 3×10^8 m ↳ 真空＞空氣＞液＞固

成像 — 針孔：呈上下顛倒、左右相反
平面鏡：物距＝像距

反射：
1. 入＆反射線在法線兩側
2. 入＆反射＆法線在同一平面上
3. 入射角＝反射角

鏡面：
凸面鏡 → 縮小 ex 山路轉角鏡子
平面鏡 → 不變 ex 一般鏡子
凹面鏡 → 不變、縮小／放大 ex 化妝鏡
↳ 聚光
※ 若光源在焦點… 平行主軸

折射：
空氣 → 水：折射線偏法線，因空氣中c＞水中c
水 → 空氣：折射線偏離法線，因水中c＜空氣中c

色光：
三原色
物體顏色：原因 物體吸收色光能力和反射能力之差異；ex 呈白、呈黑、呈紅、呈綠、呈藍

透鏡：
凹透鏡：矯正近視
凸透鏡：矯正遠視

四、提問與感想

再預先讀完本章節內容之後，你對於課本的內容有什麼樣的問題或感想，請寫下來。

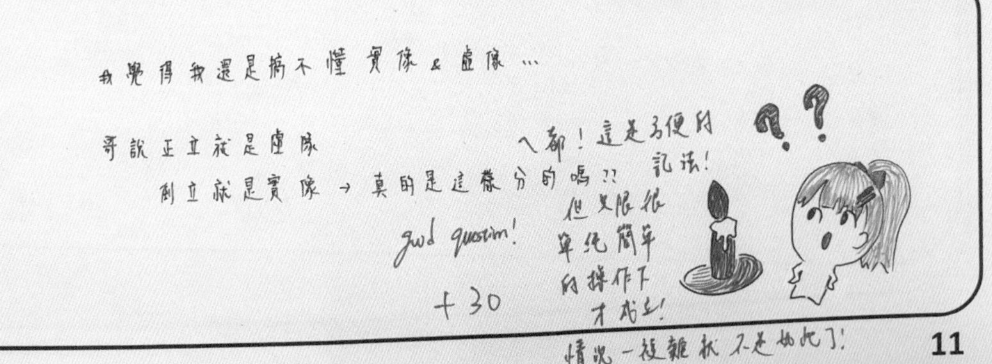

▲學生使用我設計的預習筆記。

三上 《第三單元 看不見的空氣》

【學習目標】	【教學目標】
1. 察覺空氣占有空間，具可壓縮、沒有固定形狀的特性。	1. 藉由五官觀察，察覺空氣是一種無色、無味的氣體。 2. 察覺空氣占有空間、沒有固定的形狀，可以填充在不同造型的容器 3. 察覺空氣的形狀可以改變。
【教學活動】	
【活動 1-1】空氣占有空間 1. 教師引導學生察覺空氣在自己的四周。 2. 教師指導學生用塑膠袋捕捉空氣。 3. 教師指導學生觀察捕捉到的空氣，察覺空氣無色、無味。 4. 察覺空氣可以被壓縮。 5. 教師指導學生將裝空氣的塑膠袋壓入水中，觀察空氣占有空間的特性。 6. 教師展示將裝有紙團的透明杯垂直壓入水中。 7. 教師請學生預測杯中的紙團會不會溼。 8. 學生分組進行操作將裝有紙團的透明杯垂直壓入水中的試驗。 9. 教師引導學生討論為何杯中的紙團不會溼。 10. 教師引導學生觀察空氣充入不同造型的容器前後，容器形狀的變化。 11. 教師歸納空氣占有空間、沒有固定形狀的特性。 12. 察覺注射筒中壓下活塞而移動的位置，可以比較用力的大小。	【活動 1-2】空氣可以被擠壓 1. 教師指導學生壓一壓出口堵住的注射筒，感受施力的情形。 2. 學生利用壓下出口堵住的注射筒的活塞，比較用力的大小。 3. 教師引導學生觀察壓下裝空氣注射筒後，放開活塞的移動情形。 4. 教師引導學生比較觀察裝水注射筒活塞被壓下的情形。 5. 教師歸納空氣具有可以被壓縮的特性，水則不可以被壓縮。

《第四單元 廚房裡的科學》

【學習目標】	【教學目標】
1. 觀察溶解的現象，察覺影響溶解情況的因素。 2. 察覺生活中的溶解現象，知道應以較環保的方式來清潔物品。	1. 察覺溶解的現象，並認識有些調味品和粉末食材能溶解在水中。 2. 認識有些調味品和粉末食材是可溶物，有些是不可溶物。 3. 透過試驗，察覺砂糖和食鹽在水中的溶解量不同。 4. 知道物質在水中的溶解量是有限的。 5. 察覺增加水量及提高水溫，都可以使杯底沉澱的砂糖繼續溶解。 6. 察覺物質可因加熱而改變形態，這些改變可能和溫度有關。 7. 察覺果凍粉和水量的不同，會影響果凍的軟硬。 8. 知道日常生活中的飲食，有許多溶解現象的應用。

▲暖身題：提取舊經驗——提供給學生提取舊經驗之鷹架。

【教學活動】	
【活動 1-1】分辨調味品 1. 教師指導學生用五官觀察砂糖、食鹽、辣椒粉、黑胡椒粒和麵粉等。 2. 學生將觀察到的特性記錄在習作中。 【活動 1-2】調味品會溶解在水中嗎 1. 教師引導學生發表舊經驗，說一說調味品放入水中會如何。 2. 教師指導學生用紗布包住黃色砂糖並放入水中，觀察砂糖的變化。 3. 學生發表砂糖在水中溶解的現象。 4. 教師說明溶解的意義。 5. 教師指導學生操作各種廚房中調味品和粉末食材放入水中的現象。 6. 教師指導學生歸納整理哪些調味品和粉末食材是可溶物，哪些調味品和粉末食材是不可溶物。	【活動 2-1】怎樣使砂糖更快溶解 1. 教師引導學生思考有什麼方法可以使砂糖溶解得更快。 2. 教師說明並指導學生何將調味品和粉末食材刮成平匙的方法。 3. 教師指導學生正確的攪拌方式，並比較有無攪拌對砂糖溶解快慢的影響。 4. 教師指導學生量取相同水量、不同水溫的水，加入等量的砂糖，攪拌相同次數後，比較兩杯水中砂糖的溶解情況。 5. 教師歸納攪拌及提高水溫，都可以使砂糖溶解得更快。 6. 教師指導學生增加水量，攪拌後，觀察原本沉澱在杯底的砂糖的溶解情形，並記錄在習作中。 7. 教師指導學生利用隔水加熱的方法，加熱有沉澱的砂糖水溶液，攪拌後，觀察原本沉澱在杯底的砂糖的溶解情形，並記錄在習作中。 8. 教師歸納增加水量及提高水溫，都可以使原本沉澱在杯底的砂糖繼續溶解。
【活動 3-1】動手做果凍 1. 教師說明有些物質加熱後會產生變化。 2. 教師指導學生閱讀果凍粉製作說明書，了解製作果凍的步驟和方法。1.教師指導學生閱讀果凍粉製作說明書，了解製作果凍的步驟和方法。 3. 學生依說明書的步驟製作果凍。 4. 教師引導學生發表製作果凍過程中的發現。 5. 教師指導學生改變各項製作果凍的變因，先試驗冰水和熱水對製作對果凍的影響。 6. 5.教師指導學生改變各項製作果凍的水量，試驗水量對製作對果凍的影響。	

五上 《第三單元 水溶液》

【學習目標】	【教學目標】
1. 知道溶質溶於溶劑後，水溶液的重量會增加。 2. 察覺食鹽水溶液的水分蒸發後，可以回收溶解的食鹽。	1.觀察物質溶解在水中的現象。 2.透過實驗過程，學習操作控制變因的方法。 3.透過實驗發現物質溶解於水後，水溶液的重量會改變。 4.從實驗過程中，察覺水溫會影響物質的溶解量。 5.從實驗過程中，察覺水溶液中的水分蒸發後，可以析出溶解的物質。
【教學活動】	
【活動 1-1】物質的溶解現象 1.透過觀察，察覺有些物質可以溶於水中，形成水溶液。 2.察覺物質溶於水中會形成水溶液，且生活中應用到許多的水溶液。 3.透過操作和討論，知道物質溶解於水後，水溶液的重量會變重。 4.透過操作和討論，察覺當食鹽水溶液中的水分蒸發後，可以回收溶解在水中的食鹽顆粒。	

▲暖身題：提取舊經驗——提供給學生提取舊經驗之鷹架。

暖身題		
	國文	自然
目的	引起動機	聯結 (國小→國中螺旋式課程脈絡)
	猜測想像 (猜架構、主旨)	標題預測 找尋這章節的核心概念 猜測科學名詞之意義
	新舊經驗 (聯結學習、生命經驗)	起點行為 以前體驗過之生活及學習經驗的聯結，為進入國中自然課程的基礎 預習筆記

基礎題	
國文	自然
走入文本 進入/找出脈絡	
題幹的可閱讀性	題幹就是課文重點 但問「為什麼」 確認理解 概念澄清
文本分析完先設計基礎題 從基礎題鋪陳去找上位概念	先給上位概念，再帶入架構

挑戰題 多元評量		
國文		自然
有意識的產出		
讀寫合一	連結外部	生活實境的連結 洋芋片 手搖飲
跨域延展	多元觀點	多元能力的培養 媒體識讀 健康與生命的聯結
觀點探究	建構策略	實際解決 生活發生的問題 探究實作

▲ MAPS 在國文與自然學科之異同。

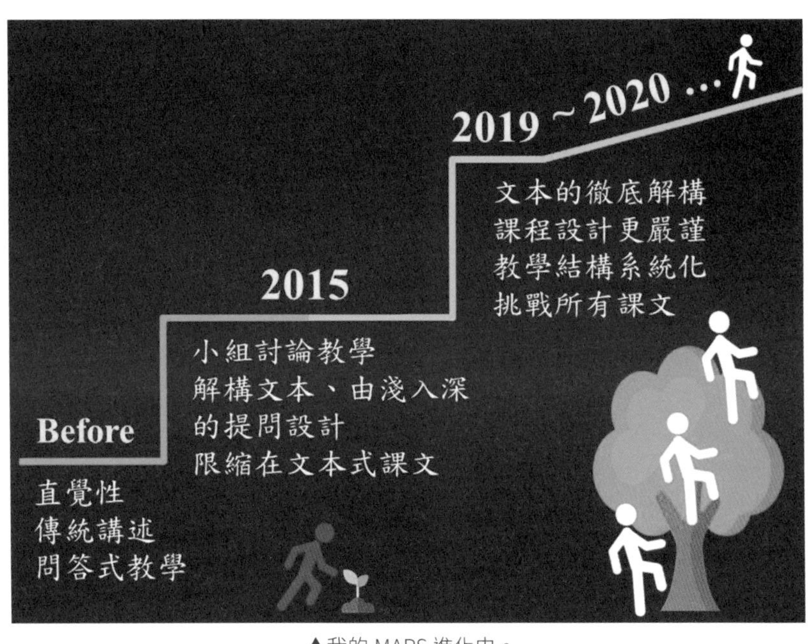

▲我的 MAPS 進化史。

行掌握課程概念之脈絡，在預習筆記中繪製出屬於自己的概念圖。

◆屬於自己的理化 MAPS

除了挑戰自我解構，我將已經實施兩年的學習筆記，融合仁德文賢國中黃鴻儒老師的預習筆記，讓學生在我的引導與設計下提取舊有學習經驗、學習抓取課文重點，嘗試提問、抒發感想和記錄自己真正在課程中學習到的內容。而我則可以從這本預習學習筆記中得知每個學生的起點、需要協助的地方，以及在課程中有效吸收、達到學習遷移的部分。

為了讓學生能在預習筆記中有效提取舊有學習經驗，並讓我得知他們的起點在哪裡，我會事先往國小數學、自然、七年級地理、生物、數學等科目探詢相關的學科知識，並整理好印給學生參考，讓他們從中找回自己的記憶。我也從他們的書寫中，知道有哪些是他們以前應該要有的學習經驗卻沒有被建構，我必須要藉由我的課程補充給他們。這正是我的 MAPS 暖身題——新舊經驗連結之轉化！

◆ 多元不設限，勇於突破，造就有效改變

在上述的思考脈絡下，我重新審視 MAPS 在自然科的運用必須突破文本及學科的框架，認清國文與自然學科本質的差異，回歸自己任教學科的本質及學科思維。因此我比較了 MAPS 在國文與自然學科的異同，結合 MAPS 核心架構與這四年來在不同領域、不同刺激下獲得的養分，將之有效運用在自然科教學上。

抓住架構核心，緊扣學科本質，讓我不再局限於文本類型，我更能靈活運用 MAPS 三層次提問精神在自己的教學課程設計上，形成屬於自己的理化教學脈絡。

開心於自己的突破與成長，感恩 MAPS 的滋養，感激政忠主任與夥伴的無私分享。冀望自己能繼續勇敢前進，邁向心中下一個 MAPS 階段——每個學生都能藉由三層次提問進行個人化自主學習，每個學生都能成為自己心中的A咖！

【國中領域】

7

黃淑卿／ MAPS，我的 GPS

花蓮縣立花崗國民中學

山中大叔導讀

一個與我同年同屆畢業的國文老師，有著與我截然不同的教師遷徙生涯：從蛋黃區一路移動到後山王國，這是淑卿老師的國文教學之旅。

旅程需要方向，MAPS 是淑卿選用的 GPS。

事實上，淑卿日常運用的不只一個應用程式：她經常跨域學習，經常拜師學藝，經常即知即行，經常發想創新，經常大膽勇敢，而且，總是道具齊備。

再好用的應用程式，沒有按下開啟，只是一個未知的 APP；再先進的 GPS，如果沒有出發前往，只是一個沒有進度的方向。

淑卿老師邀請大家一起開啟，一起出發。

◆從女王變女僕？

「山裡的風有你的孤單，一個人承擔無止境的承擔。……」每次在夢N的開幕中聽到政忠老師領唱〈我有一個夢〉，心中總有著滿滿的感動，眼眶也會不自覺跟著溼潤，因為政忠老師真的懂得第一線教師的困境與孤單。我常想這需要多大的熱忱和教育愛，才會去全國走透透，辛苦辦理一場又一場研習。有次我搭乘計程車前往夢N會場時，司機問我：「為什麼妳參加的活動叫夢N？夢N是什麼？」我回答他：「因為這是一群人在做教育的大夢。」正因為政忠老師的夢，讓我重新找回當老師的初衷與快樂。

記得當初大學聯考選填志願的時候，媽媽曾委婉勸我不要填師大，說國中生很難教，但我就不信邪，依據前一年的錄取分數從師大到師院一路填下來，而且還自以為是：如果教國中那麼不好，為什麼師大的分數會高於師院呢？國中生真的有那麼難教嗎？我根本不把媽媽的叮嚀當一回事，所以就進入彰師大國文系就讀。

畢業後我考取了臺北市的教師甄試，在臺北市任教了八年，之後調回故鄉嘉義市任教了五年，在那十三年的時光中，我一直覺得「傳聞」國中生不好教真是誇大其辭。我自認自己上課幽默，善講故事，學生聽課都是雙眼炯炯有神，反應熱烈，國文成績在年級排名中向來也是數一數二，因此我一直覺得自己即使稱不上名師，也是屬於教得不錯的老師。

後來因為腦血管出了問題，我下定決心調到先生家鄉和工作地——花蓮，結束夫妻分隔兩地的生活。從直轄市調到省轄市再到縣轄市，學生戲稱好像蘇軾被貶官一樣，一路被貶到花蓮來。隨著自己的教學足跡，我的確感受到了城鄉差距帶來的學生差異，面臨的教學挑戰也變得更多了，這還真像是被貶官。

調到花蓮時，正值身體狀況最糟糕的時候，原本我是抱持著養病的心態來後山慢活，但卻發現此處學生的常規不佳，作業缺交是常態，甚至其他課我都必須坐在教室後面「鎮壓」，最慘的是，我從教室的女王變女僕了。這時的課堂我看不到學生抬頭仰望老師的閃亮眼神、低頭奮筆疾書的認真模樣，連訓誡學生時，學生還會說：「老師，妳講的話太深奧，還用成語，我們都聽不懂啦！」此時的我再也沒辦法用生動的教學內容吸引學生，要板起臉孔採用高壓手段才能上課。學生上課狀況非常糟，不是干擾秩序，就是沒反應直接睡去，我感到非常挫敗，進教室前都要深呼吸幾次，才有勇氣踏進去。在這樣渾渾噩噩當中，我度過了數個寒暑，常常扳著指頭計算離退休年資二十五年還有多久，甚至當身體健康每下愈況時，還動念想辭職算了。

然而，就在我心已死的狀況下，突然有了契機出現。

在二〇一四年十一月，我接觸到了翻轉教學自學的影片，大師生動的演講深深震撼了我，我多想改變傳統教學，所以研習完一回到課堂，我就毅然決然地翻轉了——反正我已經在谷底了，再怎麼差都不會更差了。

◆一封家長的來信

一翻轉，學生果然都活過來了，可以討論、發表，後山孩子奔放的天性終於不受束縛了。我對翻轉的成果是滿意的，感覺自己正往康莊大道走去，但心裡卻仍有一種道不出的不踏實感，而這種虛浮感在一個月後得到解答。偶然機會我看到一場研習：「POWER to TURN OVER～MAPS 翻轉教學」，MAPS 是什麼？我一頭霧水，但主講者是我才拜讀過的《老師，你會不會回來》的作者王政忠老師，難得可以目睹作者本人，我基於粉絲索取簽名的心理參加了研習，沒想到這場研習竟然成為我教學生涯中最重要的里程碑。

一開始所接觸的翻轉教學，強調以學生為主體，老師要自編教材，用提問方式進行課程，但最重要的教材該怎麼編卻語焉不詳。我在政忠老師的分享中得到了解答，才知道原來翻轉是可以有步驟、有方法，不是只靠滿腔熱血，透過有效的方法執行翻轉，翻轉才不會只是一場煙火。原來 MAPS 就是我的 GPS，藉由它，我更明確知道通往翻轉之路該如何前進。

真正翻轉之後的效果是立竿見影的，當我上〈張釋之執法〉這篇課文時，我問學生：「當張釋之解釋完自己判決的原因後，文帝思考良久，請問在這個良久當中，文帝在天人交戰什麼？」有位學生舉手說他要回答，但沒辦法單靠口述，希望用演出來表達。結果他上臺一人分飾旁白及文帝內心的惡魔和天使三角，在切換角色時，他還不忘用白板遮住臉當過場，表情、內容十分到位。看到他有創意又切合題旨的表現，我的眼淚真的都快流下來了，因為我的翻轉改變了他。那位學生患有 ADHD（注意力不足過動症），經常被任課老師「遣送出境」到走廊罰站，在我的課堂也坐不住，常會舉手報告說要去檢查垃圾桶、做垃圾分類（他負責倒垃圾），他可以說是教室裡毫無學習意願的客人，但當我改變傳統講述方式，把課堂的發言權交還給學生後，他總是搶著舉手發言，變成他那組的得分王。

但這樣的驚喜還沒結束。

有一天，學生交給我一封信，我愣了一下，這莫非……但我是歐巴桑了，顏值又不高，不可能是情書，那會是什麼呢？學生說是他媽媽要給我的，「完蛋了！一定是被客訴我的翻轉教學了！」我心裡在OS，等懷著忐忑的心回到辦公室打開一看之後，淚腺發達的我又熱淚盈眶了，原來是他媽媽寫給我的感謝信：

〇〇自小就怕國語文，尤其是對形音義的考試，他尤其排斥，連帶對國文這科目也心生恐懼。但是，我好奇的是他對老師您讚佩有加，常說：「我們老師有待過國外。」——言外之意是您不會只要求背誦及成績，而是教學活潑且尊重差異。

最近，他又更愛您了，因為他說老師改變教法，上課真有趣，也讓他喜歡上國文！這真是不可思議，因為自上國中後，他失去學習的目標，受困於讀書為考試的挫折，但他現在喜歡上課，且是他最排拒的國文課！

老師，我真是感謝您，燃起他學習的意願。希望表達感謝之外，也支持您在教學上的改變，「翻轉教室」就是需要像您這樣熱血、有理想的老師。

我跌到谷底的教學，因為MAPS而徹底翻轉了，它翻轉了我的教學、我的學生，也翻轉了我的生命。在接觸MAPS之前，曾有同事當著我的面挖苦說：「〇〇〇在妳的班喔？他怎麼那麼衰！」也有同事說我教出來的學生成績差。在身心俱疲之下，我差點成了教育界的逃兵。但學生的改變和家長的肯定，給了我極大的信心，所以我也就不畏懼同事的閒言閒語，默默在我的課堂做改變。這些年下來，學生分組討論、口頭發表、書寫提問單，人人有事做，他們上課沒時間睡覺了，而彼此激盪出來的創意、無厘頭的答案都讓課堂多采多姿，更重要的是，他們愛上我的國文課。

也因為這些改變，我有了另一個意外的收穫，在二〇一九年獲得了花蓮縣特殊優良教師，這個肯定讓我更堅定了自己的翻轉之路。

◆ 我的進化史

在蹣跚學步的初學階段，我的提問單是直接從政忠老師或前師大教授鄭圓鈴老師的提問設計中擷取，兩位老師豐富的提問設計讓我省時省力，剪剪貼貼就可以上手。

但隨著自己課堂操作的時間愈久，我發現我的學生不等同於政忠老師的學生，對於他的設計我也不見得好操作，但我又沒辦法設計出那麼漂亮的三層次提問，所以我便改成逐段設計提問，設計出適合我的學生程度的題目。但我又發現逐段的提問太過瑣碎，只是把傳統講述變成學生回答，並沒有幫學生搭出鷹架，所以嘗試了一、兩課後，我自知失敗了，我開始懷疑自己的能力。所幸政忠老師在臺東夢N開設了工作坊課程，透過解說和實際操作，我終於了解三層次的分法，回到課堂後，我開始嘗試自己用三層次提問法設計題目，但這時仍是半調子，覺得好像還差了什麼。

我的徬徨在二〇一九年暑假獲得解決，有幸錄取 MAPS 種子教師的培訓。那三天政忠老師把手把腳地傾囊相授，經過燒腦又扎實的訓練後，我茅塞頓開，恍然大悟：原來三層次提問要這樣設計啊！當研習完畢回到花蓮後，我馬上找了一群志同道合的夥伴，一起共備，暑假磨了三課之後，任督二脈似乎打通了，設計題目愈來愈上手，而且也覺得愈來愈過癮，當一課一課的題目設計單不斷產出，自己心中的成就感也不斷湧現。

一、提問單舉隅

底下就是我自己設計的提問三層次，供大家參考。

（一）暖身題：

用多元題目讓學生初步認識新經驗、猜測文章主題、想像文章內容，再次喚醒舊經驗，連結新舊經驗。這個部分可以分為文章的內容和形式兩方面來設計。

#以〈慈烏夜啼〉為例

讓學生回家完成親子測驗卷，課堂上討論雙方的得分，

親子測驗卷 媽媽爸爸版

我是__________的爸爸媽媽(請打圈)　　得分:__________

這是一份親子測驗卷，測驗目的在於讓親子之間多一分認識，測驗時不可討論，測驗完畢請相互改考卷，並填上正確答案，每題 10 分，滿分 100 分。測驗完畢請讓孩子帶回學校，準備課堂討論，內容完全保密，請您安心作答。

國文老師黃淑卿敬上

準備好了嗎?測驗開始!

1. 我孩子的班級座號是:__________
2. 我孩子的導師姓名是:__________
3. 我孩子的出生年月日:__________
4. 我孩子的好朋友名字是:__________
5. 我孩子喜歡吃的食物是:__________
6. 我孩子討厭吃的食物是:__________
7. 我孩子最喜歡的偶像是:__________
8. 我孩子喜歡做的事是:__________
9. 我最常對孩子說的一句話:__________
10. 我做過最令孩子感動的事是:__________

恭喜您答完了!請交給孩子批改，錯誤答案請孩子填上正確答案，之後再相互討論。

親子測驗卷 孩子版

我是__________我要答題的對象是我的爸爸媽媽(請打圈)得分:______

這是一份親子測驗卷，測驗目的在於讓親子之間多一分認識，測驗時不可討論，測驗完畢請相互改考卷，並填上正確答案，每題 10 分，滿分 100 分。測驗完畢請帶回學校，準備課堂討論，內容完全保密，請安心作答。

國文老師黃淑卿敬上

準備好了嗎?測驗開始!

1. 我爸爸或媽媽的服務單位是:__________
2. 我爸爸或媽媽上司的姓名是:__________
3. 我爸爸或媽媽的出生年月日:__________
4. 我爸爸或媽媽的好朋友名字是:__________
5. 我爸爸或媽媽喜歡吃的食物是:__________
6. 我爸爸或媽媽討厭吃的食物是:__________
7. 我爸爸或媽媽最喜歡的偶像是:__________
8. 我爸爸或媽媽喜歡做的事是:__________
9. 我最常對爸爸或媽媽說的一句話:__________
10. 我做過最令爸爸或媽媽感動的事是:__________

恭喜你答完了!請交給爸爸或媽媽批改，錯誤答案請爸爸或媽媽填上正確答案，之後再相互討論。

統計結果和我預估的一樣——多是父母得分比較高。接著讓學生討論為何父母的分數會比較高。

學生的答案多是因為父母比較在乎、關心孩子，所以得分較高，不過其中有一組令我很驚豔，他們寫：「父母常把好的東西給孩子，隱藏自己的喜好。」天下父母心啊！的確如此，父母配合孩子的喜好為喜好，所以孩子根本不知道父母真正的喜好。我從這個活動帶出〈慈烏夜啼〉的關鍵句——「應是母慈重」，父母的慈愛就是這樣無所不在。

1. 父母養我們久
2. 我們會說自己的喜好
3. 父母常把好的東西給我們，隱藏自己的喜好。

1. 因為對於對方的了解比較深入
2. 小孩對答案的包容心比較大
3. 父母比較在乎我們
4. 父母比較了解我們

#以〈小詩選・風箏〉為例

> 在開始閱讀這一首詩之前，請你就風箏做一聯想，將聯想到的答案寫於下方，小組再彙整答案，之後再就共同題和特殊題做一挑戰。

待小組答案都寫好之後，我會請他們挑一個共同題，就是各組都會想到的答案，如果各組都有寫，這一組就可以得到一個籌碼。特殊題則是創意題，選一個別組不會想到的答案，如果沒有其他組想到同樣答案，這組一樣可以得到籌碼。每次操作這樣的聯想題，學生都會欲罷不能。

#以〈石虎是我們的龍貓〉為例

> ◆石虎大逃殺！全臺剩不到五百隻，苗栗十三起開發案鏟平石虎最後淨土
> ◆開發開路　棲地破碎　插在石虎心臟的刀
> ◆苗栗石虎保育五開發案　環評須有生態專家參與
> ◆苗栗縣議會二度退回「石虎保育條例」，二十五位議員投下反對票
> ◆「開發地永遠調查不到石虎」？學者、保育團體點出環評漏洞
> ◆不該為石虎犧牲苗栗經濟？究竟誰才是阻擋苗栗發展的元兇
> ◆苗栗開發慢　民代怪罪全因石虎擋路
>
> 根據以上新聞標題，你認為石虎在臺灣面臨最大的威脅是什麼？

除了圖表形式之外，我也會運用不同方式引起動機。這題就是我從不同的網路新聞擷取出新聞標題，藉此先讓學生去思考什麼是石虎面臨的最大威脅，再進到閱讀文本。

以上是屬於內容的部分，再看看形式設計：

#以〈夏夜〉為例

> 〈夏夜〉是一首童詩，也是現代詩，現代詩有很多別稱，請你就底下的定義，找出它的別稱。
> (1) 因為形式自由，不受傳統的格律要求限制。
> (2) 以白話文寫成。
> (3) 相對於古詩，是現代新興起的詩體。

#以〈小詩選〉為例

> 上學期已學過現代詩，現代詩有很多別稱，請你回想一下下列別稱的意義。
> (1) 自由詩：
> (2) 白話詩：
> (3) 新詩：

看出來這兩題的不同了嗎？都是現代詩但因為學習經驗有別，提問設計也有所不同，七年級剛接觸現代詩，給定義猜測別稱，但七下已學過了現代詩，就讓學生自己解釋定義。

#以〈田園之秋〉為例

> 這課是一篇日記，所以形式上它是一篇應用文，根據你以往所學的經驗，日記應該可以寫些什麼？

這樣簡單的題目就能連結學生所學，然後再帶入課文。

（二）基礎題：

這個部分最重要的是要根據文本，從文本檢索訊息、整理文章架構、發展解釋，都必須是作者觀點。對此我常會用表格加以整理，讓學生習慣文轉圖和歸納整理的技巧；而因為都要根據文本，所以也能讓學生學習摘要的能力。

#以〈母親的教誨〉為例

著重點	例子
知過能改	
勤學	① ②
	你總要踏上你老子的腳步

表格的設計我也會錯落變化，讓學生練習下標題。

#以〈背影〉為例

從第四段開始，朱自清花了很大篇幅描述父親替他送行的過程，請依照課文所敘，完成下列表格：

段落	地點	父親的舉動	朱自清的反應或心態
第四段	旅館		不以為然
第五段		跟腳夫殺價	
			心裡暗笑父親的迂
第六段	月臺	攀爬月臺，顯出努力的樣子	
		抱回橘子望回走到車上	
			望著父親離開
			進來坐下，流下眼淚

#以〈森林最優美的一天〉為例

		金銀花	山黃梔花
異	生長地方		
	香味		
	花朵外型		
同	花朵顏色	初開： 快謝：	比喻： 比喻：

在這個部分常出現的答案通常是文本某些段落的內容。因為內容很長，有些老師的操作模式可能是叫學生在課本上畫線作記，但因我的課堂講義是裝釘成冊，所以我都會叫學生寫在講義上，還要一字不漏地抄上去。對此學生一定是哀鴻遍野，學生會問：「老師，一定都要抄嗎？」我就會說：「那我們來濃縮看看。」這時學生就會躍躍欲試，集思廣益，你一句我一句，最後就完成了簡潔扼要的答案。如此一來，學生不知不覺就學會了摘要的能力，而且是在鬥志高昂中學會的。

（三）挑戰題：

共有三個部分，有：讀寫合一、觀點探究、跨域延展，屬於延伸學習、統整文章、連結生活和發展解釋，到這裡走出文本，走進學生的生命。內容要呼應、回扣、聚攏、擴散暖身題和基礎題，把層次拉高、範疇加廣、情意挖深，但不是難度更難！不過不盡然三種類型都要有，操作時要注意：如果是標準答案，就在課堂處理；如果是開放答案，就課後處理，避免花太多時間。學生優秀作品還可以變成教室布置的一部分，也讓學生有發表的舞臺。

#以〈石虎是我們的龍貓〉為例

苗栗和花蓮都屬於經濟落後的縣市，發展經濟一定要開發自然環境嗎？你認為花蓮有哪些可以發展經濟的做法？

S優勢	W劣勢
O機會	T威脅

#以〈森林最優美的一天〉為例

本文課文題目為「森林最優美的一天」，另一出版社的課文題目則訂為「油桐花編織的祕徑」，你比較喜歡哪一個標題，為什麼？

#以〈石虎是我們的龍貓〉為例

除了石虎，還有什麼議題也是保育和開發的拉扯？請你找一找，想一想。

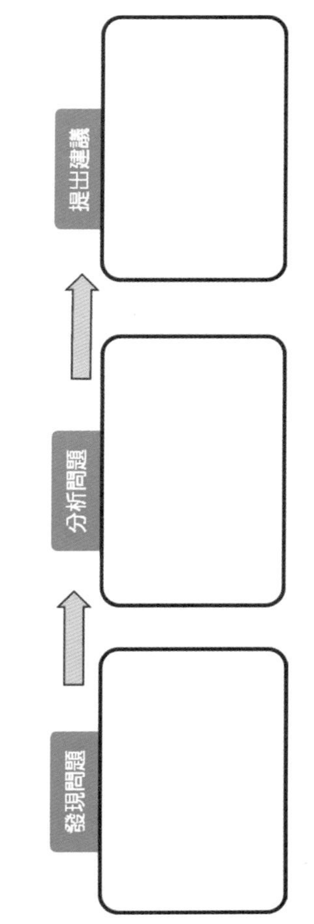

受限於上課時間，有些題目我會讓學生回家完成，收回一看學生作品每每令我驚豔和感動。以下附上學生作品。

一、〈石虎是我們的龍貓〉挑戰題。

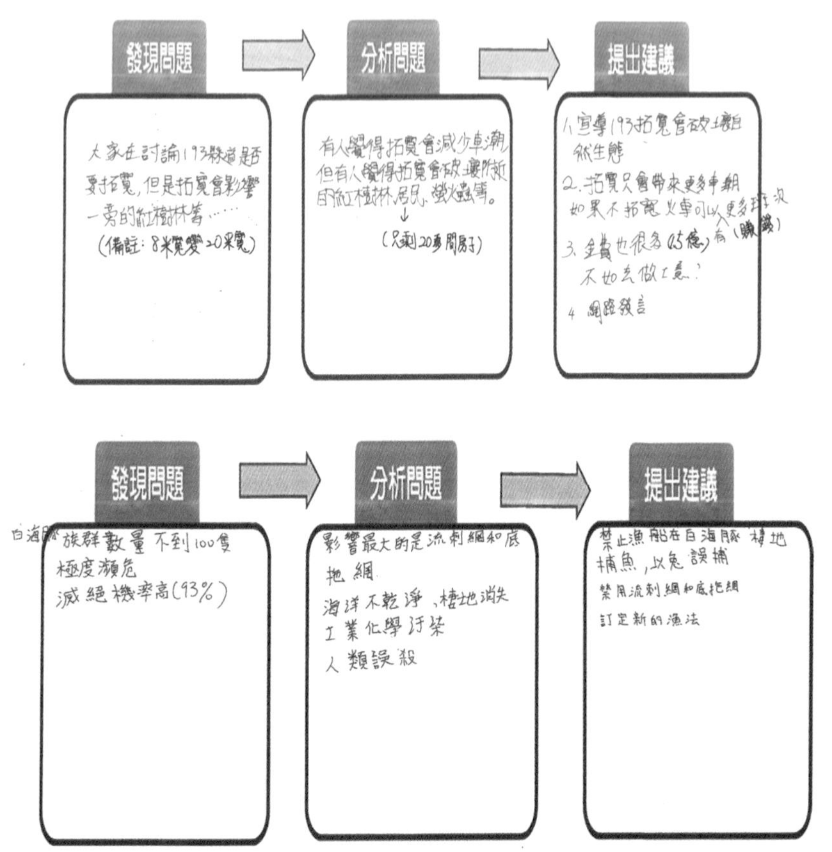

二、〈森林最優美的一天〉挑戰題：

▲畫出作者進入森林的路線圖，並標示他所經地方及所見的植物，是學生在課堂上十分鐘內完成的作品。

母親的教誨學習單　　姓名

一、母親的恩情早在孩子會呼吸以前就開始，所以中國人計算年齡是從成孕數起。那原始的十個月，雖然眼睛都還未睜開，已經向母親索取，負欠太多。（余光中日不落家）現在請同學訪問一下母親：母親在懷孕過程中，是否曾有任何不適或突發狀況？

答：當時在研究所上課，當補課到十點才回家很累，會吐。

二、等到降世那天，同命必須分離，更要斷然破胎、截然開骨，在劇烈加速的陣痛之中，掙扎著，奪門而出。生日蛋糕之甜，燭火之亮，是用「母難」之血來償付的。（余光中日不落家）現在請同學訪問一下母親：母親在生產時，陣痛之感或有突發的危急狀況？

答：沒有，但從陣痛開始到出生才三小時而已。

三、當呱呱墜地後，媽媽初見你的第一印象爲何、感觸又是什麼？

答：還沒洗澡，所以頭髮還貼在頭上，不好看。

四、懷抱孩子時方知父母恩，同學們或許你現在感受不到父母恩情之重，回報之難，但請你細細體察父母的關懷，有人嘮叨也是一種幸福。①請你訪問一下父母對你對大的期許是什麼？②而現在的你又可以回報父母以什麼？

答：①身體健康。

②多幫忙做家事。

母親的教誨學習單　　姓名：

一、母親的恩情早在孩子會呼吸以前就開始，所以中國人計算年齡是從成孕數起。那原始的十個月，雖然眼睛都還未睜開，已經向母親索取，負欠太多。（余光中日不落家）現在請同學訪問一下母親：母親在懷孕過程中，是否曾有任何不適或突發狀況？

答：沒有，整個孕程都是愉快的，那時媽媽的笑點超低的，看到什麼都想笑，能吃，能喝，能睡，除了胖了20公斤（都在媽媽身上）外，其他都好。

二、等到降世那天，同命必須分離，更要斷然破胎、截然開骨，在劇烈加速的陣痛之中，掙扎著，奪門而出。生日蛋糕之甜，燭火之亮，是用「母難」之血來償付的。（余光中日不落家）現在請同學訪問一下母親：母親在生產時，陣痛之感或有突發的危急狀況？

答：雖然是第一胎，但生我的時候，媽媽只開痛4小時，陣痛2小時，我就順利出生了。

三、當呱呱墜地後，媽媽初見你的第一印象爲何、感觸又是什麼？

答：當護理師把我放到媽媽胸前的時候，媽媽心中像是有滿滿的光不斷湧出，把我倆緊緊包圍著。

四、懷抱孩子時方知父母恩，同學們或許你現在感受不到父母恩情之重，回報之難，但請你細細體察父母的關懷，有人嘮叨也是一種幸福。①請你訪問一下父母對你對大的期許是什麼？②而現在的你又可以回報父母以什麼？

答：①健康平安、自律自強。

②做好時間管理，不讓媽媽擔心。

▲親子共讀〈目送〉後寫下心情分享。

親子共讀文章〈目送〉心情分享

孩子，媽媽想對你說：

常常在想，我是世界上最幸福的媽媽，因為老天爺送給我超級暖男──識尹，這12年來你每天依偎在我身邊，不停的告訴我「愛你」。也是這樣，我格外珍惜跟識尹相處的每一刻，每天清晨目送你上學之前一定要抱抱你，祝福你在學校開心順利。有一天，你會成熟到要離開更久更遠，媽媽一樣祝福你，親愛的寶貝！

媽媽簽名：

媽媽，我想對你說：

媽媽，我愛您。其實我每天不想上學，是因為不想離開你，我每天回家，都在等您的那麼簡單的一個擁抱，就只有一個簡單的原因——我愛你！

親子共讀文章〈目送〉心情分享

孩子，媽媽想對你說：

親愛的，以前就知道，陪伴的時光如此短暫，出生到6歲，媽媽真的有很認真的陪伴，看你哭，看你笑，看你成長，滿滿的喜悅充斥著心中。眼下，你已漸漸長成小大人，感謝你的體貼，讓媽媽現在可以專心工作，不用分心又費心在你的身上，讓我們各自在自己的道路上，努力向前奔跑，即使只能目送你的背影，也希望你能盡全力，跑出精彩豐富的人生。

媽媽簽名：

媽媽，我想對你說：

我的生活總是由你負責，不光是食衣住行育樂，我不管悲傷難過、高興、愉悅，你永遠都在我身旁陪伴著，我很幸運，有一個健全的家庭，有著寶貴的您，雖然……我有時會對你大小聲、生悶氣，但你都會充滿耐心的安慰我，有時還會教訓我，有時候……這樣會讓我怒火中燒，不過你的教誨我會記住的，謝謝您。

▲這樣的母子之情令人稱羨。

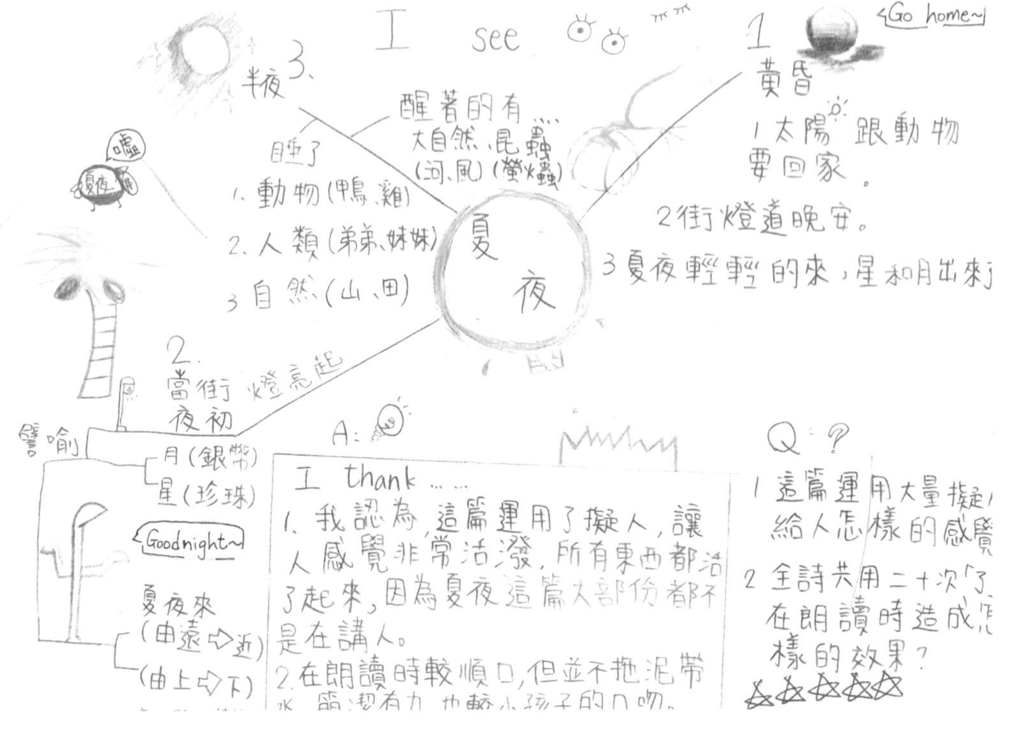
I see
1 黃昏
<Go home~>
1太陽跟動物要回家。
2街燈道晚安。
3夏夜輕輕的來，星和月出來
3. 半夜
醒著的有 大自然、昆蟲 (河、風) (螢火蟲)
睡了
1.動物(鴨、雞)
2.人類(弟弟、妹妹)
3自然(山、田)
夏夜
2. 當街燈亮起 夜初
譬喻
月(銀幣)
星(珍珠)
<Goodnight~>
夏夜來
(由遠⇨近)
(由上⇨下)
A:
I thank......
1.我認為，這篇運用了擬人，讓人感覺非常活潑，所有東西都活了起來，因為夏夜這篇大部份都不是在講人。
2.在朗讀時較順口，但並不拖泥帶水，簡潔有力，也較小孩子的口吻。
Q:?
1 這篇運用大量擬人給人怎樣的感覺
2 全詩共用二十次「了」在朗讀時造成怎樣的效果？

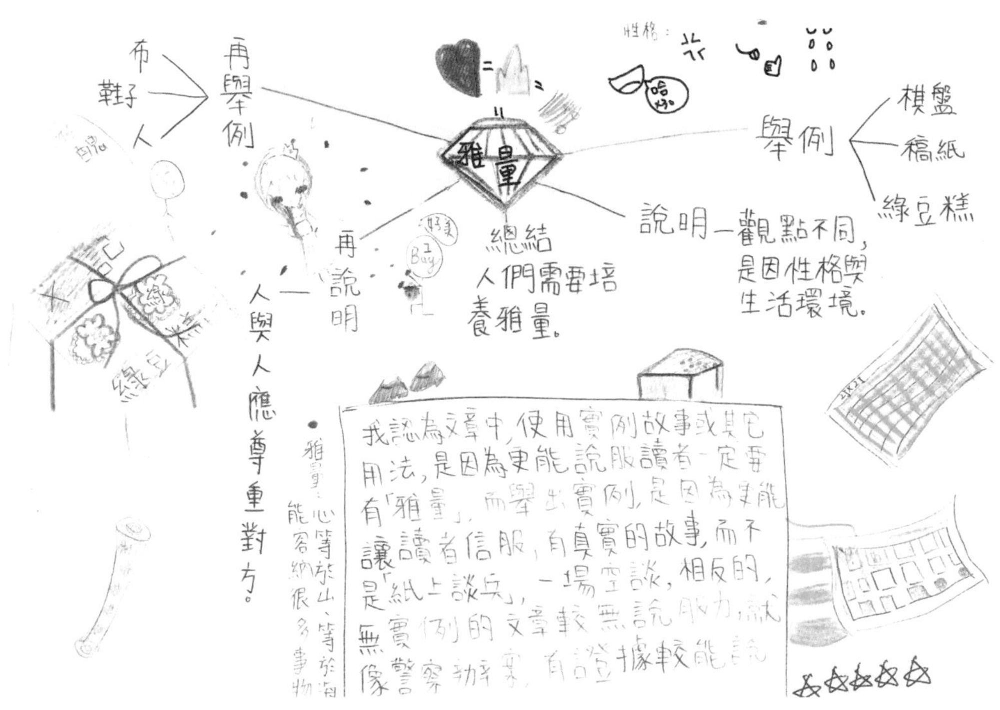
再舉例
布
鞋子
人
雅量
性格：
哈哈
舉例
棋盤
稿紙
綠豆糕
說明—觀點不同，是因性格與生活環境。
總結 人們需要培養雅量。
再說明—人與人應尊重對方。
雅量：心等於山、等於海 能容納很多事物
我認為文章中，使用實例故事或其它用法，是因為更能說服讀者一定要有「雅量」，而舉出實例，是因為更能讓讀者信服，有真實的故事，而不是「紙上談兵」，一場空談，相反的，無實例的文章較無說服力，就像警察辦案，有證據較能說

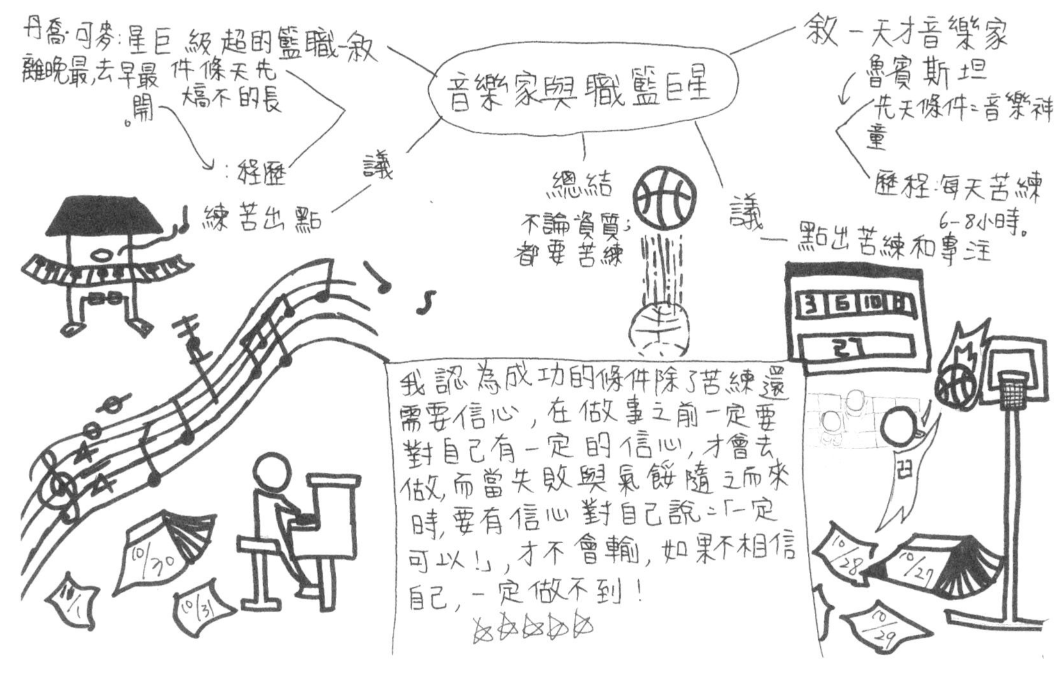
音樂家與職籃巨星
丹喬·可麥：星巨級超的籃職-敘
離晚最去早最 件條天先
開。 搞不的長
：經歷
議
練苦出點
總結
不論資質，都要苦練
敘一天才音樂家
魯賓斯坦
先天條件：音樂神童
歷程：每天苦練
6-8小時。
議一點出苦練和專注
我認為成功的條件除了苦練還需要信心，在做事之前一定要對自己有一定的信心，才會去做，而當失敗與氣餒隨之而來時，要有信心對自己說：「一定可以！」，才不會輸，如果不相信自己，一定做不到！

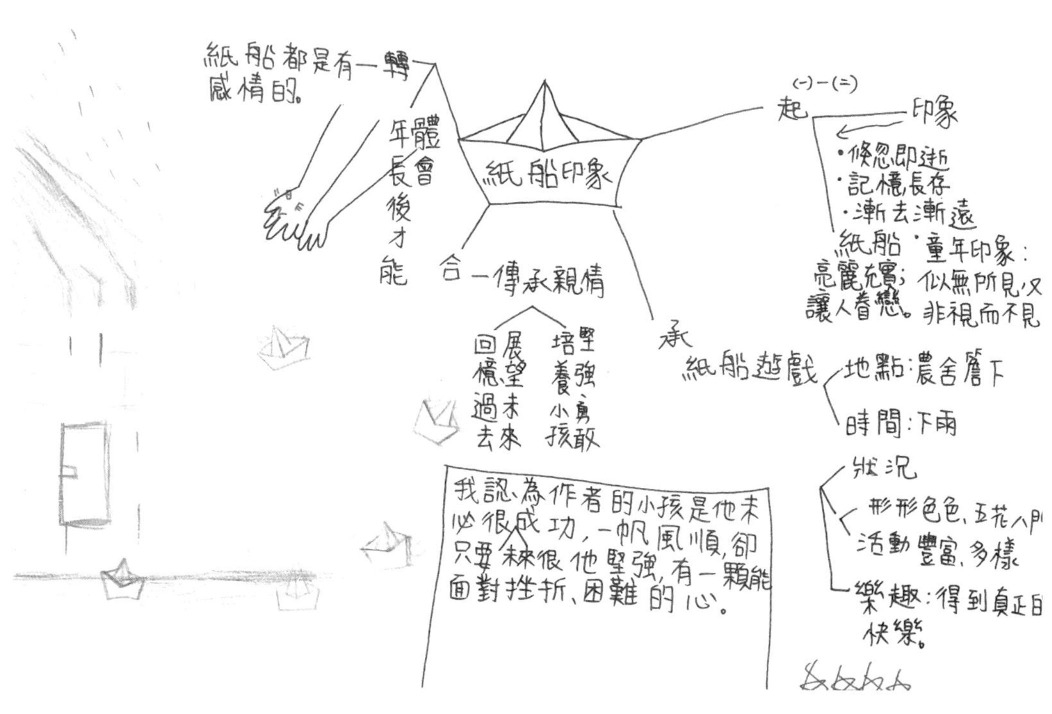
紙船印象
紙船都是有一轉
感情的。
年體
長會
後
才
能
合一傳承親情
回展
憶望
過未
去來
培堅
養強
小勇
孩敢
起 (一)-(二)
印象
·倏忽即逝
·記憶長存
·漸去漸遠
紙船
亮麗充實，
讓人眷戀。
·童年印象：
似無所見又
非視而不見
承
紙船遊戲
地點：農舍簷下
時間：下雨
狀況
形形色色、五花八門
活動豐富、多樣
樂趣：得到真正的
快樂。
我認為作者的小孩是他未必很成功，一帆風順，卻只要他堅強，有一顆能面對挫折、困難的心。

提問設計之路不是一蹴可幾，我也是經過很多年的摸索，所以當你在嘗試的時候一定要有心理準備，沒有靈感、設計得不好是必然的，但一定要堅持下去。而當碰壁時，各地的夢N研習是你充電再增能的好地方，報名鍵按下去就對了！

二、題目設計分享

▲作者補充

陳冠學出生在屏東新埤鄉萬隆村一處偏郊的農家，熱愛漢學的父親，幫他取名為「陳英俊」。冠學是長大後他替自己取的筆名，後來就成了他的名字。小學時他接受日本公學教育，但隨著二戰戰況激烈，學校教育幾乎停擺。當時疼愛他的父親，委請漢學老師以臺語教他漢文，因而奠定他深厚的漢學基礎，更埋下對臺灣語言的熱愛。

他臺灣師大國文系畢業，大學畢業後，他曾經在十一所國中、高中和專科學校當過老師，也主持過高雄的三信出版社。一九八一年，陳冠學辭去教職，先居住在高雄澄清湖畔，次年搬回北大武山下的萬隆村老家，過著與世無爭的生活。他以人力和牛力耕耘兩甲旱田，輪作旱稻、番薯、花生、玉米等農作物，屋邊種有瓜、豆、蔬菜，粗食淡飯，自給自足。

陳冠學自述自己應該是臺灣現有文壇裡，唯一不應酬不演講的作家。他強調，寫作思考宇宙之事都沒有時間了，還有什麼時間應付紅塵煩囂之事。他認為偉大的創作者，應該就像一塊「烏火炭」（黑色木炭），埋藏在深不見底幾千公尺的地底下，只有經過歲月的千錘百鍊，忍受黑暗苦楚，才能成為發光發亮的「金鋼鑽」。

他擇善固執的精神，早在青年時代就顯現。一九四五年，日本結束在臺灣的統治，冠學老師自認不是日本人，從此不再說日語。此外，他在一九八一年投入省議員競選，當時他唯一提出政見為「保護中央山脈」，是國內最早出現的生態宣言，相當具有遠見。他明知自己不會當選，又全力以赴，猶如唐吉軻德的精神令人動容。

他長年隱居家鄉屏東，少與文壇打交道，晚年多次拒絕被推薦為國家文藝獎人選，作風獨特鮮明。

動動腦

1. 請用三句話來形容陳冠學。
2. 陳冠學有現代□□□之稱，□□□是一位古代的文人，你認為應該是哪一位有名的古人？

▲提問單

暖身題

1. 根據七年級地理課所學過的降水類型，判斷以下這些諺語應該是指何種類型的降水。請在舉例欄中填入代號。

(甲)西北雨，落不過田埂。　(乙)東山飄雨，西山晴。

(丙)六月十九，無風水也吼。　(丁)清明時節雨紛紛。

	形成原因	特徵	舉例
地形雨	潮溼空氣碰到山地後，順著地勢爬升。	迎風坡多雨，背風坡少雨且夏季易有焚風。	
鋒面雨	冷、暖空氣相遇，形成鋒面，較輕的暖空氣沿著鋒面攀升。	雨時長。雨區廣。雨勢強弱不定。	
對流雨	夏季高溫、蒸發強烈，使大氣對流旺盛。	雨時短。雨區小。雨勢強。	
颱風雨	熱帶海洋上因對流旺盛形成低氣壓，且風速≧17.2m/s。	狂風暴雨，但颱風眼無風雨，大西洋地區稱為颶風。	

2. 這課是一篇日記，所以形式上它是一篇應用文，根據你以往所學的經驗，日記應該可以寫些什麼？

基礎題

1. 下西北雨前作者在田裡做什麼農事？
2. 作者說道：「霎時間，天昏地暗……」，除了因為他很專心在摘番薯蒂外，這也同時點出西北雨的哪個特色？
3. 請問第二段所描寫的主角是什麼？
4. 對於西北雨前奏作者如何描述？他的感受又是如何？

	外形	動態	作者感受
這次	黑壓壓的		
以往經驗		盡向地面攫來	

5. 作者形容大自然有時很像戲劇，他所經歷的西北雨正是最好的例子，請你依據二、三段的課文內容完成下列表格。

	烏雲	雷電	雨	雨過天青
劇幕	序幕前奏			
串場連接詞		接著		

比喻	黑　怪、（　）、（　）	無	無	無
景況描述	黑壓壓的，盤旋著，自上而下，直要捲到地面			
作者感受	恐怖，膽已破、魂已奪			

6. 第三段的開頭寫道：「大自然有時很像戲劇」，結尾寫：「你說這是戲劇不是戲劇？」這樣的寫法叫作什麼？作者在結尾地方改用設問，有什麼用意？
7. 在第三段的地方，作者已經將整個西北雨的過程敘述完畢，為什麼四、五、六段的地方又要再講一次？
8. 作者將西北雨分成四個階段，請問他到哪個階段才進屋裡？為什麼他不在第一階段就進屋呢？請在第四段找出原因。
9. 作者進屋裡的動詞，他使用了哪個字？為什麼作者要用這個字，他是要凸顯西北雨的什麼特點？
10. 在第四段中，作者透過那些面象凸顯雷電的可怕？

（　　）的大西北雨前奏	
攻擊方式	、
萬物畏懼的表現	人：
	牛群：
	樹木：
與之對抗的下場	

11. 本文在第四段中描述了西北雨的雨的特質，請就文章內容寫出雨的特質。

西北雨之雨	
作者描述	特質
好像天上的水壩在洩洪似的，是整個倒下來的	雨（　）的（　）、（　）
每一雨粒，大概最小還有拇指大	雨（　）的（　）
竹葉笠是要被打穿的，沒有蓑衣遮蔽，一定被打的遍體發紅	雨（　）的（　）

	1. 無論多大多長久的雨，縱使雨中行潦川流，雨一停，便全部滲入地下。 2. 又見灰白色的石灰地質，乾淨清爽，出得門來，走在堅硬的庭面路上，一點也不沾泥帶水。	（　　　）的快速

12. 西北雨過後，面對雨過天青的清新與鮮潔，作者如何描述他內心的感受？
13. 承上題，作者這樣的寫法是用什麼印象來寫視覺效果？
14. 請根據本文對西北雨的描述，各用四個字（名詞加形容詞）來描述它的整個過程。

挑戰題

1. 我們常見的敘述手法是順序，依情節或時間全部有次序地完成，但本文卻是在略述完畢後，又再講一次，做特寫，這樣寫有什麼優點？請你比較這兩種寫法的優點，並說一下你比較欣賞哪一種寫法，為什麼？

先略後詳	
依序詳寫	

我喜歡	
因為	

2. 請觀察今天的天氣狀況或變化，以「我記得」為開頭，進行三分鐘的自由書寫，如果中間不知道該如何下筆，繼續以「我記得」開頭。【三條紀律：一、筆不能斷。二、文句可以是斷裂、跳躍、不合邏輯，甚至是單詞。三、你有權利寫出全世界最爛的文章。】
3. 作者以貝多芬的《田園交響曲．牧羊人之歌》，來表現雨過天青的清新愉悅感，如果是你，當你陷入喜、怒、哀、樂的情緒，你會用哪一首歌來表達你的感受？為什麼？請以小組為單位，每人各分配一種情緒。

三、操作細節紀錄

在接新班級的時候，我會先讓學生猜測會考的字數、內容，再告訴學生未來的升學考試和課本內容不太有關係，接著帶出我的教學理念，說明這三年我的目的在教會他們該如何學習，而這學會的過程，將透過 MAPS 和分組合作學習達成。先給學生震撼教育，再來就好操作了。底下就介紹一些分組學習的細節，提供給老師們參考，但要先強調：「僅供參考」，老師們要隨著自己的班級狀況調整，最適合你和學生的，才是最好的。

▲分組

採大聯盟選秀法，將班上學生分成ABCD四種程度，再進行異質分組，每次段考後分組一次，新生就用縣辦的能力檢核成績為依據。分組方式為第一輪D先選A，第二輪C選B，我會要求組員不可以同性別，根據經驗，若沒有事先要求，學生一定都會選同性別為一組，最後一輪再調整會來不及。為什麼不能全組同性別？我的經驗是全組都是男生（或女生）會特別愛聊天，全女生還可能出現異常沉默的狀況。最後一輪B再選前面的DA組合。

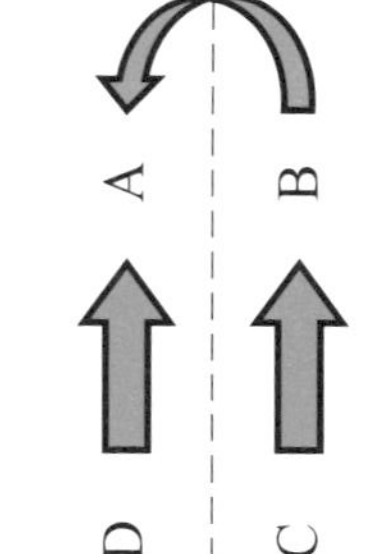

而這四種角色，為求新鮮感，一開始我常更換角色名稱，但後來學生和我都會錯亂，所以我改統一用科舉制度的狀元、榜眼、探花、進士來稱呼，這樣還可以幫他們熟悉科舉制度。每個角色都有自己負責的工作，如狀元就是組長，負責收拿白板組和統整意見，榜眼負責掌控秩序和時間，探花負責寫白板，進士負責報告，各司其職才不會有人趁機搗蛋。

▲座位

一開始為了避免搬動位子，我讓學生就近借用同學的桌椅，但卻出現破壞桌面、排擠他人的問題，所以我改要求學生搬動自己的桌椅。為避免干擾到其他班級，學生得於下課時間提前搬動，而上課前安排好座位的組別就可以得到一個籌碼。經過數次調整後，我發現ㄇ字型最好用，我的座位排列方式如下：

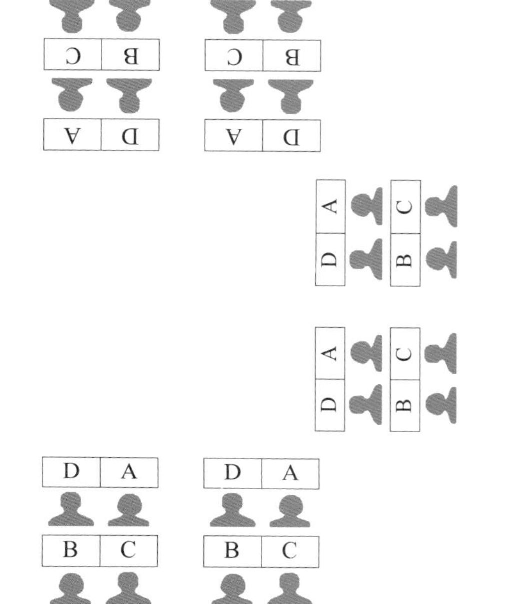

D咖通常是班上比較吵的，用AB把他包起來。這種座位安排的好處是，不論誰口頭發表，都可以看到彼此，如果

遇到表演題，也可以馬上出列到中間的空間表演，而且還便於老師走動指導。

▲發表

提問設計後的口說發表可以有很多種方式，我最常用的是「抽籤」，可以抽座號或角色。搶答是氣氛最嗨的時候，為了避免爭議，我還特別重金買了搶答鈴。我發現球隊的學生是各組的MVP，他們的搶答速度最快，往往為組內贏得不少籌碼，但缺點是需要安排倒數，操作下來會花較多時間，所以我後來就偶爾才用。如果是小組討論題，封閉式答案可以寫在白板上，再貼在黑板，全班一起檢視答案；開放式答案則可以先組內討論答案，再由全組選出最好的答案，並公開發表，學生不僅可以相互學習，也順便練習了口頭表達的能力。

▲計分

我試過海螺圖、撲克牌計分法，覺得最好用的是籌碼。學生下課時，會將上課所得的籌碼交給小老師登記，一次段考我會統計一次，採計個人前三和小組第一給予獎勵，所以上課表現既可以為自己，也為小組爭取福利。獎勵品就是珍奶一杯，雖然只是小獎品，但在學校裡可以喝上手搖飲料就是一種小確幸。或許我應該將外在動機去除，但我又想，一次段考努力後來個下午茶，也是不錯的療癒方式，所以我一直沒將獎勵去除。但即使沒有飲料，學生一樣有強烈的學習意願。

◆你不用很厲害才開始，要開始才會很厲害

政忠老師的MAPS教學法具體可操作，只要你習得心法，回到課堂實踐，你就會發現上課真的有樂趣，不管是學生之間，或者是師生之間，彼此對話產生的學習氣氛，會讓人完全忘卻時間的流逝，這樣教到六十五歲都不成問題！如果你有操作不順、題目設計不出來的時候，千萬別焦慮，尋求共備夥伴、回到夢N進修都是方法，別因此洩氣，學生是活的，我們的教學也要是活的，要不斷修正。

我以前的學生曾回饋說：即使他們畢業了，但仍深深記得我對他們的影響，我的教學讓他們自己主動去找答案、進行團隊合作。雖然臺灣的教育離沒有標準答案的目標，還有點距離，但至少我的國文課讓他們擺脫了束縛。

總之，要相信改變的力量，勇敢跨出那一步，再大的夢想，只要分段去做，總有一天能達成；再小的夢想，如果都不行動，哪裡都到不了。

行動就對了！

系列——言無盡04

夢的實踐2：MAPS種子教師教學現場紀實

總策劃　王政忠
作者　第二屆MAPS種子教師：洪品薇、李珮琪、楊巽堯、吳念周、李笙帆、陳佳慧、張涵瑜、江筱潔、黃浩勳、蔡明桂、林冶靜、黃鈺心、黃淑卿（依篇目順序）
特約編輯　小敏
美術設計　林恆葦—源生設計
版面編排　黃秋玲
總編輯　顏少鵬
發行人　顧瑞雲
出版者　方寸文創事業有限公司
地址　臺北市106大安區忠孝東路四段221號10樓
傳真　（02）8771-0677
客服信箱　ifangcun@gmail.com
出版訊息　方寸之間　http://ifangcun.blogspot.tw
精彩試閱　方寸文創　http://medium.com/@ifangcun
FB粉絲團　方寸之間　http://www.facebook.com/ifangcun
限量品商店　方寸文創（蝦皮）　http://shopee.tw/fangcun
法律顧問　郭亮鈞律師
印務協力　蔡慧華
印刷廠　華展彩色印刷股份有限公司
總經銷　時報文化出版企業股份有限公司
地址　桃園市333龜山區萬壽路二段351號
電話　（02）2306-6842
ISBN　978-986-95367-9-0
初版一刷　2021年9月
定價　新臺幣420元

※版權所有，非經同意不得轉載，侵害必究。
※如有缺頁、破損或裝訂錯誤，請寄回更換。

方寸文創
Printed in Taiwan

教完不等於學會，而學會遠比教完重要。

國家圖書館出版品預行編目（CIP）資料
夢的實踐2：MAPS種子教師教學現場紀實｜MAPS種子教師合著｜王政忠總策劃｜初版｜臺北市：方寸文創｜2021.9
220面｜26X19公分（言無盡系列：4）｜ISBN 978-986-95367-9-0（平裝）｜
1. 教學法 2. 系統化教學 3. 文集｜521.407｜110011991

不用很厲害才開始，
要開始才會很厲害。

不用很厲害才開始，
要開始才會很厲害。